教育部经济管理类核心课程教材

Organizational Behavior
Exercises and Cases

《组织行为学（第二版）》习题与案例

主　编　胡君辰
副主编　胡晓娣　李　涛

中国人民大学出版社
· 北京 ·

前　言

我每次教授“组织行为学”这门课程时，总会拿出一张长15厘米、宽10厘米的纸，要求学生拿这张纸撕一个大洞，让每个人都可以钻过去。在不知道答案的情况下，学生几乎都不能完成这项任务，甚至认为老师是在与他们开玩笑，也有人用“脑筋急转弯”的答案来应付。结果，当我公布答案时，他们才恍然大悟：原来是有办法来完成这项任务的。

组织行为学是管理学科的一门专业必修课。它的特点是既易学又难学。说它易学，是因为它似乎不涉及高深的数理化知识，因此许多学习者刚开始对学好组织行为学充满信心。但是，随着学习的逐步深入，大家发现：其实它是一门很难掌握的学科，因为它涉及人的心理。组织行为学本身就是一门研究人的心理和行为规律的学科，人的行为千变万化，人的心理更是深不可测。因此，学习组织行为学要注意方法，勤于思考，多多实践。

我们编著本书主要是因为学习者的有效学习需要反馈。目前学校学习的较好形式之一是考试，但是教育的目的并不是考试，而应该是使学习者掌握知识，提高技能，改善思维模式。

为了帮助读者更好地学习组织行为学，本书配有知识点回顾、复习题、案例分析、扩展阅读案例、延伸阅读、情境模拟、复习题参考答案等。其中复习题的题型为填空题、不定项选择题、名词解释、简答题等。

“知识点回顾”集中了每一章的核心概念，要求学习者能够熟记。

“复习题”可以帮助授课教师布置作业、编制试卷，题型多样，基本能满足教师的需求。其内容涉及每章的主要知识和需要学习者掌握的技能。

“案例分析”可以作为教师课堂教学时的参考，也可以为实践者提供思路，主要目的是提高学习者的实践管理技能和思维能力。

“扩展阅读案例”和“延伸阅读”的主要目的是拓展学习者的视野，扩大学习者的知识面，使学习者可以进一步了解组织行为学理论和实践方面的一些新进展。

“情境模拟”为学习者提供了一些与实践较为接近的场景，进一步提高学习者的思维能力和管理技能。

“复习题参考答案”是为便于教师检查学习者的学习情况而设计的。但是如果学习者能仔细地阅读这部分内容，达到学习目的，何乐而不为呢？

衷心希望本书能为学习者很好地掌握组织行为学起到一点助力作用，也希望本书能为教育战线上的同行们讲授“组织行为学”课程起到一点参考作用。

谢谢每一位读者！

胡君辰　胡晓娣　李　涛
于复旦大学校园

目 录

第1章

组织行为学概论

知识点回顾

组织是指由一些功能相关的群体组成的有共同明确目标的人群集合体。组织的基本特征是：明确的目的、精细的结构和人员。人、财、物、信息是组织的四种重要资源。

组织行为学的理论发展大致经历了三个阶段：古典科学管理阶段、人际关系学说阶段和当代组织行为学阶段。古典科学管理阶段的主要代表人物是泰勒和法约尔；人际关系学说阶段的主要代表人物是梅奥、马斯洛和麦格雷戈；当代组织行为学阶段的主要代表人物是威廉·大内。

组织行为学是研究组织中人的心理活动规律和行为规律的一门科学，是对组织内个体和群体的行为和心理进行的系统研究。组织行为学是行为学科的一个分支。其学科思想建立在心理学、社会心理学、社会学、人类学、政治学、经济学、工业工程学等传统学科基础之上，在其发展过程中，也吸收了通信技术、信息系统等一些新兴学科的养分。其研究具有综合性、双重性和实用性等特点。组织行为学的研究目的是：描述、解释、预测和控制组织成员的行为和心理，以达到提高组织的工作质量和员工的工作生活质量的目的。

组织行为学的目的是通过系统地研究组织内人的行为和态度，使管理人员树立以人为本的管理理念，理解和运用人—人系统的基本原理和方法，掌握激励员工的方法，帮助管理者和员工了解组织以及组织中的个体和群体的动力机制，从而为高绩效领导和组织管理提供理论依据。

当今组织面临的主要挑战来自全球化、信息技术、员工多元化及道德与伦理等方面。

全球化进程中跨国公司的跨国经营活动面临着获取持续的增长、降低经营风险、实现规模经济和地理优势等诱惑，同时也面临着政治风险、经济风险和管理风险。在全球化环境中，管理者需要应对组织变革，理解文化差异，增强外派员工的适应能力。

信息技术给组织带来了新的优势：新的竞争手段，便捷与节约，虚拟办公室等；同时也使组织处于新的劣势中：应用信息技术引发战略风险，员工面临诸多压力。在信息技术环境中，组织要帮助员工适应信息技术变革，树立人力资本管理和知识管理的新理念。

员工多元化是指组织中的员工在性别、种族、民族、年龄、宗教、生理/心理残疾、性取向、社会阶层等特征方面的多样性。目前，中国的劳动力在性别和年龄上的多元化程度比较具有代表性。组织的员工多元化受到多种动机的驱动。管理人员应当树立正确的理念，采取积极的多元化实施策略。

道德与伦理涉及社会对组织的期望以及将如何影响组织目标的问题。商业道德可以划分为宏观、组织和个体三个层次；有关企业道德的四种观点包括：功利观、权力观、公正理论观和社会契约整合理论。管理中的道德与伦理问题主要涉及五个方面：社会责任、工作场所暴力、性骚扰、职业道德规范和员工的权利。

复习题

一、填空题

1. 组织是指由一些功能相关的群体组成的有共同________的人群集合体。组织具有三个共同的特征：明确的目的、________和人员。

2. 根据服务的目标客户不同，可以将组织划分为________、政府和非营利机构。

3. 企业组织是指一类通过生产、流通商品或提供服务，以获取________为主要目标的组织。

4. 组织行为学从萌芽发展到今天，其发展大致可以划分为三个阶段：古典科学管理阶段、________阶段和________阶段。

5. ________被人们称为“科学管理之父”，他创立了科学管理理论。

6. 英国的法约尔创立了________，首先提出了管理的五大职能：计划、组织、协调、________和控制，并提出进行有效管理的14种管理要素。

7. 组织行为学是以________为基础，与社会学、心理学、人类学、工程学、经济学、计算机科学等相交叉的一门边缘学科。

8. 1924—1932年期间主持著名的“霍桑试验”的是________。

9. 1957年，美国心理学家麦格雷戈发表了一篇重要论文——《________》，提出了著名的X—Y理论。

10. ________也称为数量学派，认为提高经济效率的主要途径是运用计算机、制定数学模型、运用数学原理和公式来进行计划、决策，并解决管理中的问题。

11. 组织行为学具有以下三个方面的特点：综合性、________、________。

12. 组织需要由传统的组织模式向新型的组织模式转变。新型的组织具有网络化、________、________、多元化和________的特征。

13. 组织结构________是指组织减少管理层级，授权给操作层面的部门参与或者制定决策。

14. ________是指公司摒弃过去僵化的规则、管理和结构等，对员工、客户和其他利益相关者的多元化需求做出灵活反应，同时又不引起有关不公正或不公平的谴责的做法。

15. ________是指组织中的员工在性别、种族、民族、年龄、宗教、生理/心理残疾、性取向、社会阶层等特征方面的多样性。

二、不定项选择题

1. 组织是指由一些功能相关的群体组成的有共同明确目标的人群集合体。组织的特征有（　　）。

A. 明确的目的　　B. 精细的结构
C. 严格的纪律　　D. 人员

2. 判断组织行为学诞生的三条标准是（　　）。

A. 西方资本主义工业体系已经形成
B. 人力资源开发与管理体系已经成熟
C. 管理理论初具雏形
D. 心理科学日渐兴起

3. 提出著名的X—Y理论的心理学家是（　　）。

A. 梅奥　　B. 马斯洛
C. 麦格雷戈　　D. 威廉·大内

4. 组织行为学发展过程中古典科学管理阶段的主要代表人物是（　　）。

A. 马斯洛　　B. 泰勒
C. 法约尔　　D. 麦格雷戈

5. 人际关系学说阶段的主要代表人物有（　　）。

A. 梅奥　　B. 威廉·大内
C. 马斯洛　　D. 麦格雷戈

6. 组织行为学的研究目的是通过（　　）组织成员的行为和心理，以达到提高组织的工作质量和员工的工作生活质量的目的。

A. 描述　　B. 解释
C. 预测　　D. 控制

7. 全球化进程中跨国公司面临的机遇表现为（　　）。

A. 获取持续的增长　　B. 降低经营风险

C. 实现规模经济　　D. 全球范围内寻求最佳资源配置

8. 信息技术带来的组织的新优势有（　　）。

A. 新的竞争手段　　B. 便捷与节约

C. 虚拟的办公环境　　D. 员工压力增大

9. 组织可以从员工多元化中获得的益处有（　　）。

A. 帮助企业吸引和留住最好的人才　　B. 强化市场营销

C. 促进创新　　D. 促进问题解决

E. 增加组织弹性

10. 管理中的道德与伦理问题主要涉及（　　）等方面。

A. 社会责任　　B. 工作场所暴力

C. 性骚扰　　D. 职业道德规范

E. 员工的权利

三、名词解释

1. 组织
2. 霍桑试验
3. X—Y 理论
4. Z 理论
5. 组织行为学
6. 组织结构扁平化
7. 柔性化
8. 员工多元化

四、简答题

1. 什么是组织？组织的基本特征是什么？
2. 泰勒的科学管理理论的主要内容有哪些？
3. 组织行为学的发展经历了哪几个主要阶段？每个阶段有何特点？
4. 组织行为学的主要研究内容是什么？
5. 组织行为学的研究意义有哪些？
6. 全球化环境中跨国公司面临的机遇主要有哪些？
7. 全球化环境中跨国公司面临的挑战主要有哪些？
8. 信息技术环境中组织拥有的优势与劣势有哪些？

案例分析 1

2008 年 10 月 6 日，百度总裁李彦宏宣布华为前副总裁兼首席电信科学家李一男加盟百度，出任首席技术官（CTO）。在对李一男的任命书中，李彦宏毫不掩饰自己对新助手的欣赏，称“李一男先生有着丰富的大规模技术团队管理经验，他不仅是一位电信基础设施领域的顶级专家，对互联网领域的产品和技术趋势也有着很好的领悟力和深刻的洞见”。

李一男确实是一位传奇式的人物。1992年9月，还是华中理工大学二年级硕士生的李一男来到华为实习。在实习期间的第四个月，发生了一件令他终生难忘的事情：当时李一男负责主持研究开发一个技术项目，需购买一套价值20万美元的外国设备。对于当时财力并不雄厚的华为来说，20万美元无疑是一笔巨资。但公司领导经研究论证，认可了李一男的项目。谁知，项目因市场变化而搁浅，刚买来的设备一下子成了废品。出人意料的是，公司领导对身为实习生的李一男没有半句责备，只有理解与鼓励：搞技术开发哪能不碰壁？吸取教训从头再来不就行了！于是，1993年6月，23岁的李一男义无反顾地迈进了华为的大门。

这个15岁就从湖南考入华中理工大学少年班的年轻人，很早就显露出了技术方面的天分。从李一男到华为的第一天起，总裁任正非就注意到了这个黑瘦的少年。此后，李一男因技术天才得到认可而备受器重。在试用期的第二个星期，李一男解决了一个技术难题，被破格聘为高级工程师。技术能力出色的李一男半年后出任华为中央研究院副总经理，一年后升任中央研究院总经理，两年后又被任命为总工程师和中央研究部总裁，带领数千名科研人员，开发出C&C 08万门数字程控交换机、国产GSM商业化网络设备等几十项具有世界先进水平和巨大经济效益的技术成果及产品。在27岁那年，李一男成为年销售额上百亿元的华为公司的副总裁。

当年在华为内部，任正非和李一男之间表现出的是师傅和徒弟般的情谊。而一次意外的机会，使得李一男做出了一个令人意外的决定。当时任正非预测到电信业的寒冬即将到来，于是鼓励员工积极开展内部创业，并为此写下流传至今的《华为的冬天》。任正非认为，要应对电信业的冬天，可以把华为的分销、培训、内容开发、终端设备等业务外包给华为的创业元老，这样，华为就可以把全部精力集中在核心竞争力的提升上。但结果事与愿违。一位原华为员工回忆：“该走的没走，不该走的如李一男这样的技术尖子却跑了。”2000年初，在先后担任了安圣电气（原华为电气）总裁和华为美国研究所所长等边缘职务之后，李一男正式向任正非提出了辞呈。感到震惊的任正非百般挽留却用错了方式，这也更加坚定了李一男离开的决心。到了12月，任正非只好接受他的要求，并为他举行了隆重的欢送大会。在这次大会上，李一男深情地宣读了创业的个人声明：“华为目前在数据通信领域是一个相对薄弱点，同时也是一个潜在的机会点……我本人也很有兴趣在这方面发展，如果自己可以内部创业的话，一方面可以在一个小公司中比较自由地工作，另一方面可以使内部创业公司的发展随着华为的发展同步发展，这应该是一个很好的选择。”他还承诺，愿意与华为签订同业禁止协议。

当然，他从来也没有想过要遵守这个承诺。在代理了一段时间华为的数据通信产品之后，他创办的港湾网络公司很快就将华为一脚踢开，推出了自己的产品。接着，华为北京研究所的一个研发团队竟然集体投奔港湾网络，这也使得华为在数据通信领域的研发精英几乎损失殆尽。港湾网络挖人的手法几乎与华为如出一辙：除了高薪，还有诱人的股票和期权以及美好的上市前景。风险投资商们更是在已经熊熊燃烧的火焰中又投入干柴，在港湾网络身上先后投下了将近1亿美元的重注，希望能够尽快将港湾网络送到美国纳斯达克上市。一位国际著名投资银行的高层人士更是在2001年公开表示，李一男是他们看中的中国下一代企业家中的第一人选。

但是，李一男的目标并不是做一颗发着微光的小星星，而是要成为灿烂夺目的太阳，他的雄心壮志就像当年的任正非一样。早在1994年创业初期，任正非就勇敢地声称：将来电信设备市场将会三分天下——西门子、阿尔卡特和华为。而在港湾网络刚刚成立时，李一男在提起两家国内最知名的IT企业时就颇为不屑，他希望港湾网络能像几年以前的华为那样高速成长，也希望港湾网络不再是一家产品单一的网络设备商，而是像华为那样的全业务解决方案供应商。当然，他本人也想成为第二个任正非。于是，在港湾网络推出宽带接入产品（VDSL和ADSL）大获成功之后，他就急不可耐地杀入路由器、光网络等新领域。他不顾技术部门负责人的反对，下令上马高端路由器，并在2002年底推出了产品。这一次他确实跑在了任正非的前面——当时业界普遍认为，在数据通信领域港湾网络要领先华为至少半年。

与如日中天的港湾网络相比，当时的华为却好像进入了冬天：任正非推出的内部创业不仅没能清除掉所谓的“沉淀层”，反而放走了李一男、黄耀旭、彭松等虎狼之师，而且动摇了华为的军心。全球电信行业的不景气也使得华为颇为受伤，多年来业绩高速增长的华为竟然在2002年出现了第一次负增长！

也许是认为超越华为的时机即将到来，在李一男的坚持下，港湾网络进行了一系列的并购，并在2003年12月收购了另一位华为前副总裁黄耀旭创办的深圳钧天科技公司。如果说以前港湾网络还只是像蚊子一样在华为这头大象身上叮几口的话，收购钧天之后的港湾网络已经在憧憬着从正面击倒大象的时刻了——钧天是一家专注于光网络的技术型公司，而光网络产品线一直都是华为的利润奶牛，贡献的利润曾经占到华为全部利润的1/3以上。这也使得任正非不得不为此痛下杀手。华为专门成立了“打港办”（打击港湾网络办公室）。任正非下令，凡是有港湾网络参与竞标的项目，一定要不惜一切代价获得订单，谁输给港湾网络，谁就走人。据说，在2004年某电信运营商宽带接入的招标中，华为将原来1.4亿元的投标价一口气下调50%，就是为了阻击港湾网络……

当然，港湾网络失利还有其内部的原因。2001年，港湾网络获得了有瑞银背景的华平创投和上海实业龙科创投的6 100万美元风险投资资金，其中华平创投直接投资5 300万美元，并为港湾网络提供了3 500万美元的银行贷款担保。港湾网络为此付出的代价是：李一男让出了50%的股权给华平创投，并由此开始面对资本套现的压力。也就是从那时开始，李一男逐渐丧失了对港湾网络前途的话语权。港湾网络的产品线快速扩大，速度之快令人难以想象。有的产品根本不赚钱，却占用大量的研发力量和资金。为了尽快上市，港湾网络急剧扩张。这种浮躁的气氛在公司上下弥漫，最终导致了港湾网络的危局。最后，在投标失利、现金流枯竭、上市无望、与西门子通信的收购意向又被华为硬生生拆散之后，已经撑不下去的投资人再也无法忍受，他们毅然放弃了李一男，将港湾网络的大部分资产出售给了华为。2006年6月6日，港湾网络被华为收购的消息公布于众。

这是狼群中的头狼与小狼为争夺领导地位的巅峰之战，双方都使出了浑身解数。此时，李一男在管理能力方面的欠缺暴露无遗：长期以来的独断专行使得他与投资人的关系日趋紧张，对投资业务的陌生又使得他轻率地与投资人签下了对赌协议；他对部下分而治之却无法掌握好平衡，各部门争斗不断，最后甚至出现了两个部门针对同一件事情作出不同规定的咄咄怪事；他对华为出身员工的盲目重用，使得非华为出身员工的积极性备受打击；他对公司内部管理的疏忽使得公司产生了几千万元说不清道不明的坏账……

此时，一直专注于技术领域的李一男才发现自己就像学了半吊子功夫就匆忙下山的习武者，虽然也可称霸一时，但是成不了绝顶高手。他也许是一位很好的技术带头人和组织者，但是还不是一位真正的企业组织者。华为原副总裁李玉琢在《我与商业领袖的合作与冲突》一书中评价李一男时，认为他业务能力很强，但是管理水平一般，没有独立办企业的经验、能力和耐性。港湾网络被华为收购的消息发布以后，李玉琢对《中国新时代》记者感叹道："去年我在书中说李一男有可能失败，没想到真变成了现实！"在他看来，一个企业的失败乃是内外因综合作用的结果，华为的打压只是导致港湾网络失败的外因。

在发给港湾网络员工的内部邮件中，李一男也承认："公司在发展中遇到了很多困难和挫折，由于管理层，尤其是我本人在知识和能力方面的欠缺，导致在公司战略的制定和内部的管理方面都存在很多不足，错失了企业发展的机遇，辜负了大家对我的期望，对此我感到深深的自责。"

事实上，港湾网络在发展初期的确创造了一系列辉煌。2003年，港湾网络完成了10亿元的销售任务，并通过收购欧巴德和钧天，成为业界为数不多的能够提供全网设备的公司之一。当时，港湾网络成立不过两三年。但是在市场策略上，李一男显然不如任正非精明。在华为发展的早期，任正非采取的是"农村包围城市"的战略，先在国际电信巨头不屑一顾的农村市场发力，最后终于实现了农村包围城市。而港湾网络在业务领域全面铺开，在市场运作上，则是电信、企业、行业市场一把抓。一位港湾网络员工感叹："如果港湾网络集中精力专注于华为的薄弱市场——企业网市场，避开与华为在电信市场的正面竞争，或许华为的打压就不会那么奏效。"在资本运作上，电信专家余章坤指出，港湾网络的股权结构中风险投资比例太高，是其致命点之一。自2001年5月以来，华平、龙科、TVG先后三次向港湾网络注资，金额高达9 800万美元，港湾网络51%的股权掌握在风险投资手中。余章坤说："风投的目的是短期或中短期获利，它们对长期的利益和战略往往并不是很关心。一旦公司出现危急情况，风投多是赶紧处理股份，而缺少共患难的意识。"2002年，李一男曾表示，"我们可以选择的合作伙伴很多的时候，为什么会选择华平？这是因为我们相信他们的基本理念——立足长远的理念与港湾网络的管理方式和运作模式是一致的，如果没有一个长期的价值取向——为客户创造价值，成为业内领先型企业——就会发生资本和经营的矛盾"。可见，他并不是没有看到资本与创业者的矛盾，所以，李一男若不是相信华平与港湾网络的结合是一个特例，就是由于创业初期急需资本，无奈之下铤而走险让资本掌握主动权，而资本选择了让华为成为港湾网络的终点。

2006年9月，已经是孤家寡人的李一男被迫再次回到华为，担任专门为其设置的首席科学家的虚职，可以想见，他的心里有多么酸楚和无奈。其实，任正非要求他回到华为也许并不是要重新起用他，只是将他作为最大的警示牌而已。重回华为的第一天，他的办公室外就聚集了一拨又一拨前来参观的华为员工，他们在窗外指指点点，小声地议论着。最后他不胜其扰，只得将办公室的玻璃换成了不透明的毛玻璃。通过对李一男的"示众"，任正非极大地震慑了有创业想法的华为员工，为华为的大发展争取到了两年多的宝贵时间——在这段时间里，华为的业务突飞猛进，进入了全球电信设备商的前三甲。

对于李一男来说，这可能是他人生中最难熬的两年。还不到40岁，处在瞬息万变的IT行业的他，却被"闲置"了两年，任谁都不甘心。因此，他想离开是很自然的事情。在这两年多的时间里，业界曾经数次传说他要离开华为再次创业，但是最后都被证明是谣言。他想走，但是走不了——据说港湾网络被华为收购时，为了保证港湾网络员工的利益，他被迫签下了"卖身契"，必须为华为效力N年。在这两年中，华为的员工很少能够在总部的办公室里看到李一男的身影，也没听说他参与过什么重大项目的决策。显然，他更多的时间还是在面壁思过，自己一个人待在那个被遗忘的角落。

两年多之后，他终于重获自由身。出乎众人意料的是，他并没有再次创业，而是加盟了一家互联网公司，出任CTO。从他的这次选择来看，他也许已经通过两年多的时间参透了自己的宿命：作为典型的中国式工科教育培养出来的技术天才，他只有在补习了技术之外的管理知识后才可能大展宏图，而现实环境却不允许他在电信行业完成这次补习。所幸的是，他过去从容调度近万名技术人才的管理经验也正是电信之外的技术型公司所欠缺的——在前任CTO刘建国于2006年离开之后，百度一直在寻觅一位有丰富技术管理经验的高手。也只有在CTO这个职位上，李一男的转换成本是最低的，虽然是从电信设备领域转入互联网领域，但是都需要电信技术。而且，离开华为前在其手机和终端部门"实习"的李一男也许还能够帮助百度实现梦寐以求的扩张，从固定互联网进入前景更广阔的移动互联网。

但是，这并不意味着他将回归技术本位。通过在职位设置更加灵活的互联网公司的历练，他也许能够接触到很多在华为还没有来得及接触到的管理职能，能够补上在华为还没有学完的课程。而且，从制造业到服务业的转型也许还会使他明白：企业的成功之道并不只有一条，华为能够成功，但是盲目照搬华为经验的企业却未必能够成功；自己要想超越过去的辉煌，首先要做的事情恰恰就是超越自己的华为情结，走自己的路。不管未来李一男能够在百度待多长时间，也不管他是否还会再次创业，如今的李一男已经超越了昔日的那个李一男。

资料来源：冀勇庆、李一男：《走出华为》，载《IT经理世界》，2008（20）；蔡恩泽：《奇才怪才李一男》，载《中外企业文化》，2006（11）；阳静：《李一男：做“华为”第二，还是中国“思科”?》，载《深圳特区科技》，2002（6）。

【分析与思考】

1. 一个好的管理者应具备什么技能？李一男是不是一个好的管理者？
2. 职业经理人与首席执行官有什么区别，所需的技能有何不同？
3. 结合案例探讨李一男几次沉浮的原因。
4. 如何看待内部创业问题？如何处理原有老板与内部创业者的关系？

【分析提示】

1. 一个好的管理者除了应具备一定的技术技能，还应具备良好的人际关系技能和概念技能，对于高层管理者而言，概念技能尤为重要，因为高层管理者面对的更多是非程序化决策。要在变幻莫测的环境中及时识别稍纵即逝的机会，避免各种隐性的威胁，就不能唯技术至上，否则就容易面临较大的市场风险，在商海沉浮中消沉下去。李一男无疑是一个技术天才，但在企业管理及市场运作经验方面还有欠缺。

2. 职业经理人拥有专业的管理技术和技能，对于企业的经营绩效承担重要和直接责任，但只需在某一方面拥有自己的特长即可。此外，职业经理人的资产拥有度低既意味着其拥有有限的企业控制能力，对于企业重大决策的影响程度有限，也意味着其只需承担有限的经营风险，所以职业经理人更加关心企业的短期经营业绩；较低的资产拥有度也决定了他们在企业中的“员工”身份，即他们的职业变动会比较被动并具有不确定性。

首席执行官则拥有较高的资产拥有度，对于企业的经营与管理负有更加重要的责任，所以更应该有纵观全局的意识与丰富的市场运作经验。

3. 李一男无疑是一位业务能力很强的技术天才，但缺乏独立办企业的经验、能力和耐性，缺乏市场运作、资本运作及处理社会关系网络的能力，他可能会成为一名优秀的职业经理人，但成为创业者还需要更多的历练。

4. 内部创业是留住企业人才、促进企业与个人共同发展以实现双赢的重要措施，但也确实存在案例中提到的问题，如双方的业务范围冲突、演化为竞争对手等问题。李一男的港湾网络创业失败也给我们带来了很多启示。

案例分析 2

贝斯·布鲁克眼中成为具有影响力的女性的五条标准：

- 永远不要忘记你的品质是你最值得付出的东西；
- 对你所从事的工作充满激情，把它做好，并敢于为此冒险；
- 紧随你的梦想并不断把它做大，不要害怕犯错；
- 永远不要忘记你是谁，要相信你的魅力正来源于此；
- 随时都要寻找你与其他人的不同之处，充分展示自己的能力与才华。

安永是全球领先的审计、税务、财务交易和咨询服务机构之一，基于共同的信念以及对优质服务坚定不移的承诺把全球各地 13 万名员工联系在一起，并因其协助员工、客户和社会各界开发潜能，在行业中独树一帜。培养最有影响力的女性员工、弘扬女性管理文化是安永永恒的主题。

在安永 13 万名员工中，女性占到 70%以上，而在安永的管理层当中，女性的比例也上升到了 16%。全球最有影响力的 100 位女强人之一——贝斯·布鲁克清醒地认识到，在一个讲究合作的商界，女性的潜力还远没有发挥到极致。“虽然已经跟以前大不相同，但广大女性还需要继续努力来超越商界里的各种限制。”贝斯说。在贝斯看来，女性具有一些男性所不拥有的优秀潜质。“女性在职场中很容易陷入一个怪圈，即把自己当作一个男人看待，比如说总是表现得很强硬，”贝斯告诫中国的女性，“但这不是一个女人最大的优势，一个身在职场打拼的女性最大的优势其实正在于她们独有的一面——率真。”“女性更喜欢把问题摆到桌面上，因为她们有一种柔性魅力。”贝斯把女性的这种沟通方式称为“柔性外交”。

安永的解决之道就是创造一种“以人为本”的企业理念，特别是对女性员工，更是想方设法让她们感受到安永这个平台的开放性。在美国总部，为了能让那些已婚的母亲在每年开学的时候亲自送子女去学校报到，安永出台了一项政策，即只要你完成了自己的工作量，就可以带薪休假去送子女。安永此举的初衷是，鼓励那些优秀的员工去承担工作之外的一些责任，既包括家庭责任，也包括社会责任。安永希望在美国已经生根发芽的女性管理文化同样能够在其世界各地的分公司传播开来。在安永北京的办公室里，有几间大的培训室，这些培训室晚上就变成了员工特别是女员工的活动场地，可以用来练瑜伽、健美操、拉丁舞等，公司还会专门为员工聘请相应的教练。安永还经常组织一些体育休闲活动，如高尔夫球赛、卡拉 OK 比赛、羽毛球赛等。在安永内部有一个社交和休闲俱乐部，该俱乐部有 34 名委员，他们会不定期地为公司员工组织一些休闲娱乐活动。

“聊天”已经成为安永的一项重要沟通机制，管理者通过女性之间无拘束的谈话，可以了解到自己的女性员工在工作甚至生活方面都有哪些感受、看法，以便更好地做出有针对性的工作安排。这种聊天形式已经完全机制化，在美国，女性员工会定期举行沙龙性质的对话，有时还会邀请其他公司的女性员工交流经验，甚至还会邀请一些男性员工参与进来，以便开诚布公地增进彼此的了解。

很多职场女性面临着一系列涉及如何平衡工作与生活的问题。安永采取的举措是：通过在大中华区推出“性别包容计划”来帮助公司中的女性员工找回工作与生活之间的平衡。

周优妹是安永负责审计及企业咨询服务的合伙人，她在安永工作已超过10年，在同事和客户面前，她是永远不知疲倦的职业精英，然而出于个人原因，她必须在健康与事业之间取得平衡。2008年6月12日，对周优妹来说是个特殊的日子，她可以一边在家休养，一边回复客户邮件，并分派她的团队当天应该做的事情。这样的日子是周优妹以前不敢想象的。

周优妹所享受的这一“意外的惊喜”，就来自“性别包容计划”中包含的“弹性工作制”。她也是安永第一个尝试按缩短日程方式工作的人。

据悉，包括人力成本和管理成本在内安永目前已在该计划上投入了上百万美元。对于支出与回报，他们将如何换算？安永大中华区人力资源主管合伙人周昭媚算了一笔账：“根据我们的统计，失去一个有经验的经理，公司将在日后付出高于目前3倍的代价。重新招聘、培养一个新人所需的成本投入远远大于我们今天的投入。”在周昭媚看来，从某种意义上讲，留住公司中的女性员工就意味着在挽留整体人才上迈出了一大步。是什么原因让安永如此看重对女性员工的挽留？

近年来，会计师行业中男女员工的比例正在发生明显的变化。与十几年前会计师行业中男性员工“一统江山”的境况不同，越来越多的女性员工加入会计师行列，行业中逐步呈现“阴盛阳衰”的趋势，而这一现象在中国尤甚。根据安永所做的统计，在会计专业的毕业生中，有接近七成为女性。在安永的员工构成中，有六成为女性；近3年晋升为总监级的管理人员大多数为女性，在合伙人梯队中，女性所占比例也接近26%。安永对女性员工的离职调查显示，女性员工离职率远高于男性，而其中最重要的原因是，女性需要在“平衡工作与生活之间做出取舍”，为此往往选择“无奈地离开”，暂时或永久地告别她们的职业生涯。“如果我们现在不对这一问题予以重视，并采取相应的举措，就意味着我们将丧失很多优秀的女性员工，而这将让我们在日后付出更多。”周昭媚说。

安永的“性别包容计划”已在全球推而广之，在美国已推行了10余年。基于美国特殊的国情，该计划在美国的定位和着力点为“强调公平”，旨在识别和积极回应不同类型员工的需求，使拥有不同背景的员工能够在公司获得平等的发展机会。然而，就如大多数跨国公司在全球范围内推行的“员工多样化计划”需要在大中华区进行“变形”方可适应本地一样，“性别包容计划”在大中华区的着重点放在如何帮助女性员工在公司拥有更长时间的职业生涯上，即致力于

“保留女性员工”。这个着力点具体表现在，如何通过对中国的独生子女政策对于人们工作态度的影响，以及城市财富日益增长和劳动力市场需求等方面的分析，采取相应的举措。

由于该计划在中国首次推行，尚属新鲜事物，因此，考虑到员工的接受程度，安永先期引进了三个项目，具体包括引入弹性工作安排、定期举办女性领导会议，以及建立“在职家长”网络。按照弹性工作制中“缩短工作时间”和“停薪留职”（最长两年时间）的申请和审批标准，只要是经理以上级别的女性员工，如果有正当的理由，并通过了人力资源部及其主管的审核，就可以申请参加弹性工作安排。

本以为经过精挑细选的项目一定能够受到大家的欢迎，讨论的结果却出乎周昭媚的意料。

“弹性工作制影响了我的绩效怎么办？如果我采取弹性工作的方式，我的职位被别人占了怎么办？”

“我们的弹性工作会不会影响到客户？客户能够理解和接受吗？”

“如果这些问题无法解决，这种听起来很好的福利制度是否会变成一种装饰品呢？”

“公司的业务量很大，这样做行得通吗？”

“你宁愿两个员工都走掉，流失了两个人，还是愿意他们都留下，通过弹性工作来挽留人员以完成相当于一个人的工作量？”面对周昭媚的反问，大家变得沉默了。

“没有一套制度对于每一个员工都是适合的，我们必须正视这个事实。”

“欧美客户对弹性工作的接受程度比较高，如果员工的客户是国外客户，那他们一定会理解这种工作方式，一个很纯粹的中国企业却未必理解。”

“推进这项计划的确不容易，遇到的困难不是我或我的团队就可以解决的，而是需要大家一起共同努力。我们公司员工的接受能力非常强，包括台湾在内有9 000人，有能力做这个项目。”

周昭媚的回答看似解决了员工的疑问，然而，对于人力资源主管来说，要成功推进一个项目，类似的教育工作却复杂而漫长。周昭媚决定首先树立一个成功的样本，让员工在样本的示范作用下，慢慢发生思想意识上的转变。这个样本就是先前提到的安永审计及企业咨询服务合伙人周优妹。现在，她有充分的时间休养，还可以在处理完邮件后，从容地为家人煲上一锅滋补靓汤。

“当我申请参加弹性工作安排时，我与我的团队成员进行了广泛沟通，以寻求最适当的安排，同时满足个人和公司的需要。”周优妹认为，不同的人申请弹性工作出于不同的原因，具体的安排方式也可能有所差异，因此并非一成不变。但在这一过程中，员工与雇主之间需要深层次的沟通。

周优妹所做的项目都是上市公司的大项目，为了支持她的弹性工作，公司减少了她的客户量，而在享受弹性工作带来的“平衡”的同时，周优妹的薪水也将按照工作时间的压缩比例相应地减少。

由于获得了相关合伙人的支持和鼓励，她按缩短日程的方式参与工作，一切颇为顺利。现在，她既能与团队成员合作，为客户提供专业服务，又能减少压力，在工作与生活之间取得平衡。

“我非常喜欢这种工作方式，对大多数女性来说，相对于物质利益，她们更看重能够在工作与生活两者间取得平衡。”周优妹说。

“实际上，弹性工作安排是承认了员工在人生的不同阶段可以有不同的侧重点，需要以一种具有弹性的方法安排工作。”周昭媚介绍，下一步公司将对一些离职者做详细回访，希望可以通过向其展示公司业已推出的弹性工作制，吸引她们重回安永。在对高管人员的绩效考核指标中，一些关乎男性女性离职率定位、弹性工作引入程度、重点项目中女性员工所占比重，以及相应级别中男性女性比例等指标的设定，保证了性别包容计划的落实。

资料来源：方浩：《安永：培养最有影响力的女性雇员》，载《当代经理人》，2007（10）；刘春晖：《安永：帮女性员工找到平衡》，载《首席人才官》，2008（10）。

【分析与思考】

1. 如何看待安永着力培养女性员工、弘扬女性管理文化的现象？
2. 管理女性员工最突出的问题有哪些？安永采取了哪些做法？
3. 在推行性别包容计划、实施多元化管理的过程中应注意哪些问题？
4. 弹性工作制在中国的推行前景如何？可能会面临什么问题？

【分析提示】

1. 目前诸多企业中的人口统计数据充分反映了员工多元化的趋势，而安永的做法反映了其对员工多元化趋势的回应，以及其通过有效的人力资源政策挽留企业核心人才的正确举措。这一做法类似于大多数跨国公司在全球范围内所推行的“员工多样化计划”，安永将该计划在中国的着重点放在如何帮助女性员工在公司拥有更长时间的职业生涯上，即致力于“保留女性员工”。

安永充分认识到了女性在企业中的作用及特殊的管理优势，致力于充分挖掘女性的潜能。安永的做法充分体现了企业的人性化关怀，“性别包容计划”投资非常大，但由此换回的女性员工的忠诚度和凝聚力以及工作效率的提升也是难以估量的。

2. 女性员工面临的最大问题即平衡工作与生活，在家庭与事业之间做出取舍；女性员工还必须在男性主导的社会中尽量避免一些不必要的性别歧视和“玻璃天花板效应”，充分发挥女性特有的管理优势，促进绩效的提升。

采取弹性工作制是安永平衡工作与生活、挽留女性员工的主要措施；保证女性晋升路径的通畅，推行致力于挖掘女性潜能的女性管理文化，是安永突破“玻璃天花板效应”的尝试；另外，采取有效的适合女性员工的福利措施也充分体现了企业的人文关怀，起到了良好的效果。

3. 在多元化管理过程中，有两个方面非常重要：一是要制定清晰的员工多元化愿景，并且与组织成员沟通，使更多的员工相信愿景，同时帮助他们通过各种形式参与讨论，比如，员工多元化可能让组织走向什么样的未来，愿景中描绘的未来有何重要性，有哪些途径可以达到员工多元化的目标，以及员工多元化可能给自己带来怎样的积极影响等。二是要通过有计划的创造性的工作在短期内实现多元化，针对所取得的进步设计识别和激励系统，巩固所取得的成就并将员工多元化政策制度化，以利于多元化的成功实施。

因为任何一项新政策的实施必然会引发人们的怀疑与困惑，所以在本案例中安永通过树立周优妹的成功典型，与员工进行大量的沟通，以及在针对高管人员的绩效考核指标中设定一些关乎男性女性离职率定位、弹性工作引入程度、重点项目中女性员工所占比重、相应级别中男性女性比例等指标，来保证性别包容计划的落实。

4. 弹性工作制是有效平衡工作与生活矛盾的措施，然而正如案例中所提及的那样，人们担心薪酬如何分配，绩效如何计算，是否会影响自己的职业生涯晋升等问题，这些都必须通过企业大量的沟通工作以及制度的制定等来逐渐形成一种文化。

另外，弹性工作制如果在目前加以实施，可能会使员工更加懒散，从而导致组织效率下降等问题，所以在员工还没有形成良好的工作习惯与职业素养时，弹性工作制应当慎行。本案例中也只是针对部分高层经理推出了相应的举措。

复习题参考答案

一、填空题

1. 明确目标；精细的结构
2. 商业组织（通常指企业）
3. 持久利润最大化
4. 人际关系学说；当代组织行为学
5. 泰勒
6. 组织管理理论；指挥
7. 普通心理学
8. 梅奥
9. 企业的人性面
10. 管理科学学派
11. 双重性；实用性
12. 扁平化；柔性化；全球化
13. 扁平化

14. 柔性化

15. 员工多元化

二、不定项选择题

1. ABD 2. ACD 3. C 4. BC 5. ACD 6. ABCD 7. ABCD 8. ABC 9. ABCDE 10. ABCDE

三、名词解释

1. 组织是指由一些功能相关的群体组成的有共同明确目标的人群集合体。组织都具有三个共同的特征：明确的目的、精细的结构和人员。

2. 霍桑试验：梅奥在1924—1932年间主持了一次著名的“霍桑试验”，其中包括照明试验、福利试验、群体试验、谈话试验。通过试验，梅奥得出以下结论：(1) 人是“社会人”，影响人的劳动积极性的因素有很多，除了金钱因素、物质因素，还有社会因素和心理因素。(2) 生产率的提高或降低，主要不是取决于工作方法和工作条件，而是取决于员工的“士气”，而士气又取决于员工的家庭生活和社会生活，以及企业中人与人之间的关系。(3) 企业中存在一些非正式群体，这些非正式群体有其特殊的规范，这些规范影响着群体成员的心理活动和行为。(4) 管理者要具备新型领导能力。新型领导能力是指了解员工合乎逻辑的行为的能力，了解员工不合乎逻辑的行为的能力，善于聆听员工意见的能力，善于与员工沟通的能力，使员工在正式群体中获得的经济需要与在非正式群体中获得的社会需要相平衡的能力。梅奥第一次正式地把心理学引入企业管理领域，“霍桑试验”提出的一套人际关系理论为管理心理学奠定了坚实的理论基础，他也因此而成为管理心理学的先驱。

3. X—Y理论是1957年美国心理学家麦格雷戈在《企业的人性面》一文中提出的。X—Y理论是由X理论和Y理论组成的，由于管理者的宇宙观和价值观不同，对员工的人性假设不同，各自奉行的理论也不同。X理论的主要观点为：一般人的天性是不喜欢工作且尽可能回避工作的；由于员工不喜欢工作，因此只能运用强迫、惩罚、奖励、控制等手段，迫使员工努力达到组织目标；一般人胸无大志，企求生活安定；员工宁愿接受领导，以避免承担责任。Y理论的主要观点有：一般人的天性是并不厌恶工作的；无须对员工严加监督或以惩罚相威胁，他们就能够为达到组织目标而自愿工作；针对员工的各种需要进行激励是有效的；管理者的最大职责是协调好人际关系，在完成组织目标的同时，兼顾员工的个人需要。麦格雷戈认为Y理论优于X理论，管理者如果有效地运用Y理论，就能激发员工的工作热情，充分发挥员工的想象力和创造力，使员工自我管理、自我指挥，为组织的目标而努力奋斗。

4. Z理论是由美籍日本人威廉·大内在1981年提出的。大内经过长期的研究发现，美国式管理是以X理论为基础的，而日本式管理是以Y理论为基础的，要在美国照搬日本式管理又行不通，所以，他就写了一本书《Z理论——美国企业如何迎接日本的挑战》。Z理论认为，X理论并非一无是处，Y理论也不一定普遍适用，应该根据企业的实际情况，灵活地选择运用X理论或Y理论，以求得个体、组织、工作三者之间的最佳配合。Z理论结合了X理论和Y理论的长处，要求管理者根据具体个体的不同情况灵活地采取不同的管理方法。

5. 组织行为学是研究组织中人的心理活动规律和行为规律的一门科学，是对组织内个体和群体的行为和心理进行的系统研究。

6. 组织结构扁平化是指组织减少管理层级，授权给操作层面的部门参与或者制定决策。

7. 柔性化是指公司摒弃过去僵化的规则、管理和结构等，对员工、客户和其他利益相关者的多元化需求做出灵活反应，同时又不引起有关不公正或不公平的谴责的做法。

8. 员工多元化是指组织中的员工在性别、种族、民族、年龄、宗教、生理/心理残疾、性取向、社会阶层等特征方面的多样性。

四、简答题

1. 什么是组织？组织的基本特征是什么？

组织是指由一些功能相关的群体组成的有共同明确目标的人群集合体。组织都具有三个共同的特征：明确的目的、精细的结构和人员。

首先，每个组织都有一个明确的目的，通常以一个目标或者一组目标来表述，它反映了组织希望达到的状态，指明了组织决策和活动的方向；其次，每一个组织都由人员组成，并且借助组织中的人员来实现组织目标；最后，所有的组织都发展出经过深思熟虑得出的结构，以便其中的人员能够明确工作关系，有序开展工作。总之，从本质上讲，组织是一种实体，它具有明确的目的，包含一定的人员，并且具有某种精细的结构。

2. 泰勒的科学管理理论的主要内容有哪些？

泰勒的科学管理理论主要包括四个方面的内容：（1）对工人操作的各个动作进行科学分析，用科学的操作动作代替以前不合理的操作动作。（2）用科学的方法挑选工人，并对工人进行培训，以提高工人的技能，使工人能胜任工作，进而提高自信心，增强进取心。（3）舍弃“只顾自己”的思维模式，促进工人之间的相互协作，用科学的方法来共同完成规定的工作任务。（4）管理者与工人都必须对各自的工作负责。

3. 组织行为学的发展经历了哪几个主要阶段？每个阶段有何特点？

组织行为学从萌芽发展到今天，其发展大致可以划分为三个阶段：古典科学管理阶段、人际关系学说阶段和当代组织行为学阶段。

第一，古典科学管理阶段（1895—1930年）。古典科学管理阶段的主要代表人物是泰勒和法约尔。这一阶段的主要特点是：以经济人为主要出发点，讲求科学化、制度化、规范化管理。泰勒的贡献主要在生产领域，法约尔则扩展了组织管理的基本理论。在这个阶段，组织行为学尚处在萌芽状态。这一时期的管理理论虽然也涉及一些人的因素，但不少学者都把工人当作工具看待，这也是以后其他理论取代科学管理理论的一个主要原因。

第二，人际关系学说阶段（1930—1960年）。20世纪早期，社会学和心理学的知识被引入管理学研究领域，人际关系学派试图从人的心理、需要、行为等方面来改善生产中的人际关系，从而达到提高组织目标实现效率的目的。这个时期的主要代表人物是美国的梅奥、马斯洛和麦格雷戈。人际关系学说对确立组织行为学的科学地位起了主要的作用，它的许多观点现在仍为组织行为学家所公认，也得到许多企业家的实践证明。组织行为学正式作为一门科学问世，它的重要性也日益为世人所瞩目。

第三，当代组织行为学阶段（1960年后）。第二次世界大战以后，西方工业国家的科学技术有了飞速的发展，一些先进的科学手段和科学工具也被应用到企业管理中，这时出现了一种强调科学技术、忽视人的心理活动的倾向。管理科学学派认为，提高经济效率的主要途径是运用计算机、制定数学模型、运用数学原理和公式来进行计划、决策，并解决管理中的问题。然而，由于不能很好地了解、解释员工的心理活动和行为，不能预见员工的行为倾向，导致许多数学模型无法在实践中运用，因此，Z理论应运而生。Z理论由美籍日本人威廉·大内于1981年在《Z理论——美国企业如何迎接日本的挑战》一书中提出。大内经过长期的研究发现，X理论并非一无是处，Y理论也不一定普遍适用，应该根据企业的实际情况，灵活地选择运用X理论或Y理论，以求得个体、组织、工作三者之间的最佳配合。

4. 组织行为学的主要研究内容是什么？

组织行为学的研究可以帮助人们描述、解释、预测和控制组织中人的行为和态度，从而提高人们的工作质量和生活质量。组织行为学的研究对象是组织中人的心理和行为，其目的是使管理人员树立以人为本的管理理念，理解和运用人—人系统的基本原理和方法，掌握激励员工的方法，帮助管理者和员工了解组织以及组织中的个体和群体的动力机制，从而为高绩效领导和组织管理提供理论依据。因此，组织行为学关注的是影响组织绩效、高效领导和组织管理的组织成员的行为和心理。

5. 组织行为学的研究意义有哪些？

组织行为学的研究意义主要体现在以下方面：

（1）描述。指对组织中人的行为和心理的某个时期所处的状况进行清晰描绘。准确描绘组织中人的行为和心理为我们合理、科学地对行为和心理做出解释提供了基础。

（2）解释。指依据理论或者实践总结寻找组织中人的特定行为和心理的形成原因的过程。科学的解释为管理者预测和控制组织中人的行为和心理提供了依据。

（3）预测。指根据组织中人的行为和心理的现状和变化规律以及组织和社会环境的变化，对未来一段时期某些特定行为和心理所处状态进行的合理猜测。准确预测与组织绩效相关的人的行为和心理为有效地领导和管理组织提供了宝贵的信息。

（4）控制。指根据组织中人的行为和心理变化规律，改变一定的条件和变量，以使特定的行为和心理朝着管理者期望的方向演进的过程。

（5）提高组织的工作质量。组织行为学通过理解和影响组织成员的行为和心理来提高组织的绩效。

（6）提高组织成员的工作生活质量。组织成员的工作生活质量是指组织中所有成员通过与组织目标相适应的公开的交流渠道，有权影响决策，改进自己的工作，进而拥有更强的参与感、更高的工作满意度和更少的精神压力的过程。

6. 全球化环境中跨国公司面临的机遇主要有哪些？

全球化环境中跨国公司面临的机遇表现在以下方面：

（1）获取持续的增长。当本国市场饱和或者更有利可图的他国市场出现时，跨国公司可以抓住机会到新的市场上谋求销售额的增加、品牌知名度的提高以及利润的增长。

（2）降低经营风险。公司可以通过在多个国家的市场进行销售，用一个市场的盈利来抵消其他市场的亏损，从而达到降低经营风险的目的。

（3）实现规模经济。多国市场可以提高产品/服务的销售数量，集中采购可以降低生产成本，从而使公司实现规模经济。

（4）地理优势。跨国公司可以通过全球定位降低成本。

7. 全球化环境中跨国公司面临的挑战主要有哪些？

跨国公司面临的挑战有：

（1）政治风险。政治风险与不稳定的国家政府、内战、国际战争的威胁、恐怖主义等有关，这些风险造成的不确定性可能会导致资产损失或者资源流的中断。

（2）经济风险。汇率、关税、经济政策与法律、国家经济状况等的变动会加大跨国公司获取利润的风险。

（3）管理风险。管理风险与跨国公司全球配置资源的能力、管理沟通、跨文化管理的挑战等有关。跨国公司是否有既完全代表母公司意志又熟悉当地市场的外派经理人员，公司总部与其他国家的分公司、事业部、分销商等的沟通和理解是否充分，是否有充足的非常了解贸易国相关贸易政策、法律和市场状况的资本高手等，都是跨国经营衡量管理风险的重要标准。

8. 信息技术环境中组织拥有的优势与劣势有哪些？

在信息技术环境中，对掌握和应用信息技术的能力的要求不断提高，使组织和组织成员比以往任何时候更加体会到知识的力量和学习能力的重要，知识管理、学习型组织、虚拟组织等新型组织形式相继出现。

信息技术环境中组织拥有的优势有：

（1）新的竞争手段。信息高速公路极大地改变了组织的沟通和运作方式，同时，集成化的计算机、电缆和电信技术为企业提供了新的竞争手段，时间、空间的距离造成的影响大大减小，企业可以在任何时间、任何地点进行交易。

（2）便捷与节约。网络为人们创造了一个虚拟的商业空间，信息技术改变了人们的生活、工作方式以及组织的盈利模式和雇佣关系。

（3）虚拟办公室。人们可以通过网络在任何时间、任何地点与任何人一起工作，不必集中到一个专门的办公场所，虚拟办公使得工作安排有了选择性。

信息技术环境中组织拥有的劣势有：

（1）应用信息技术存在战略风险。不能确保IT技术应用的目的是为提高企业效率和效益服务，无法避免IT技术引发的流程再造风险。应用信息技术还有可能带来对引入信息系统的成本估计不足或者对信息系统可能带来的预期收益估计过高，以及信息系统本身可能存在的稳定性隐患、缺乏灵活性和压抑工作人员的创新性等风险。

（2）员工面临诸多压力。长时间在电脑前操作导致员工眼睛疲劳、颈部和腹部肌肉劳损、头疼；监控员工的邮件和聊天记录的软件使受到监控的员工对自己隐私的暴露耿耿于怀，甚至对组织的信任感降低；虚拟办公模糊了工作和生活的界限，让他们时刻因工作压力大而处于紧张状态。

第 2 章

个体行为的基础

知识点回顾

传记特征是指可以从员工的人事档案中直接获得的信息，比如年龄、性别、婚姻状况、教育背景、工作经历等。这些信息被认为与员工的工作绩效有着直接的关系，可以作为人事决策的依据。

能力包括心理能力和体质能力两种。能力的个体差异性非常明显，管理者需要根据工作岗位的要求和员工的能力特点做到工作—能力的匹配，以达到实现工作绩效最大化的目的。

人格的形成受先天遗传和后天环境的影响，以及情境的调节作用。人格具有独特性、稳定性、综合性和功能性四个特点。主要的**人格理论**有：类型理论、特质理论、大五人格理论和迈尔斯-布瑞格斯类型指标等。霍兰德提出的人格与职业匹配理论极大地影响了职业指导运动、人才招聘和选拔的实践。

影响个体成功的人格特征主要有控制点、自尊、马基雅维利主义、自我监控和冒险性等。

自我效能主要来自拥有经验或现实绩效、他人的经验或榜样作用、社会说服、生理和心理唤醒等。它直接或间接影响员工的工作绩效。

情绪分为四种基本类型：愤怒、恐惧、高兴和悲伤。按照不同的标准，情绪有不同的划分方法。情绪可分为正性情绪和和负性情绪两大类。情绪在员工甄选、领导选拔、人际关系、组织决策以及工作动力方面有着重要的影响作用。

情商是个体察觉自己和他人的感受，进行自我激励，有效地管理自己以及他人关系中的情绪的能力。情商有自我察觉、自我约束、自我激励、移情和社会技能等五个维度。

复习题

一、填空题

1. ________是指从事需要思考、推理和解决问题等心理活动所需要的能力。

2. ________是指体力活动的基本能力，包括耐力、手指的灵活性、腿部力量以及其他相关能力等。

3. 人格是指影响个体行为的、相对稳定的一系列________和________。

4. 人格的形成既有遗传的因素，又有________的作用。比如文化、家庭背景、教育和朋友等对人格的塑造也起到十分重要的作用。

5. 人格具有________、稳定性、________和功能性的特点。

6. 人格的________是心理健康的重要标志。当个体的各种人格组成因素协调统一时，他的人格就是健康的；当出现矛盾和分裂时，个体就会出现适应不良或心理问题。

7. 古希腊医生希波克拉底将人的气质划分为________、胆汁质、________和抑郁质四种基本类型。

8. 大五人格模型包括________、随和性、________、________和经验开放性等五个人格维度。

9. 20 世纪 60 年代，霍兰德提出的________极大地影响了职业指导运动、人才招聘和选拔的实践。

10. 霍兰德把人格划分成研究型、________、社会型、传统型、________、艺术型等六种类型，并认为每种人格类型都有与其相适应的工作环境。

11. 影响个体成功的人格特征主要有控制点、________、马基雅维利主义、________和冒险性等。

12. 控制点是人们对于自己与命运关系的信念。________的人相信自己能够掌握自己的命运；________的人相信自己的生活受到外部力量的控制。

13. ________认为要讲求实际，对人保持情感距离，相信结果能够替手段辩护。

14. ________是指个体根据外部情境因素调整自己行为的能力。

15. ________是指个体对自己能力的一种确切的信念（或自信心），这种能力是指自己在某个背景下为了成功地完成某项特定任务，能够调动起必需的动机、认知资源与一系列行动。

16. 情商的五个维度是________、自我约束、自我激励、________与社会技能。

二、不定项选择题

1. 以下常用于心理能力的测量的是（　　）。

A. 温德利人事测验　　B. GMAT

C. GRE　　D. SAT

2. 影响人格的形成的因素有（　　）。

A. 遗传文化　　B. 家庭背景

C. 教育　　D. 朋友

3. 人格具有的特点包括（　　）。

A. 独特性　　B. 稳定性

C. 综合性　　D. 功能性

4. （　　）的人感受性低而耐受性较高，不随意的反应性强；具有可塑性和外倾性；情绪兴奋性高，外部显露明显，反应速度快而灵活。

A. 胆汁质　　B. 黏液质

C. 多血质　　D. 抑郁质

5. 20 世纪 40 年代，美国心理学教授（　　）编制的 16 种人格因素问卷被认为是分析个性最经典的问卷。

A. 希波克拉底　　B. 卡特尔

C. 霍兰德　　D. 马基雅维利

6. 提出人格与职业匹配理论的是（　　）。

A. 希波克拉底　　B. 卡特尔

C. 霍兰德　　D. 班杜拉

7. 服从、有效率、务实、缺乏想象力、缺乏灵活性，喜欢系统规范、有条理、清楚明确的活动是（　　）人格的特点。

A. 传统型　　B. 社会型

C. 现实型　　D. 研究型

8. 影响自我效能的主要来源有（　　）。

A. 拥有经验或现实绩效　　B. 他人的经验或榜样作用

C. 社会说服　　D. 生理和心理唤醒

9. 形成自我效能信念的最有力的潜在因素为（　　）。

A. 拥有经验或现实绩效　　B. 他人的经验或榜样作用

C. 社会说服　　D. 生理和心理唤醒

三、名词解释

1. 传记特征

2. 大五人格模型

3. 自我效能

4. 情商

四、简答题

1. 什么是能力？心理能力和体质能力的概念和内涵是什么？

2. 简述人格的概念、形成及特点。
3. 简述人格的气质理论。
4. 大五人格理论的主要内容是什么？
5. 迈尔斯-布瑞格斯类型指标的主要维度有哪些？
6. 简述霍兰德的人格与职业匹配理论。
7. 影响个体成功的人格特征有哪些？它们的作用机制是什么？
8. 情绪的类型如何划分？
9. 在组织中，情绪有哪些作用？
10. 简述情商的概念及其内涵。

案例分析

默多克的十个重要管理技巧

关注默多克，不因他是“传媒大亨”，财大气粗，名声赫赫。关注默多克，只为他让我们领教了什么是一流企业家的气魄和智慧，什么是管理思想和管理技巧，什么是新经济时代的未来眼光。

1953 年，22 岁的默多克在伦敦《每日快报》开始了其新闻生涯。在随后的 60 多年里，默多克不断收购更多的报纸、更多的电视台。他所创建的新闻集团是当今世界上规模最大、国际化程度最高的综合性传媒公司之一，净资产超过 400 亿美元，集团经营的核心业务涵盖电影、电视节目的制作和发行，无线电视、卫星电视和有线电视广播，报纸、杂志、书籍出版，以及数字广播、加密和收视管理系统开发。1999 年 3 月，新闻集团北京代表处成立；次年，卫星电视（STAR）在上海设立代表处，成为首家获准在沪设立代表处的境外传媒公司。

默多克的个人财产已超过 130 亿美元。目前，默多克控制澳大利亚 2/3 的报纸，控股英国 40%的报纸，如《太阳报》、《泰晤士报》等。他还在英国的天空电视台、美国的福克斯电视网、香港的亚洲卫视拥有股份。在互联网时代到来后，默多克又宣布与日本公司合办一家专门拓展互联网投资的金融企业——软银。

不要认为默多克的成就是一个神话。尽管许多媒体把默多克描绘成恶魔，但实际上他是一位极其成功的商人（值得注意的是，那些故意贬损默多克的媒体通常都是他的竞争对手经营的）。奇怪的是，虽然默多克被视为世界上最成功、最有影响力的商人之一，但很少有人探讨他的管理风格。

我们可以找到关于描绘默多克这个人的书，但很难找到一本从管理者角度来探讨默多克的书。造成这种结果的原因有许多。一般人都把默多克视为洪水猛兽，认为他是个像赫斯特和诺思克利夫那样传统、专制而且气量狭小的报社老板（《公民凯恩》一书对此有很多描述），进而认定这种人在管理时一定是以权力压倒一切，不讲究任何管理技巧。默多克确实运用了他所有的权力和影响力，但管理分散在各地的庞大企业需要高超的管理技巧，仅仅有好斗的个性且采取压制方式是行不通的。由此可知，默多克除了运用自己的权力优势，应该还有自己的一套管理风格。

默多克没有接受过高等商科教育，他虽然是英国国教会的较有影响力的会员，却瞧不起这个教会（默多克的第一笔国际收购——买下《世界新闻报》——就是他担任国教会名誉领袖，对抗反国教会的麦克斯韦尔所获得的成果）。默多克不属于这个团体，或者说他乐于认为自己不是国教会会员，而国教会也认为他是个越轨者。

有人认为默多克应该受到道德谴责，因为他是市场上通俗小报的领军人物，愿意扮演在人类最低公共标准下活动的角色。也有人认为默多克将如此多的媒体的权力都集中在自己一个人手里是件相当危险的事情。

这两种看法并没有错。《太阳报》和默多克的其他小报确实占领了低收入阶层这个市场，但默多克认为他只是在迎合民众的需求而已，而民众从他那儿得到他们想要的东西。

在谈到媒体权力时，默多克指出国家垄断的媒体拥有超乎想象的影响力。“如果说现在确实有不正常的、权力过分集中的情况出现的话，这个现象不存在于民间企业，而存在于国有广播电台。”默多克在1998年一次会议中说道。默多克认为自己一向遵守游戏规则，虽然他玩得很卖力，但没违反任何法律或规定。他所说的游戏规则指的其实就是自由市场，“因为资本家总是想在背后相互中伤，所以自由市场不会造成垄断，只有在政府支持下才会出现垄断”。

只要默多克一天不离开商界，有关他事业的争论就一天不会停歇。那些评论他的人通常忽视了在他的成功背后值得称道的管理能力。但事实上，在当代伟大的管理者当中，默多克自有他独特的一面。有些行业领袖（例如比尔·盖茨）为人所称赞的不是他们的管理风格，而是他们抓住商机和创新的能力。有些企业家则可能因为某一种具有开创性的产品或服务而取得成功。

默多克之所以独特，是因为他的成功是以超凡的管理能力为基础的。例如，我们可以把默多克的表现与管理者应具备的条件做一番比较。

在《管理工作的本质》一书中，加拿大学者、作家亨利·明茨伯格列举了卓越管理者在工作中的特征：

- 以坚毅的精神完成大量工作。能从事多种多样的、短暂的以及琐碎的工作。
- 善于处理现时性的、具体的和非常规的问题。
- 喜欢言语沟通甚至当面沟通。
- 善于和组织内部及外部人员接触。
- 受到严格约束，但能掌握工作进度。

“所有管理工作都包括这些角色，但各角色的侧重点随着管理工作的不同而有所变化。”明茨伯格写道。默多克已证明自己具有充分掌握这些角色的能力。

无论在新闻集团内部还是外部，他都以编织属于自己的网络为嗜好。他善于获取和保存信息，无论在预测未来还是实施任何行动时，都能显露出企业家的气质。此外，默多克还为管理者树立了一个新的榜样——永不停歇地进行交易。

默多克的管理手段和他所处的环境都非常独特。仿效默多克其实是件危险的事情，即使是他的子女，恐怕也不能以默多克为师。

尽管如此，我们还是可以从默多克的事业和他的管理方法中学到一些东西，主要有以下几点：

(1) 顺应潮流。在竞争激烈的商业环境中，只有务实者才能生存。默多克是条超级变色龙。

(2) 再见了，好好先生！好好先生难以立足。在默多克的世界里，冷酷无情是必备的条件，软弱只会被他打入冷宫。

(3) 下注。默多克是个大赌徒。他从冒险中获得成功，赌注越大就越兴奋，所获得的报酬也越大。

(4) 身先士卒。默多克就代表新闻集团。他从不授权，热衷权谋，掌控一切。

(5) 事无巨细，主宰一切。默多克对事业王国的控制是绝对的。新闻集团的管理人员睡得并不安稳，默多克经常在凌晨 3 点打电话叫他们核对数字。

(6) 营销 DNA。默多克的 DNA 里有营销的基因，他仅凭直觉及不假思索的冲劲就能完成艰巨的销售任务。

(7) 速度狂。当其他公司还停在那里等待决定时，默多克早就第一个用电话敲定了生意。不论规模多大，新闻集团总是活力充沛。

(8) 未雨绸缪。如果你想成功，就必须懂得未雨绸缪。默多克为未来投下赌注，并保持警觉，注意发展动向。

(9) 雄心壮志永不止息。默多克已 80 多岁，仍然像个年轻人那样拼命工作。他永远想得到更多。

(10) 驱策公司运转。不运转的公司必然消亡，保持运转是公司成功的必由之路。

资料来源：斯图尔特·克雷纳：《默多克的十个重要管理技巧》，载《管理与财富》，2003 (3)。

【分析与思考】

1. 影响个体成功的人格特征有哪些？
2. 从默多克身上你看到哪些值得借鉴之处？

【分析提示】

1. 影响个体成功的人格特征有：

(1) 控制点，是指人们对于自己与命运关系的信念。

（2）自尊，是指人们喜欢或不喜欢自己的程度。

（3）马基雅维利主义，主张要讲求实际、对人保持情感距离、相信结果能够替手段辩护的观点。

（4）自我监控，是指个体根据外部情境因素调整自己行为的能力。

（5）冒险性，是指个体趋近或者回避风险的倾向性。

2. 从默多克身上我们几乎可以看到以上所有方面的成功人格特征：

（1）默多克是非常典型的内控型的人，相信自己能够掌握自己的命运，他在遵守游戏规则的基础上，“玩得很卖力”，运用了他所有的权力和影响力，抓住一切商机，以获得事业发展。他“事无巨细，主宰一切”，“身先士卒”，从不授权，热衷权谋，80 多岁却仍然像个年轻人那样拼命工作，这些都是内控的表现。

（2）默多克也是一个高自尊的人。一般而言，高自尊者相信自己拥有工作成功所需的大多数能力，他们往往更倾向于选择高冒险性的工作和非传统性的工作，而自尊往往与成功预期正相关。

（3）马基雅维利主义在默多克身上体现得更为明显，“在默多克的世界里，冷酷无情是必备的条件，软弱只会被他打入冷宫”。速度狂、绝对控制都是高马基雅维利主义的表现。

（4）高自我监控者在根据外部环境调整自己行为方面表现出相当强的适应力。他们对外界线索十分敏感，能够根据不同的情境采取不同的行动，并且能够明确区分公开的角色与私人的自我。在竞争激烈的商业环境中，只有务实者才能生存。“默多克是条超级变色龙。”

（5）案例中提道：“默多克是个大赌徒。他从冒险中获得成功，赌注越大就越兴奋，所获得的报酬也越大。”“默多克为未来投下赌注，并保持警觉，注意发展动向。”正是适度的冒险成就了默多克的伟大基业。

扩展阅读案例

怎样运用情绪管理激发员工潜能

许久以来，管理界认为员工不应该把情绪带进公司，因为工作场所是一个专业的地方，不应该“感情用事”。今天，现实却让管理学者从本质上领悟到，这样的限制对企业并没有好处。由于情绪受到规范的边框制度的约束，反而使团体的成员走向另一个极端——习惯性防卫，并且放弃激情，以此保护自己或他人免于因自身个性的张扬而受窘或受到威胁。现代管理实践告诉我们：一个聪明的管理者应该学会科学运用情绪管理来激发员工的潜能，进而提高绩效，创造出一流的业绩。

让企业充满“情绪”

美国成功企业家得宝公司曾提出一条十分特别的用人策略：“所聘用的经

营、管理人员，如在聘用一年内不产生‘合理情绪’，将被企业解聘。”对此，该公司的副总裁斯蒂夫·麦塞纳认为，如果聘用员工不产生一些“合理情绪”，则说明这个人没有创造性，更没有竞争力。一个平庸保守、安分守己的人，是绝对不可能有所建树的。最重要的是，一个不“闹”情绪的人，在竞争中丧失的机会要比捕捉到的机会多得多，对企业可能造成的损失将无法估量。这种鼓励带着情绪工作的用人策略，既表现出公司领导敢于承担责任的胸怀，也增加了员工的工作信心，结果是家得宝公司不仅利润增长、股东权益在同行业中领先，而且高昂的士气已成为公司获得良好业绩的动力。

如今许多企业也逐渐领悟到，只有在员工情绪管理上营造良好的氛围，才能以情绪带动潜能，以潜能的发挥创造高效业绩。宏碁公司总裁施振荣把自己的创业称为“对人的创造”，他说：“我们要激发有创造力的东西，在管理上一定要合乎人性。”毋庸置疑，企业与员工之间除了理性的关系，还需要感情投入或者激发员工积极情绪的方式。

事实证明，今天的企业只有成功激发员工的工作热情，才能激发员工不断突破与成长。激发员工情绪的 N 种方式，都将是可以维持员工自我实现与企业创出成效两者间动态稳定的“均衡”定理。我们认为，没有情绪的企业，是平庸的企业；拒绝情绪的企业，是悲哀的企业；扼杀情绪的企业，是残酷的企业。

让冲突增加绩效

西方管理研究的著名事件“霍桑试验”表明，员工的工作绩效在很大程度上与团体内部的情绪有关。提升员工的精神待遇，有助于使员工的情绪保持在较理想的水平上，从而提高工作效率，增强团队凝聚力。

企业内一团和气是好事吗？在许多企业管理者的头脑里，答案是肯定的。然而，现代冲突理论站在相互作用的角度上，认为过于融洽、和平、合作的组织容易对变革的需要表现冷漠。这样的组织缺乏创新精神，对工作中出现的错误和缺点不批判纠正，掩盖失误，导致组织利益受到损害。这样的组织还会显得没有活力，在市场发生变化的情况下不能及时提出新的思路和应变措施，容易丧失发展和壮大的机会。因此，聪明的领导者应懂得去维持适当水平的冲突，有意识地让支持组织目标实现的冲突产生，以此达到提高组织绩效的目的。激发适度冲突的措施有很多。如在咨询行业和高科技产业里，可以建立认可适度冲突的组织文化，让员工理解，只要是有助于启发思维、完善组织行为的冲突，都是应该提倡的。适当引进外部人才也能够激发冲突，因为新进人员还没有接触该组织的团队文化，脑子里面框框比较少，思路相对比较开阔；另外，由于新进人员还没有与内部员工建立非常紧密的私人关系，较少因顾及面子而三缄其口。需要注意的是，在员工提出不同意见时，管理者要适度表扬或奖励，表明领导对创新意见的肯定态度，从而激励更多的新思路产生。

在技术研发和市场部门，冲突甚至是不可或缺的，否则带有缺陷的产品和项目一旦投入生产，损失将是巨大的。所以，在组织结构的设置和调整方面可以多动脑筋，以提升冲突发生的频率和强度，让思路在反复熔炼之后转化为能够创造效益的真金。

领导者善于控制情绪

冲突水平维持在怎样的程度，依赖于领导者的直觉能力和领导艺术，这需要在实践当中去体验和提高。下面的故事就很有启发意义。

一天，美国陆军部长斯坦顿来到林肯那里，气呼呼地说一位少将用侮辱的语言指责他偏袒一些人。林肯建议斯坦顿写一封内容尖刻的信回敬那家伙。“可以狠狠地骂他一顿。”林肯说。斯坦顿立刻写了一封措辞强烈的信，然后拿给总统看。

“对了，对了。”林肯高声叫好：“要的就是这个！好好训他一顿，真写绝了，斯坦顿。”

但是，当斯坦顿把信叠好装进信封里时，林肯却叫住他，问道：“你干什么？”

“寄出去呀。”斯坦顿有些摸不着头脑了。

“不要胡闹。”林肯大声说：“这封信不能发，快把它扔到炉子里去。凡是生气时写的信，我都是这么处理的。写这封信的时候你已经解了气，现在感觉好多了吧，那么就请你把它烧掉，再写第二封信吧。”

林肯是在教下属控制自己的情绪。组织行为学上称之为自我监控能力。林肯控制情绪的方式不失为培养自我监控能力的一条有效途径。对管理者来说，学会自我控制是实施情绪管理的前提。

资料来源：《怎么运用情绪管理激发员工潜能》，http：//www. chinahrd. net/zhi _ sk/jt _ page. asp?articleid＝39033，2004-09-29。

【分析与思考】

怎样运用情绪管理激发员工的潜能？

延伸阅读

所选择的工作不但要与自己的价值观相匹配，而且要与自己的性格相匹配。如何与自己的性格相匹配？性格影响着一个人对职业的适应性，一定的性格适合于从事一定的职业，不同的职业对人有不同的性格要求。因此，在考虑或选择职业时，要考虑自己的职业性格特点，考虑职业对人的性格要求，从而根据自己的性格特点选择最易适应的职业，或者改变自己的性格特点来适应职业的要求。比如，一个人的性格如果是内向、直觉、理智、判断型的，那么比较适合他的工作是研究分析类的，如果做其他的工作，他可能感觉很不愉快，并最终会选择他比较喜欢的工作。也就是说，应选择与自己性格及兴趣相匹配的工作。

只要找对职业，每一种性格的人都能成功。每个人都有自己的性格，每一种性格都有其擅长的职业，有的人擅长这一行，有的人擅长那一行。无论是哪一种性格，都应该接受它，并按照这一性格去寻找适合的职业。然而，遗憾的是，世界上几乎有近一半的人正从事着与自己的性格格格不入的职业。我们应该问问自己是不是这样，如果是，想怎么做？

赫敦职业咨询研究中心的抽样调查显示，71%初涉职场的新人表现出不同程度的对于不可知的职场的恐惧和茫然；另有 18%的人表示无所谓，走一步算一步，反正都是逃不掉的；只有 11%的受访者表示有明确的职业发展方向，并为此制定了自己的发展规划。

在问及为什么会对进入职场表现出恐慌时，在出现职场恐慌的受访者中，有 49%的人表示，因为在面对巨大的竞争压力时，对自己的职业发展方向感到困惑，无法把握自己职业发展的罗盘，不知道该去干什么、怎样开始，所以产生了一种逃避的心理；23%的人表示，因为学校的环境相对单纯，而已经毕业的师兄师姐所描述的职场存在复杂的人际纷争，所以非常担心进入社会后，会成为办公室斗争的牺牲品；另有 21%的人表示，应届毕业生一年一年增多，就业的压力越来越大。80%以上的受访者存在各种问题。

当问及这些职场恐慌者如何去克服目前的这种心理时，38%的受访者表示，不管害怕与否，丑媳妇总要见公婆，还是会去社会上摔打一下；10%的受访者表示，会考虑在国内继续进修或者出国留学；另有 52%的受访者则意识到，应该去寻求专业的职业咨询公司为自己把把脉，然后再确定方向。

新人的职场恐慌症其实早就在莘莘学子中蔓延。Kent 三年前去俄罗斯留学时，其实并没有明确的发展目标。在其临近大学毕业时，因为害怕立即进入社会，又不想在国内深造，所以就和很多人一样选择了出国，想在象牙塔里再过几年舒服的日子。由于家境不错，在专业的选择上比较随意，他最终进入俄罗斯的一所大学读了新闻系。很快三年过去了，Kent 又到了抉择的时候。他留学归来就陷入了迷惘：快奔 30 的人了，没有任何的工作经验，本科的化工专业忘得差不多了，英语不好，而俄语在国内似乎又派不上大用处，在“海归”满天飞的今天，有谁会注意自己呢？当被问及接下来该怎么办时，Kent 一脸茫然：“还能怎么办呢？继续往下读呗！”

新人遭遇职场恐慌的实质就是对于进入社会的一种逃避。究其原因，主要在于以下方面：

（1）职业发展方向不明。除了少部分人对于自己的职业有明确的规划，更多学子所报考的志愿仍然是“父母的志愿”、“社会的志愿”，而非个人的志愿。而父母和社会往往并没有意识到需要评估你的性格的优劣势、兴趣爱好以及适合的职业发展方向，也没有专业的技能去帮助你做到这一点。我们都知道人格与职业匹配理论，只有当职业性格、职业能力与职业需求相匹配时，你才能够在相应的岗位上如鱼得水，发挥潜能，从而获得物质和精神的满足。如果说评估你上大学以前的个性是为了更好地找到你的原始个性与职业所需要的个性的契合点，那么在此基础上选择专业则是为了在理论上培养你的专业能力。而如果在这一环节发生错位，所学非所用，那么必然导致自己因能力不足而自信心不足，最终惧怕进入社会。

(2) 高智商低情商。只重视学习成绩而忽视了其他能力的培养，仍然是很多大学生的通病。在我们反复强调情商的作用高于智商时，还有很多初涉职场的新人仍然不知道怎样进行有效的沟通，仍然不懂得做好一件事情需要团队合作精神，仍然不了解除了你超强的专业能力企业更看重的是你的责任心。情商方面的缺失，使得很多初涉职场的新人遭遇“不良反应”，也让很多即将步入职场的新人产生心理恐慌。

(3) 心理承受力有待加强。大学有时就像温床，它在教给你知识的同时，也包容了你的一切。很多人都把大学生活当成十几年苦读书的一种释放，以及即将进入“地狱般社会”前的狂欢。从生命中不可承受之轻的云端，到直面现实的残酷，让毫无准备的职场新人一下子跌入了心理难以承受的谷底。

专家支招

找准方向：职场新人可以通过自我评估，或者寻找专业的职业咨询机构进行评估，为自己先做职业定位并为未来几年制定一个明确的发展方向。因为没有目标的胡乱碰撞以及由此带来的职业挫折本身就会让你的恐惧进一步加重。

调整心态：既不要过于清高，与“世俗”社会格格不入，也不要对社会存在恐慌心理，进而害怕涉入。抱着一种学习和接受摔打的心态，从基层介入，培养自己情商方面的各项能力。打好基础，才是向纵深发展的关键。

资料来源：赫敦职业顾问：《职场新人，恐慌几何》，http：//article. zhaopin. com/pub/view. jsp?id=51659，2006-08-21。

复习题参考答案

一、填空题

1. 心理能力
2. 体质能力
3. 心理特征；行为模式
4. 后天环境
5. 独特性；综合性
6. 综合性
7. 多血质；黏液质
8. 外倾性；责任心；情绪稳定性
9. 人格与职业匹配理论
10. 现实型；企业型

11. 自尊；自我监控
12. 内控型；外控型
13. 马基雅维利主义
14. 自我监控
15. 自我效能
16. 自我察觉；移情

二、不定项选择题

1. ABCD　2. ABCD　3. ABCD　4. C　5. B　6. C　7. A　8. ABCD　9. A

三、名词解释

1. 传记特征是指可以从员工的人事档案中可以直接获得的信息，比如年龄、性别、婚姻状况、教育背景、工作经历等。这些信息被认为与员工的工作绩效有着直接的关系，可以作为人事决策的依据。

2. 大五人格模型是特质理论的研究结论，它认为构成所有人格因素基础的全部特质最后都可以减少到五个维度。五个维度包括：外倾性，描述的是个体对关系的舒适感程度；随和性，描述的是个体服从他人的倾向性；责任心，描述的是细心、可靠和自律的程度；情绪稳定性，描述的是个体面对压力的反应和能力；经验开放性，描述的是个体对新鲜事物的接受和喜爱程度。

3. 自我效能是指个体关于自己在多大程度上能够有效地采取一系列必要的行动去处理未来的某些情境的一种判断或信念。

4. 丹尼尔·戈尔曼在 1995 年出版的畅销书《情商》中将情商定义为："察觉自己和他人的感受，进行自我激励，有效地管理自己以及他人关系中的情绪的能力。"

四、简答题

1. 什么是能力？心理能力和体质能力的概念和内涵是什么？

能力是指个体能够完成工作中各种任务的可能性。它是对个体现在所能做的事情的一种评估。能力可以分为心理能力和体质能力两大类。

（1）心理能力是指从事思考、推理和解决问题等心理活动所需要的能力。智力是心理能力的核心。心理能力的构成包括七个维度，即算术、语言理解、知觉速度、归纳推理、演绎推理、空间视知觉以及记忆力。

（2）体质能力是指体力活动的基本能力，包括耐力、手指的灵活性、腿部力量以及其他相关能力等。

个体在心理能力和体质能力方面存在很大的差异，而且不同的工作对个体能力的要求也不相同。员工的绩效取决于两者之间的匹配。

2. 简述人格的概念、形成及特点。

（1）人格是指影响个体行为的、相对稳定的一系列心理特征和行为模式的总和。

（2）人格的形成既有遗传的因素，也有后天环境的作用。研究表明，几乎一半的特质（如外向性、冲动性、灵活性等）都是由遗传因素决定的。同时，一个人所处的成长环境（如文化、家庭背景、教育和朋友等）对人格的塑造也起到十分重要的作用。

（3）人格的特点如下：1）独特性。个体的人格是在遗传、环境等多方面因素的作用下形成的，因此，个体具有独特的心理特点和行为模式。2）稳定性。人格形成之后在较长时期内具有很强的稳定性。3）综合性。人格是由多种成分构成的一个有机整体，受自我意识的调节和控制，具有内在的一致性。人格的综合性是心理健康的重要标志。4）功能性。人格会在很大程度上影响一个人的选择，使人拥有不同的生活方式甚至命运。

3. 简述人格的气质理论。

古希腊医生希波克拉底将人的气质划分为多血质、胆汁质、黏液质和抑郁质四种基本类型，它们的具体特点如下：

（1）多血质：感受性低而耐受性较高，不随意的反应性高；具有可塑性和外倾性；情绪兴奋性高，外部显露明显，反应灵活而且速度快。

（2）胆汁质：感受性低而耐受性高，不随意的反应性高，反应的不随意性占优势，外部表现多；反应速度快，具有不稳定性。

（3）黏液质：感受性低而耐受性高，不随意的反应性和情绪兴奋性均低；内倾性明显，外部表现少；反应速度慢，具有稳定性。

（4）抑郁质：感受性高而耐受性低，不随意的反应性低；严重内倾；情绪兴奋性低而体验深，反应速度慢；具有刻板性，不灵活。

4. 大五人格理论的主要内容是什么？

特质理论的研究发现，所有的特质最后都可以减少到五个人格维度，构成了所有人格因素的基础。大五人格模型包括以下五个人格维度：

（1）外倾性，描述的是个体对关系的舒适感程度。外倾者合群、健谈、自信、喜欢交往；内倾者保守、羞怯、安静。

（2）随和性，描述的是个体服从他人的倾向性。随和性高的人性情随和、富有同情心、关爱他人、合作性强、值得信任；随和性低的人封闭内向、胆小羞怯、安静少语、冷漠敌对。

（3）责任心，描述的是细心、可靠和自律的程度。责任心强的人努力工作、有组织性、可靠、负责、始终如一、成就取向；责任心差的人懒惰、没有条理、不值得信赖。

（4）情绪稳定性，描述的是个体面对压力的反应和能力。情绪稳定性强的人冷静、自信、镇定、热情、有安全感；情绪稳定性弱的人紧张、焦虑、失望、缺乏安全感。

（5）经验开放性，描述的是个体对新鲜事物的接受和喜爱程度。经验开放性强的人充满好奇心、富有创造性、具有艺术方面的敏感和聪慧性；经验开放性弱的人保守、兴趣少、对熟悉的事物感到舒适和满足。

5. 迈尔斯-布瑞格斯类型指标的主要维度有哪些？

（1）社交倾向：外向型或内向型（E 或 I）。外向型的个体对人友好，能够影响他人，富有进取心，希望改变这个世界。外向者需要这样的工作环境：富于变化或活动取向，能够和其他人在一起，并能给他们带来相当丰富的体验和经历。内向型的个体被描述为羞怯、退缩，关注对世界的认识和了解。他们更喜欢安静专一、能够独处、使他们有机会对有限的体验进行深度探索和挖掘的工作环境。

(2) 资料收集：领悟型或直觉型（S或N)。领悟型的人不喜欢新问题，除非有规范化的办法来解决这些问题。他们喜欢已经成型的规范做法，对细节问题表现出耐心，擅长精耕细作。直觉型的人喜欢解决新问题，不喜欢重复同样的工作，喜欢跳跃性地得出结论，对常规细节缺乏耐心，不喜欢在细枝末节上花费时间。

(3) 决策偏好：情感型或思维型（F或T)。情感型的人体察他人及他人的情感世界，喜欢和谐，不需要获得表扬和认可，不喜欢告诉别人不愉快的事情，富有同情心，常能与绝大多数人相处得很好。思维型的人则对他人的情感世界不感兴趣或难以动情，喜欢逻辑分析，能够把事情安排得井然有序。

(4) 决策风格：感知型或判断型（R或J)。感知型的人充满好奇心、主动性、灵活性和包容性。他们把事情的开始看得至关重要，所以倾向于延迟决策，希望等了解所有信息之后再开始工作。判断型的人则坚决果断，目标明确，要求严格，是良好的计划者。他们致力于完成一项任务，能够迅速作出决策，只希望得到那些对工作开展十分必要的信息。

在这些倾向的基础上，可以得出16种人格类型的描述。

6. 简述霍兰德的人格与职业匹配理论。

20世纪60年代，霍兰德提出的人格与职业匹配理论极大地影响了职业指导运动、人才招聘和选拔的实践。

人格与职业匹配理论对工作要求与人格特点之间的匹配提供了最好的解释。该理论的主要内容包括三个方面：(1) 不同的个体在人格方面存在本质差异；(2) 不同的工作对人格有不同的要求；(3) 当工作环境与人格类型相互匹配时，会产生更高的工作满意感和更低的离职意向。

霍兰德把人格划分成六种类型，即研究型、现实型、社会型、传统型、企业型和艺术型，他认为每种人格类型都有与其相适应的工作环境。

另外，霍兰德根据调查数据判断个体的人格特征，并提出了六边形模型。在六边形中，相邻的人格类型比较相似，位于对角线两端的人格类型最不一致。现实生活中，单纯属于某种人格的人很少，大多数人都是以一种类型为主、兼具几种类型特点的混合体。

7. 影响个体成功的人格特征有哪些？它们的作用机制是什么？

(1) 控制点，是指人们对于自己与命运关系的信念。内控型的人相信自己能够掌握自己的命运；外控型的人相信自己的生活受到外部力量的控制。外控型的员工因为工作绩效不佳受到上级责备时，会对上级持有偏见，责备周围同事或强调自己无法控制的因素，因此，他们往往对工作的卷入程度更低，对自己的工作环境更疏远，并且对工作更不满意。内控型的员工则相反。

（2）自尊与成功预期正相关，高自尊者相信自己拥有工作成功所需要的大多数能力，他们往往更倾向于选择高冒险性的工作和非传统性的工作。低自尊者比高自尊者对外界影响更为敏感，他们需要从别人那里获得积极的评价，因此，他们更可能寻求他人的承认，更倾向于依照德高望重者的信念和行为从事。

（3）马基雅维利主义，主张要讲求实际、对人保持情感距离、相信结果能够替手段辩护的观点。

高马基雅维利主义者是不是好员工，取决于工作的类型，以及在绩效评估时是否考虑道德因素。对于需要谈判技能的工作（如采购经理）和工作的成功能带来实质效益的工作（如拿佣金的销售员），高马基雅维利主义者会表现得十分出色。而对于那些结果不能为手段辩护或者工作绩效缺乏绝对标准的工作，很难预期高马基雅维利主义者会取得良好的绩效。

（4）自我监控，是指个体根据外部情境因素调整自己行为的能力。高自我监控者在根据外部环境调整自己行为方面表现出相当强的适应力。他们对外界线索十分敏感，能够根据不同的情境采取不同的行为，并且能够明确区分公开的角色与私人的自我。低自我监控者很难调节自己的行为，他们倾向于在各种情境下都表现出自己真实的性情和态度。初步的证据表明，高自我监控者比低自我监控者更倾向于关注他人的活动，行为也更灵活多变。可以假定，高自我监控者在管理岗位上可能更加成功。

（5）冒险性，是指个体趋近或者回避风险的倾向性。人们对于冒险的意愿各不相同。冒险性对管理者作决策所用的时间以及决策之前所需要的信息量都有影响。管理者应该努力把员工的冒险取向与具体的工作要求相匹配，以达到使组织最有效的目的。

8. 情绪的类型如何划分？

（1）情绪坐标模型将情绪按照情绪是否激发以及激发的影响是消极还是积极两个维度划分为四类：1）热心的、兴高采烈的；2）轻松的、满意的、冷静的；3）厌烦的、疲倦的、困倦的；4）苦恼的、害怕的、紧张的。

（2）情绪可以分为正性情绪和负性情绪两大类。正性情绪包括爱/感情、愉快/欢乐、惊讶等；负性情绪包括恐惧、悲伤、生气、讨厌、羞耻等。

9. 在组织中，情绪有哪些作用？

在以下几个方面，情绪的作用不可忽视：

（1）员工甄选。研究表明，情商高的人在工作中可以保持良好的身心状态并与他人保持和谐的人际关系，对周边环境的适应能力也更强。因此在强调人际交往的工作中，员工甄选需要考虑对情商的考察。

（2）领导选拔。领导需要依赖情绪表达来有效传递许多信息。当领导者表现出兴奋、热情、活跃时，他们更可能调动下属的积极性，并传递出胜任、乐观、喜悦的感受；当企业面临重大变革和不确定时，员工需要领导调动和唤醒他们积极的、勇往直前的情绪。

（3）人际关系。人际关系可以受到员工情绪的直接影响。善于了解、管理自己和他人情绪的员工更能够促使人际交往中正性情绪的展现，避免负性情绪的影响。情绪管理可以有效地减少人际冲突。

（4）组织决策。理性的组织决策考虑的是如何使组织利益最大化或者成本最小化，然而，在现实决策环境中，决策者的情绪状态将直接影响决策效果。通常，人们在极端的情绪状态下很难做出正确的选择，理性决策需要决策者具有冷静、沉着、审慎的态度和情绪。

（5）工作动力。员工个体及其所处的环境时刻影响着员工的情绪。一般而言，积极、兴奋的情绪可以使人的工作效率和效果提高，消极、悲观的情绪则会降低员工的工作效率和效果。因此，如何激发员工的积极情绪，使其在工作中更加投入，是管理者的一项重要工作。

10. 简述情商的概念及其内涵。

美国心理学家、新闻记者丹尼尔·戈尔曼在 1995 年出版的《情商》一书中，将情商定义为："察觉自己和他人的感受，进行自我激励，有效地管理自己以及他人关系中的情绪的能力。"

情商主要可以分为以下五个维度：（1）自我察觉，即对自己的了解，认识当前的真实感受；（2）自我约束，即能够控制自己的情绪以利于而不是阻碍手头的工作，摆脱负性情绪并回到解决问题的建设性轨道上；（3）自我激励，即坚持追求理想中的目标，克服负性的情绪冲动，在实现目标后才感到满足；（4）移情，即能够敏感地觉察并理解他人的感受，能够感觉到他人的感受和需要；（5）社会技能，即辨别社交场合的能力，能够顺利地与他人互动，形成社交网络，能够引导他人的情绪和行为方式。

第3章

认知与决策

知识点回顾

认知水平影响人的知识和技能水平。认知包括感知、注意、记忆、表象、思维、言语、智力等。

感知是感觉与知觉的统称。感觉是人脑对直接作用于感觉器官的当前客观事物的个别属性的反映。知觉是人脑对直接作用于感觉器官的当前客观事物的整体的反映。人类的感觉有许多种类，最主要的是视觉和听觉。感知具有选择性、整体性、理解性和恒常性等特征。

注意是心理活动对一定对象的指向和集中。注意可以指向外部事物，也可以指向内部活动或行为。注意具有选择、保持和监督三种功能。注意分为有意注意和无意注意两种。注意的特征主要有四个：注意的广度、注意的稳定性、注意的分配和注意的转移。

记忆以感知为基础，是思维的重要桥梁。在管理中，对记忆主要有时间分类法和内容分类法两种分类方法。态度、年龄、知识结构、及时复习和记忆环境因素等会对记忆产生影响。

表象是指人或物并没有出现而人脑中出现该人或物的形象。表象可以分为两种：记忆表象和创造表象。表象有两个特征：直观性和概括性。

思维是人脑对客观事物概括的、间接的反映。思维是以感知为基础，以记忆为中介的一种高级的认知过程。思维具有概括性和间接性等特点。思维的形式主要有三种：概念、判断和推理。在解决复杂问题时，思维过程可以分为四个阶段：发现问题，分析问题，提出假设，检验假设。

言语是一种复杂的心理活动，是人们运用语言与他人交往或自己思维时的一种过程，包括表达和理解两个方面。

智力是指个体的学习能力和适应环境的能力。智力是人的认识水平的综合体现，主要包括观察能力、记忆能力、想象能力和思维能力。智力的高低以智商（IQ）来表示。

归因理论认为，我们对个体行为的判断主要取决于我们如何解释个体特定行为的意义，在观察个体行为时，我们总是试图判断这种行为是由内因还是外因引起的。影响这种判断的因素主要有三个：区别性、一致性和一贯性。常见的归因偏差是基本归因错误和自我服务偏见。

管理中常见的**社会性错觉**包括知觉防御、选择性知觉、晕轮效应、对比效应、投射、刻板印象、近期效应、偏见和第一印象等。

决策是指从多个方案中选择其中一个方案的过程。决策过程有五个环节：明确决策的目标，拟定多个行动方案，列出各方案的可能结果，评价各方案与目标相关的结果的价值，选择一种方案。按照不同的划分标准，决策可以分为许多类型。决策时的信息条件可能是确定性的、风险性的和不确定性的。决策方法有理性决策方法、行为决策方法和实践决策方法等。决策的优劣与决策者的心理特点息息相关，主要包括决策者的智力特点、性格特点、情感特点等。

群体决策是指两人以上共同作出的决策，如开会决议、投票表决等都是一种群体决策。群体决策具有自身的优势和劣势。群体思维是一种思维模式，常常出现在一些凝聚力很强的群体中。采用这种思维模式的结果往往是不顾客观的环境，违反社会准则，作出错误决策。群体决策的方法主要包括脑力激荡法、名义群体法、德尔菲法和专家系统。

复习题

一、填空题

1. 感知是感觉与知觉的统称。________是人脑对直接作用于感觉器官的当前客观事物的个别属性的反映；________是人脑对直接作用于感觉器官的当前客观事物的整体的反映。

2. 感知的基本特征有选择性、________、理解性、________。

3. 注意的特征主要有四个：________、注意的稳定性、________和注意的转移。

4. ________是指个体在较长时间内把注意保持在某一事物上的一种品质。

5. 根据记忆保持时间的长短，记忆主要可以分为________、短时记忆和长时记忆。

6. ________又称情境记忆，是一种以感知过的事物形象为内容的记忆。

7. ________又称语义记忆，是一种以字、词、概念、符号、公式以及它们之间的关系为内容的记忆。

8. 表象是指人或物并没有出现而人脑中出现该人或物的形象。表象可以分为________和________。

9. 思维是以________为基础，以________为中介的一种高级的认知过程。它主要凭借分析和综合、抽象和概括等思维工具对感知的信息以及记忆中的信息进行加工，以探索事物的本质和内在的联系。思维具有________和________等特点。

10. 思维的形式主要有三种：概念、________和________。

11. ________认为，我们对个体行为的判断主要取决于我们如何解释个体特定行为的意义，在观察个体行为时，我们总是试图判断这种行为是由内因还是外因引起的。

12. ________是指人们为了保护自己，较容易感知能满足自己需要的事物而造成的错觉。

13. ________是指人们对某一类人或事物产生的比较固定、概括而笼统的一种错觉。

14. ________也称像我效应，是指人们假定别人与自己相似，从而根据自己的情感、兴趣、动机、个性去判断他人而造成的错觉。

15. ________是指人们以事物的某一特征为依据，忽视或扭曲事物其他特征而造成的错觉。

16. 根据决策时是否运用决策规划，可以把决策分为________和________。

17. 行为决策方法是在决策中运用经验、________和________的一种综合方法。

18. ________是指在组织中把理性决策方法的步骤与行为决策方法的步骤结合起来，创造出的更现实的一种决策方法。

二、不定项选择题

1. 人类接收的外部信息90%以上依赖的是（　　）。

A. 嗅觉　　B. 视觉
C. 听觉　　D. 触觉
E. 味觉

2. 感知的基本特征有（　　）。

A. 选择性　　B. 整体性
C. 理解性　　D. 恒常性

3. （　　）是指个体在同一时间内能清楚地认知对象的特点的数量。

A. 注意的广度　　B. 注意的稳定性
C. 注意的分配　　D. 注意的转移

4. （　　）是指个体在同时进行两种以上活动时，能把注意指向不同的对象的一种品质。

A. 注意的广度　　B. 注意的稳定性

C. 注意的分配　　　　D. 注意的转移

5. 根据记忆保持时间的长短，记忆主要可以分为（　　）。

A. 瞬时记忆　　　　B. 逻辑记忆

C. 短时记忆　　　　D. 长时记忆

6. （　　）保持的时间最长。

A. 形象记忆　　　　B. 逻辑记忆

C. 情绪记忆　　　　D. 运动记忆

7. 影响记忆的因素主要有（　　）。

A. 态度　　　　B. 年龄

C. 知识结构　　　　D. 及时复习

E. 记忆环境

8. 表象的特征有（　　）。

A. 直观性　　　　B. 概括性

C. 间接性　　　　D. 表象性

9. 思维的特点是（　　）。

A. 直观性　　　　B. 概括性

C. 间接性　　　　D. 表象性

10. 概念是人脑对同一类事物的属性或特征的抽象的、概括的反映。概念具有（　　）的特点。

A. 抽象性　　　　B. 概括性

C. 间接性　　　　D. 直观性

11. 影响归因判断的因素主要有（　　）。

A. 区别性　　　　B. 一致性

C. 间接性　　　　D. 一贯性

12. 炒股的人在看大盘时，往往认为上涨的股票多；不炒股的人则往往看到大盘股票一片下跌。这是一种（　　）。

A. 知觉防御　　　　B. 选择性知觉

C. 晕轮效应　　　　D. 对比效应

13. “瘸子里面挑将军”这句谚语就是（　　）的例子。

A. 晕轮效应　　　　B. 对比效应

C. 投射　　　　D. 刻板印象

14. 在企业中，人们普遍愿意认为男性“充满活力、雄心勃勃，喜欢出差”，女性则“稳重、没有野心，喜欢稳定的办公环境”，这是一种（　　）现象。

A. 晕轮效应　　　　B. 对比效应

C. 投射　　　　D. 刻板印象

15. 程序性决策的特点有（　　）。

A. 目标清晰　　　　B. 特定目标模糊

C. 信息渠道不明确　　　　D. 信息较易获得

16. 进行追踪性决策时，决策必须注意（　　）。
A. 重视回顾分析　　B. 坚持零起点
C. 尽量减少损失　　D. 防止心理排斥

17. 与决策的优劣有关的因素包括（　　）。
A. 环境因素　　B. 欲解决问题的难易
C. 决策者的智力特点　　D. 决策者的情感特点

18. 下列观点中正确的是（　　）。
A. 智商高的管理者一定比智商低的管理者更能发现问题或作出决策
B. 高学历者不一定具有决策所需的高水平
C. 不善于运用知识者的决策水平反而低于掌握知识较少但善于运用者
D. 经验丰富者的决策水平一定高

三、名词解释

1. 思维
2. 归因理论
3. 追踪性决策
4. 群体思维
5. 脑力激荡法
6. 名义群体法
7. 德尔菲法
8. 专家系统

四、简答题

1. 什么是感知？请举例说明感知的基本特征。
2. 注意有哪些特征？在实践中如何运用注意？
3. 影响记忆的因素有哪些？
4. 简述归因理论的基本内容。举例说明常见的归因偏差。
5. 管理中常见的社会性错觉有哪些？请举例说明。
6. 请描述决策的基本过程。
7. 程序性决策与非程序性决策有什么区别？
8. 什么是竞争性决策？
9. 什么是追踪性决策？
10. 什么是理性决策方法？理性决策的过程是什么？
11. 什么是行为决策方法？为什么要进行行为决策？
12. 什么是实践决策方法？实践决策方法的基本过程是什么？
13. 如何进行群体思维的预防？

案例分析

刘嘉是一家电子企业刚上任的人力资源经理，作为一位刚刚毕业的研究生，刘嘉深知自己的不足，因此她在不断地努力学习，力图在新的岗位上做出成绩。在主持工作的第一个月内，刘嘉针对公司现有的人力资源管理工作的不足，提出建设一个公司专门的Cyber-HR网站，通过互联网进行人力资源管理工作。

这天，刘嘉拿着自己与下属精心讨论成稿的网站建设建议书，兴冲冲地走进了负责主管公司人力资源工作的张总的办公室。张总笑眯眯地看着她，亲切地问道："小刘，有什么事吗？"

张总的笑容给刘嘉平添了几分自信心，她下意识地晃了晃手中的报告，心想，自己主持制定的这个计划具有较强的可行性以及低廉的成本，一定会让张总对自己刮目相看。

刘嘉说："张总，是这样的，现在网络越来越普及，考虑到咱们公司的实际情况，我认为公司有必要建立一个专门的HR网站，通过网络进行人力资源管理。"

张总眉头皱了起来，略带点不满地问："小刘，就这事吗？"

刘嘉没有发现张总的神情变化，继续兴高采烈地说："是啊！您看，这是我的一些具体想法，希望得到您的批评指正。"刘嘉边说，边递给张总一本计划书。

张总没有接计划书，神情变得格外严肃："小刘，工作热情很高嘛！但是你真的考虑过公司的实际情况吗？"

刘嘉这才发现张总的神情不对，她拿着计划书，不知如何是好。

张总说："小刘，你有想法是对的！大家都知道，年轻人，工作热情高是自然的！但是这件事情我可不主张干！你知道现在大家对互联网骂得多厉害吗？中国现在有哪家网站开始盈利了？我们公司搞这个，还不是赔钱？"

刘嘉辩解道："可是，我们不是建立对外的网站，而是公司自己的HR网站，这可以为我们公司节省一大笔人力资源管理方面的开销啊！"

张总严肃地说："小刘啊，我当年也在人力资源经理的职位上干过，说什么人力资源管理，不就是人事管理吗？那点事情，我清楚。不用担心你们部门的预算不够，也不用去搞什么网站不网站的。年轻人嘛，还是脚踏实地比较好。"

刘嘉觉得委屈，声音放低了许多："那，您，是不是抽空看看这报告呢？我的报告中都……"

张总打断了刘嘉的话："现在的互联网还不是那些东西，炒来炒去，哪里有什么实质性的内容？你看，咱们公司就一直没有去搞什么网络营销，比如那个B2C，还有那个B什么的……"

刘嘉说："是B2B！但是网络人力资源管理跟它们不是一回事！"

张总生气地说："好了好了，搞来搞去还不是那一套，我说了不搞就是不搞，以后不要再提这些了，就这样吧，你还是好好地将公司的薪酬调整计划早点做出来吧。”

刘嘉无言以对。

一整天，刘嘉都觉得没精打采的，感觉很沮丧。她问自己，究竟错在哪里呢？张总为什么这样不信任自己，连计划都懒得看，唉，还没有正式开展工作，就给老板留下了如此不好的印象。刘嘉坐到电脑前，试图写张总催的那份薪酬调整计划，可是始终无法落笔，一直在胡思乱想，脑海中似乎浮现出了越来越多类似的场景。她不断地问自己：究竟哪里做错了？

下班之后，刘嘉仍然觉得心情很郁闷，如果将这种事情告诉男朋友，他肯定嫌自己婆婆妈妈，于是她坐到了心理顾问大唐面前。

大唐平易近人的样子打消了刘嘉的很多顾虑，她一五一十地向大唐讲述了自己心中的困惑与事情的经过。

大唐问：“你当时的感受如何？”

刘嘉沮丧地说：“就好像自己的努力全白费了，似乎还感觉到老板在嘲笑我，你们年轻人啊，才参加工作一两个月，就这么急于表现自己，可是究竟做出了什么成绩呢？”

大唐关切地问道：“于是，你很难过？你觉得自己付出了心血却不被人理解？”

刘嘉感到得到了理解，回答说：“是啊！这都是我组织部门的人经过多次讨论与实际调查才写出来的报告！唉，我真的不知道自己哪里做错了。老板怎么好像越来越不信任我了？”

大唐说：“你感觉到老板不信任自己了？你为此而难过？”

刘嘉不开心地说：“是啊！就是不信任我了。您能不能给我分析一下这是为什么呢？我好像哪里都没有做错。”

资料来源：《来自老板的压力》，www.hroot.com/html2/2004-10-11/publish19035.htm，2004-10-11。

【分析与思考】

1. 假设你是大唐，你将如何帮助刘嘉走出困惑？
2. 张总的问题主要有哪些？

【分析提示】

1. 我们先来分析刘嘉的反应模式。事实：我提出的方案老板不想听⟶情绪：我因此很难过⟶感知：老板对我不信任。问题究竟出在哪里呢？假设你是刘嘉，请选择老板对你不信任的理由：A. 我本人不是一个值得信任的人？（不，我刚开始向他汇报的时候，老板对我还表现得很有热情。）B. 这件事情有违我的工作职责？（不，这件事在我的工作范围之内，我作为一名人力资源经理，有权利也有义务写出这个计划。）C. 这件事情张总本身不感兴趣，不予以信任。由此可见，老板不信任的是互联网而不是刘嘉本人。在现实生活之中，我们每一个人都在试图感知别人，也在感知自己。社会心理学家发现，我们在感知人际关系时会出现一些特殊的反应效果，这就是社会知觉效应。刘嘉的反应就是一种选择性知觉，是指观察者根据自己的兴趣、背景、经验和态度主动选择观察到的信息而造成的错觉。

2. 张总的问题也是由社会性错觉引起的，主要表现为晕轮效应和刻板印象。晕轮效应是指人们以事物的某一特征为依据，忽视或扭曲事物其他特征而造成的错觉；刻板印象是指人们对某一类人或事物产生的比较固定、概括而笼统的一种错觉。张总由于对互联网有偏见，因此反感所有与互联网有关的工作以及提倡应用互联网技术的员工。对于应该具备全局与战略眼光的领导者来讲，必须尽力避免这些心理错觉。

情境模拟

情境

作为美国某大学附属医院的医生，你们组成一个专门的小组负责心脏移植手术。现在有7名患者摆在你们面前，他们都需要进行心脏移植才有望生存下去。这7名患者都属于“重病号”，随时面临着死亡的威胁。

据刚刚传来的消息说，你们马上会收到一颗由一位16岁的男孩捐献的心脏。这名男孩在最近的一次车祸中不幸丧生。由于这些患者中随时可能有人病逝，同时，捐出的这颗心脏也面临着迅速变质的威胁，因此，你们必须迅速决定下面哪一位患者将接受心脏移植手术。

患者情况

(1) 阿扎妮，女，57岁，著名的尼日利亚籍诗人、小说家，曾荣获1987年度诺贝尔文学奖。作为一名反殖民主义作家，她被誉为全球发展中国家的精神支柱。由于健康状况持续恶化，过去的5个月里，阿扎妮的活动空间已经缩小到病床范围之内。已婚；有4个子女，他们的年龄在30～37岁之间。

(2) 林汉列，男，12岁，韩国高中生，患有先天性心脏病。医生本想等到他十五六岁时再做心脏移植手术，但近来他的病情迅速恶化。目前他只能依靠人工心肺呼吸器维持生命。

(3) 丽·苏珊，女，27岁。丽·苏珊心脏上的毛病虽然是最近才暴露出来的，但病源出在基因上。她的双胞胎姐姐（患者4）也面临着同样的问题。她是乔治敦大学一名颇有前途的生化博士研究生，但心脏和肾脏功能的逐渐衰竭迫使她不得不暂时休学。目前未婚。

(4) 娅·苏珊，女，27岁。作为丽·苏珊的双胞胎姐姐，娅·苏珊女士拥有哈佛大学计算机科学硕士学位，目前与丈夫共同经营一家电脑公司，他们有一个4岁的女儿。与妹妹的病情有所不同，娅·苏珊的肾脏尚未受到影响。

(5) 约翰·尼古拉，男，34岁，美国中央情报局的研究员。出生于苏联，是中央情报局的首席苏联问题专家。与患者2一样，约翰·尼古拉现在也只能靠人工心肺呼吸器维持生命。目前单身，妻子死于一次交通事故，留给他3个年龄分别为6岁、3岁、2岁的孩子。

(6) 玛尼雅，女，23岁。在纽约市贫民窟长大，小时候患过猩红热，她的心脏病就是这次疾病的后遗症。失业，一直靠社会救济度日。她做手术的费用是靠邻居们募捐好不容易才凑足的。她从未结过婚，但有4个小孩，年龄分别是8岁、6岁、5岁、1岁。

(7) 波比，男，42岁。有家族心脏病史，其父39岁时死于心脏病发作。波比是公认的世界一流的科学家，在病菌研究领域享有盛誉。他已接受过一次心脏移植手术，但3周前，移植的心脏受到病体排斥，现在不得不靠一颗人造心脏维持生存。未婚，无子女。

受赠者的年龄、性别不受捐赠者的限制。换句话说，这颗由16岁男孩捐出的心脏完全适用于50岁的女性。当然，对于婴幼儿而言，需要考虑心脏本身的大小。

【分析与思考】

请利用理性决策方法对上述患者接受这颗心脏的优先次序进行排序。

【分析提示】

理性决策方法的步骤是：第一步：弄清决策需求；第二步：确定决策的因素、等级和标准；第三步：给决策标准分配权重；第四步：开发备选方案；第五步：评估备选方案；第六步：选择备选方案。

复习题参考答案

一、填空题

1. 感觉；知觉
2. 整体性；恒常性
3. 注意的广度；注意的分配
4. 注意的稳定性
5. 瞬时记忆
6. 形象记忆
7. 逻辑记忆
8. 记忆表象；创造表象
9. 感知；记忆；概括性；间接性

10. 判断；推理

11. 归因理论

12. 知觉防御

13. 刻板印象

14. 投射

15. 晕轮效应

16. 程序性决策；非程序性决策

17. 次级优化；知足化

18. 实践决策方法

二、不定项选择题

1. BC　2. ABCD　3. A　4. C　5. ACD　6. D　7. ABCDE　8. AB　9. BC　10. ABC　11. ABD　12. A　13. B　14. D　15. AD　16. ABCD　17. ABCD　18. BC

三、名词解释

1. 思维是以感知为基础，以记忆为中介的一种高级的认知过程。它主要凭借分析和综合、抽象和概括等思维工具对感知的信息以及记忆中的信息进行加工，以探索事物的本质和内在的联系。思维的特点是概括性和间接性。

2. 归因理论认为，我们对个体行为的判断主要取决于我们如何解释个体特定行为的意义，在观察个体行为时，我们总是试图判断这种行为是由内因还是外因引起的。其中，内因是指个体认为在自己能够控制的范围内的因素，外因是指超出个体控制范围的外部情境因素。

3. 追踪性决策是指在实施原有决策的过程中发现问题，为了达到目标，对原有决策进行根本性的改变的一种动态决策。在进行追踪性决策时，必须注意以下几点：重视回顾分析；坚持零起点；尽量减少损失；防止心理排斥。

4. 群体思维是一种思维模式，常常出现在一些凝聚力很强的群体中。采用这种思维模式的后果往往是不顾客观的环境，违反社会准则，做出错误决策。群体思维的发展依赖于三个条件：(1) 群体内有很高的凝聚力；(2) 群体与外界很少接触；(3) 群体的领导者支持从众。

5. 脑力激荡法又称头脑风暴法，是由美国创造学家奥斯本在1939年首次提出，从20世纪50年代开始流行的一种激发性思维方法。头脑风暴直译为精神病人的胡言乱语，奥斯本用这个词来形容会议的特点——让与会者敞开思想，使各种设想在脑海的相互碰撞中激起创造性的“风暴”。

6. 名义群体法主要用在重大而新颖的问题上。它的主要优点是消除权威的影响，以及清除语言表达上的影响。运用名义群体法时，首先要召集有关专家，把需要决策的问题告诉大家，要求每个人在每张纸上写下方案，多多益善，不必写姓名。十分钟以后，公布方案，但不讨论。方案公布后，由于受他人方案的启发，不少人又会产生新的方案，这些都会写在白板上。然后对公布的每一个方案，从优点和缺点两方面进行讨论，并且通过无记名投票选出票数最高的十个方案。最后对十个方案排列顺序，据此作出决策。

7. 德尔菲法是由美国兰德公司的研究人员在20世纪40年代设计的一种决策方法，目前在预测决策中运用较多。德尔菲法的具体操作如下：首先选择一个合格的主持人，确定专家名单，不必将专家召集在一起，主持人把要解决的问题寄给专家，请专家提出一个解决方案并简单陈述理由。然后把专家的方案分类整理，将整理出来的信息寄回给专家，要求专家进一步选择一种方案，并陈述理由。如此循环，经过多轮决策后，各专家的意见将趋于一致。德尔菲法的特点是专家们相互之间不沟通，每个专家都独立、自由地进行思考，做出判断，因此，很少受群体思维的影响。

8. 专家系统是人工智能在群体决策方面的一种运用。人工智能是指计算机在模拟人类智慧方面的运用活动，这是第二次信息革命。专家系统是指把专家的决策经验存储在计算机内，当需要决策时，只要把有关问题的信息输入计算机内，计算机就会根据专家的经验做出最佳决策。在组织中运用专家系统可以使决策自动化，因此可以大大提高生产率。

四、简答题

1. 什么是感知？请举例说明感知的基本特征。

感知是感觉与知觉的统称。感觉是人脑对直接作用于感觉器官的当前客观事物的个别属性的反映。知觉是人脑对直接作用于感觉器官的当前客观事物的整体的反映。

感知的基本特征有：

（1）感知的选择性，是指人们在面对对自身有意义的事物时，对它们的感知会显得格外清晰。感知的选择性与下列因素密切相关：个体的需要、动机、个性、经验，感知对象的大小、强度、对比、重复、新奇性、活动程度等。

（2）感知的整体性，是指人们往往把客观对象作为一个统一的整体来感知。感知的整体性与下列因素密切相关：两个以上感知对象的相似、接近、连续、闭合、图形完整或者同属于一个区域等。

（3）感知的理解性，是指人们的感知受到自身知识和经验的影响，对理解的事物能更快感知。感知的理解性与记忆、思维和语言等因素密切相关。

（4）感知的恒常性，是指人们的感知并不随着感知对象的变化而变化，表现得相对稳定。感知的恒常性在事物的大小、形状、颜色及明度等方面都可以表现出来。

2. 注意有哪些特征？在实践中如何运用注意？

注意的特征主要有：（1）注意的广度，是指个体在同一时间内能清楚地认知对象的特点的数量。（2）注意的稳定性，是指个体在较长时间内把注意保持在某一事物上的一种品质。（3）注意的分配，是指个体在同时进行两种以上的活动时，能把注意指向不同的对象。（4）注意的转移，是指个体根据目的主动地把注意从一个对象转移到另一个对象上去。

在企业的管理实践中要考虑以下方面：（1）要培养员工扩大注意的广度，

这有助于员工在同样的时间内输入更多的信息，提高工作效率，使员工能够更好地适应环境、胜任工作。(2) 要使员工保持注意的稳定性，应该使员工明了各项任务的意义与内容；使注意对象内容丰富、活动多样化；交替进行各项活动，并在活动中不断地提出新问题；与实际操作结合起来；使个体保持积极、向上的状态。(3) 为员工设置注意分配较容易的情境，比如，多种活动都比较容易，多种活动都是体力活动，两种活动中有一种活动已达到自动化程度，多种活动已形成一定的反应系统。(4) 让员工明白，在完成较复杂的任务时，应在短时间内主动进行多次注意的转移。

3. 影响记忆的因素有哪些？

影响记忆的因素很多，主要有以下几种：

(1) 态度。一个人对记忆内容有积极的态度就较容易记忆。

(2) 年龄。年龄较小者，机械记忆能力较强；年龄较长者，意义识记能力较强。

(3) 知识结构。与个体原有的知识结构相关的内容较容易记忆。

(4) 及时复习。感知后尽早再感知的内容较易记忆，因为遗忘有先快再慢的特点。

(5) 记忆环境。一般认为较安静的环境有利于记忆；也有人认为在优雅的古典音乐背景下更易记忆。

4. 简述归因理论的基本内容。举例说明常见的归因偏差。

归因理论认为，我们对个体行为的判断主要取决于我们如何解释个体特定行为的意义，在观察个体行为时，我们总是试图判断这种行为是由内因还是外因引起的。内因是指个体认为在自己能够控制的范围内的因素，外因是指超出个体控制范围的外部情境因素。

影响这种判断的因素主要有三个：区别性、一致性和一贯性。区别性是指个体在不同的情境下是否表现出不同的行为；一致性是指人们面对同一情境是否都有相同的反应；一贯性是指个体的行为是否随着时间的变化而有所不同。

常见的归因偏差有两类：自我服务偏见和基本归因错误。自我服务偏见是指人们总是把个人的成功归为内部原因，把自己的失败归为外部原因；基本归因错误是指哪怕有充足的证据，人们也总喜欢把他人的成功归为外部因素，而把他人的失败归为内部因素。例如，人们往往把自己的成功归因于“我很勤奋”、“我很聪明”、“我抓住了机遇”、“我态度很好”等；把失败归因于“市场形势变化太快”、“我被人算计了”、“那次纯粹是个意外”等。同样，谈到小王为什么会成功时，经常听到“小王运气很好”、“领导是小王的舅舅”、“小王家庭背景显赫”等；谈到小王为什么会失败时，答案则往往是“小王好吃懒做”、“小王没有经验”、“小王能力有限”、“小王没有文化”等。

5. 管理中常见的社会性错觉有哪些？请举例说明。

错觉是指个体由于种种原因产生的感知与客观事物不一致的现象。错觉可以分为生理性错觉和社会性错觉。社会性错觉主要有以下几种：

（1）知觉防御，是指人们为了保护自己，较容易感知能满足自己需要的事物而造成的错觉。例如，进行股票投资时，满仓者感知股指会上涨。

（2）选择性知觉，是指观察者根据自己的兴趣、背景、经验和态度主动选择观察到的信息而造成的错觉。例如，对于同一部电影，有人认为反映的是社会世风日下的现实，有人认为是爱情故事，有人则认为在刻画人与人之间心灵的距离。

（3）晕轮效应，是指人们以事物的某一特征为依据，忽视或扭曲事物其他特征而造成的错觉。例如，某经理平时对大家非常客气、友好，喜欢她的人认为她善良、美丽、有能力、成功等，然而从客观上来看，她长相一般。

（4）对比效应，是指由于对两个事物进行比较而使知觉失真的现象。例如，在企业面试过程中，如果面试者的水平普遍比较低，那么，在这群面试者中一个能力一般的人很可能被认为是优秀的候选人。

（5）投射，也称像我效应，是指人们假定别人与自己相似，从而根据自己的情感、兴趣、动机、个性去判断他人而造成的错觉。例如，在企业招聘过程中，主考官的同乡、校友往往会获得更高的评价。

（6）刻板印象，是指人们对某一类人或事物产生的比较固定、概括而笼统的一种错觉。例如，我们往往先入为主地认为：美国人直率、豁达；中国人含蓄、爱讲关系；德国人严谨、遵守规则；法国人浪漫、创新性强；日本人精明、对企业忠诚等。

（7）近期效应，是指人们根据他人当前的行为来判断他人而造成的错觉。例如，年终绩效考核时，经理认为老李兢兢业业，表现良好。实际上，老李前半年由于老伴住院，三天两头请假、迟到，最近两个月才经常提前上班、每天加班。

（8）偏见，是指人们只根据他们属于哪一类人来判断他人有哪些特征而造成的错觉。人们往往认为穿着时髦、另类的人必然工作不努力。

（9）第一印象，是指人们在第一次接触时对对方的综合感知。第一印象往往非常深刻，但常常也是不正确的。给别人留下的第一印象较差的人往往要付出成倍的努力来改变这一印象。

6. 请描述决策的基本过程。

决策是指从多个方案中选择其中一个方案的过程。决策过程有五个环节：（1）明确决策的目标；（2）拟定多个行动方案；（3）列出各方案的可能结果；（4）评价各方案与目标相关的结果的价值；（5）选择一种方案。

7. 程序性决策与非程序性决策有什么区别？

根据决策时是否运用决策规划，可以把决策分为程序性决策和非程序性决策。程序性决策是指经常运用已确定的决策规则的一种决策。在管理中，一般决策都应该是程序性决策，如机器设备的使用。这样，既可以减少决策的时间，又可以减少决策失误。非程序性决策指不能运用已确定的决策规则的一种决策。许多重大决策都是非程序性决策。

程序性决策常常发生在组织的较低层级，解决问题的时间较短，解决的问题不太重要，主要依赖决策规则和已设定的决策程序，目标具体且清晰。这类决策经常发生，信息也较易获得。非程序性决策常常发生在组织的较高层级，解决问题的时间较长，解决的问题一般比较重要，主要依赖决策者的判断力和创造力，目标也模糊不清。这类决策较少遇到，信息也不易获取。

8. 什么是竞争性决策?

竞争性决策是指有竞争对手的动态的决策。在进行竞争性决策时，决策者必须注意以下几点：

(1) 充分认识到这是一种动态的决策，一定要以动制动，作出决策后还经常要对其做必要的修正，这样才能最终达到目标。

(2) 尽可能地了解竞争者。作决策前应花大量的时间与精力了解竞争者的长处和短处，了解竞争者的状态和可能作出的决策，然后制定相应的决策。

(3) 充分了解自己。在竞争性决策中，由于变量复杂，往往容易导致决策失误，因此更要充分了解自己的长处和短处，了解自己的处境，作出正确的判断。

(4) 发挥创造力。竞争性决策的效果往往表现为能否战胜竞争者，因此，发挥创造力、出奇制胜是竞争性决策的重要内容。

(5) 遵守竞争规则。在作出竞争性决策时要遵守竞争规则，如政策法律、道德规范等，否则后果将不堪设想。

9. 什么是追踪性决策?

追踪性决策是指在实施原有决策的过程中发现问题，为了达到目标，对原有决策进行根本性改变的一种动态的决策。在进行追踪性决策时，必须注意以下几点：(1) 重视回顾分析；(2) 坚持零起点；(3) 尽量减少损失；(4) 防止心理排斥。

10. 什么是理性决策方法? 理性决策的过程是什么?

理性决策方法是指决策者在决策时遵循一个系统的、逐步的过程的决策方法。理性决策过程由以下步骤构成：

(1) 陈述情境目标。即陈述希望得到的最后情境。

(2) 问题确认。其目的是在明确目标的基础上收集信息。当目标与实际情况有差异时，就需要采取行动。

(3) 决定决策类型。由决策者决定采取何种决策类型，若采用程序性决策，应确定使用何种决策规则。

(4) 产生所有可能的方案。围绕目标，决策者可能依赖自己的经验和知识，也可能从同事、下级、上级那里获得一些信息，以产生尽可能多的方案。

(5) 评价所有的方案。评价的过程是：写出每一个方案的预期结果，评价每一个方案的预期成本，评估每一个方案的不确定性和风险性。最终的决策依据应该是“此方案是否有利于我们达到目标”。决策者必须以事实为依据检查每一个方案在理想状态与现实状态之间的差距。

（6）理性选择最佳方案。决策者要根据所有方案的优点、成本、风险和不确定性，选择一个成功可能性最大、效果最好的方案。同时要考虑情境计划，确定在实施最佳方案的过程中出现预料不到的情况时的备用方案。

（7）实施。即通过参与者的承诺以及领导者的激励手段使决策真正得以贯彻。一个组织要实施方案并获得成功，需要高超的领导艺术、完善的奖励系统、健全的沟通渠道以及良好的心理氛围。

（8）控制。根据原定的目标测量决策的结果，使决策成为一个动态的、自我修正的以及连续进行的过程。

11. 什么是行为决策方法？为什么要进行行为决策？

行为决策方法是在决策中运用经验、次级优化和知足化的一种综合方法。其特点是：（1）运用经验。决策中可以通过对程序和经验的使用来降低决策中的不确定性。（2）次级优化。即有意接受比最佳的可能结果稍差的结果。为了给决策者减轻压力，使组织避免其他的消极影响，决策时可采用次级优化。（3）知足化。即决策者检验每一种行动方案时，首先找到一种方法以满足最低要求，这个选择可能刚刚填补了要求与现实之间的差距，但它并不是最佳方案。接下来再重复选择过程，不断地改善方案的质量，使问题解决得越来越好。

行为决策方法认为，在决策过程中，人的行为发挥了重要的作用。在行为决策方法中，一个关键假设是决策者的理性往往是有限的。行为决策方法的假设基础是：虽然每个人都希望找到解决问题的最好方法，希望获取有关问题的所有信息，要求选择最佳方案，但是，这一切超出了大多数决策者的能力。决策者会以个人的偏好和逻辑推理进行有限的理性决策。

12. 什么是实践决策方法？实践决策方法的基本过程是什么？

实践决策方法是指在组织中把理性决策方法的步骤与行为决策方法的步骤结合起来，创造出的更现实的一种决策方法。由于理性决策方法具有不现实性、有限性，而行为决策方法难以操作，因此，实践决策方法是把两者的优点结合在一起的方法。

实践决策方法的基本过程主要包括以下环节：（1）陈述可能是复合的、可变的情境目标；（2）问题确认：确立适当的标准；（3）选择程序性决策或非程序性决策；（4）在已有信息的基础上理性地做出最佳选择，确立情境计划；（5）实施：通过行为支持；（6）控制：测量和调节，掌握环境变化。

实践决策方法的基本过程与理性决策方法类似，不同之处在于：在第四个环节中，实践决策方法不要求产生所有可能的方案，而是根据以往的经验、时间和金钱等条件，产生尽可能多的方案。另外，理性决策方法提供了一个分析的网络，实践决策方法则提供了一种修正的影响，这样可以使决策更有效。

13. 如何进行群体思维的预防？

群体思维是一种思维模式，常常出现在一些凝聚力很强的群体中。采用这种思维模式的结果往往是不顾客观的环境，违反社会准则，作出错误决策。群体思维的发展依赖于三个条件：（1）群体内有很强的凝聚力；（2）群体与外界很少接触；（3）群体的领导者支持从众。因此，预防群体思维，需从以下方面入手：

（1）从领导的角度进行预防。

1）在群体进行讨论时，不要事先发表有倾向性的观点；

2）邀请外部专家参加讨论；

3）指定一位成员在群体决策快要形成一致意见时故意提出相反的观点，这个“唱反调”的角色可以轮流担任；

4）鼓励群体内有反对意见；

5）规定每个成员都要发表评论性的观点。

（2）从组织的角度进行预防。

1）成立几个独立的小组来研究同一个问题；

2）训练管理者和群体领导者掌握预防群体思维的技能。

（3）从群体成员的角度进行预防。

1）要求每个人都成为有批判眼光的思考者；

2）与一位值得信任的外部人一起讨论，把结果向群体报告。

（4）从过程的角度进行预防。

1）事先把群体分成几个小组进行讨论；

2）花一定的时间来研究外部因素；

3）在作决策前，开第二次会议，重新考虑一下原来讨论的问题；

4）规定每次讨论一定要有反对方。

第 4 章

价值观、态度与工作满意度

知识点回顾

价值观是一系列基本信念的总和，是个人或社会对某种特定的行为方式或存在的终极状态所持有的持久信念。员工的价值观对他的态度、动机、思维模式、行为等存在重要的影响。一个人的价值观从出生开始就在家庭、社会、学校等的影响下逐渐形成和稳定下来。影响价值观形成的因素很多，主要有文化、父母、老师、朋友、经验等。

个体的价值观带有时代和文化的烙印。社会的时代烙印必然会对人的价值观产生一定的影响，不同文化背景下的人其价值观也存在较大的差异。

态度由认知、情感和行为三种成分组成。这三种成分密切相关，通常很难区分。态度具有两极性、稳定性和参照性三个特征。

态度的形成可以从三方面加以认识：态度是后天形成的，态度是感知的结果，态度的形成需要思维的参与。影响态度形成的因素可分为外因和内因，其中内因占主导地位，主要的内因有年龄、智力、自信心、感知的事实数量和价值观等。

组织行为学对**态度研究**的注意力集中在有限的、与工作相关的几种态度上，这些态度主要包括工作满意度、工作参与度、组织承诺、感知到的组织支持以及员工敬业度等。

认知失调理论认为，认知元素是态度的基本单位，个体对客观事物的任何一种观点都是一个认知元素。两个认知元素之间必然存在一种关系，这种关系可能是协调关系、不协调关系或不相关关系。认知失调理论指出，如果个体的认知元素之间处于协调关系，个体就会感到愉快；如果个体的认知元素之间处于不协调的关系，个体就会感觉到不愉快，随后就会产生一种内驱力，促使自己采取某种行为来减轻或者消除这种不协调关系。个体想要减轻或者消除不协调关系的内驱力的强弱，取决于个体认知元素之间关系不协调的程度。

平衡理论认为，一个人认知的对象可以包括世界上所有的事物，这些对象相互之间有的有关系，有的没有关系。相互之间有关系的两个对象称为单元关系。一般来说，个体对同一单元中的两个对象的态度趋于一致。

态度调查可以帮助管理者改变员工的态度。在管理中，转变员工的态度具有多种方法，比如培训、宣传、员工参与法、团体规定法、角色扮演法、管理者预言法等。

工作满意度是组织行为学领域研究的核心内容之一，工作满意度与绩效息息相关。影响工作满意度的因素很多，可以从个体和工作两个角度来考察。工作满意度测量的常用方法有工作描述指标、明尼苏达满意度量表等。满意度量表调查常用的评估方法有单一整体评估法和工作要素总体评分法两种。

复习题

一、填空题

1. 影响价值观形成的因素很多，主要有________、父母、老师、朋友、________等。

2. 态度是个体对事情的反应方式，它通常体现在个体的信念、感觉或者行为倾向中。态度主要由________、________和________三种成分组成。

3. 员工的态度主要有三个特征：________、________和参照性。

4. ________在影响态度形成的因素中占主导地位，主要包括年龄、智力、自信心、感知的事实数量和价值观等。

5. ________是指员工由于对工作特点进行评估而产生的对工作的积极感觉。

6. ________是指个体从心理上对其工作的认同程度以及认为其绩效水平对自我价值的重要程度。

7. 组织承诺是指员工对于特定组织及组织目标的认同，并且希望保持组织成员身份的一种心态。组织承诺包括三个维度：__________、__________和__________。

8. 认知失调理论是由美国学者________ 1957 年提出的，又称为费氏认知失调理论。

9. ________也称特质情感，是指相对稳定的情感模式，包括正性情感和负性情感两种。

10. ________是指员工对工作环境、工作能力、工作意义以及工作自主性的影响程度的感知。

二、不定项选择题

1. 员工的态度主要有（　　）等特征。

A. 两极性　　B. 稳定性

C. 权威性　　D. 参照性

2. 下列与态度的形成相关的论断中正确的有（　　）。

A. 先天形成　　B. 后天形成

C. 是感知的结果　　D. 需要思维的参与

3. 下列与态度的形成相关的论断中错误的有（　　）。

A. 较年长的个体较难形成新的态度

B. 智商较高的人较易受别人影响而形成新的态度

C. 自信心较弱的人较易受别人影响而形成新的态度

D. 一个人感知的事实数量越多，他形成的态度就越稳定

4. 下列与工作满意度相关的结论中正确的是（　　）。

A. 从个体而言，满意的员工不一定有高的生产率

B. 工作满意度与缺勤率之间存在稳定的负相关关系

C. 工作满意度与流动率之间呈现显著的负相关关系

D. 工作满意度与公民组织行为之间存在显著的正相关关系

三、名词解释

1. 价值观
2. 组织承诺
3. 认知失调理论
4. 平衡理论

四、简答题

1. 什么是价值观？在管理中，价值观有什么作用？
2. 价值观是否存在时代和文化差异？
3. 什么是态度？谈谈你对态度的 ABC 模型的理解。
4. 态度具有哪些特征？
5. 态度是如何形成的？影响态度形成的因素有哪些？
6. 组织行为学领域关注的态度主要有哪些类型？
7. 什么是认知失调理论？
8. 什么是平衡理论？请举例说明。
9. 试述管理者应该如何转变员工的态度。
10. 为什么要关注员工的工作满意度？
11. 从个体和工作两个角度，谈谈影响工作满意度的因素有哪些。

案例分析

四川海底捞餐饮股份有限公司成立于1994年，是一家以经营川味火锅为主，融汇各地火锅特色于一体的大型直营连锁企业。20年来，公司在北京、上海、西安、郑州、天津、南京、杭州、深圳、厦门、广州、武汉、成都等国内25个城市开有93家直营餐厅。在国外，已有新加坡2家和美国洛杉矶1家直营餐厅。在管理上，公司倡导双手改变命运的价值观，为员工创建公平公正的工作环境，实施人性化和亲情化的管理模式，提升员工价值。

等餐时有免费水果，可享受免费上网、擦鞋和美甲，提供扑克和跳棋打发时间，主动帮客人泊车，有时甚至免费擦车，海底捞的服务之周到闻所未闻、见所未见，以至于很多消费者不为火锅，只为体验一把服务。

"人类已经不能阻止海底捞"这一营销话题并不在这里的主要讨论范畴，对于早在2006年就开始实地调研海底捞的百胜集团或其他餐饮企业，甚至扩大到整个服务行业和相关领域来说，它们更感兴趣的或许是另一个管理话题——是什么让海底捞在餐饮业用工荒的背景下员工流失率仅有10%，且与同行相差并不多的工资待遇为何能让员工实现如此周到的服务？被业界命名为"传销式招工"的星巴克等同类公司能否凭借此法独步天下？

亲情管理得力，员工卖力

所谓"海底捞体"的基本模板是，某天我在海底捞吃火锅，席间无意间说了一句（包括但不限于愿望、情绪、抱怨、看法），结账时愿望成真，安抚情绪（例如送玉米饼、送贺卡祝福、送礼物、免单等）。海底捞是如何让员工死心塌地为顾客着想的？

除了为员工提供细致规范的培训，海底捞的亲情牌还体现在方方面面，从普通员工的招聘启事就可见一斑。免费提供宿舍、发放被褥，配有空调、电视机、电脑、洗衣机、衣鞋柜，更有专人打扫卫生。春运回家难？在海底捞工作满3个月就可报销回家车票。年轻人买房难？夫妻双方任意一方在海底捞干满半年，可享受公司提供的夫妻房或夫妻住房补贴。虽然这些也许不过杯水车薪，但谁又能不为这一措施拍手叫好？留守儿童缺少关心？凡在海底捞工作满3年，员工子女可享受2 000～5 000元/年不等的教育补贴。不光是福利，还有权力，据称30万元以下的开支，各分店店长就可做主，就连来来回回穿梭的普通员工也可以决定赠送果盘或零食，一旦顾客提出不满，甚至能直接打折、免单。

"你对员工好，员工才对企业好，对顾客好。"张勇的理念非常朴素。而北京大学光华管理学院两位教授对海底捞进行了为时一年多的深入研究，甚至派人"卧底"之后，惊讶地发现：海底捞服务员对职业的认同感，竟远高于他们所带的MBA学生。万名员工的流动率一直保持在10%左右，远低于国内餐饮业28.6%的平均流动率。甚至在张勇做出那样的公开承诺——"哪怕只做了一天店长就辞职的，都会送最高 8 万元的安置费，大区经理离开则送家火锅店”之后，其管理层的流失率几乎可以忽略不计。

当然不仅仅是海底捞，如何调动员工的积极性成为越来越多企业领导者关注的话题，各种举措也可谓乱花渐欲迷人眼。谷歌的魔幻厨房早已不是什么新鲜话题了，无论厨师的手艺还是菜式的搭配都可谓颇具匠心，更有人称其水平堪比五星级酒店。也许这一说法较为夸张，但员工免费用餐、菜系多元、食材新鲜等都是别家公司望尘莫及的。虽然此后免费厨房不再免费，但毕竟造就了 Facebook 等众多跟随者，可谓开风气之先。

福利超预期，效果显著

海底捞的员工待遇并非花钱最多，效果却很好，主要是因为从需求的角度而言，包括生理、安全、社交、尊重、自我实现等多种。“物质激励主要在生理、安全这种较低层次的需求上起作用，这一点大多数合法企业都能做到。而如今的就业者更期望公司具有人性化的管理和社交、尊重、自我实现等较高层次需求的满足。”

资料来源：http：//www. shhrpx. com/case/zlgh/37936. html.

【分析与思考】

海底捞是如何提升员工的工作满意度的？

【分析提示】①

（1）工作满意度，通常是指某个人在组织内进行工作的过程中，对工作本身及其有关方面（包括工作环境、工作状态、工作方式、工作压力、挑战性、工作中的人际关系等）有良性感受的心理状态。海底捞改善员工待遇的各种努力都是为了提高员工的满意度。根据需求层次理论的内容，人的需求分为生理、安全、社交、尊重和自我实现。海底捞人性化的管理手段能够帮助满足员工社交、尊重、自我实现等较高层次的需求，进而有利于提升员工的工作满意度。

（2）突出情感管理。情感管理模式是建立在情感人假设基础上的，情感人假设将人看做由情绪智慧支配的动物。情绪对人的行为产生指导作用，从本质上说“情感管理就是以人为核心，以情绪为动力，以组织为基石”，以最大限度发挥人的主观能动性与创新精神为目标，以确保企业核心竞争力与可持续发展为宗旨的全新的管理模式。任何管理的对象都是人，海底捞正是创造了适合自己的情感管理模式，成功塑造了“情感人”，最终实现了海底捞的成功。

（3）塑造情感人的企业文化。海底捞的管理思想就是海底捞特有的企业文化。海底捞的员工大部分来自农村，文化程度都不算高，然而海底捞强调人人

① 参见刘欢：《海底捞的管理哲学——创新情感管理》，载《经营管理者》，2012（13）。

平等，只要努力都有可能成功的价值观激励了员工。在海底捞的公司目标里“开向全国”只排到第3位，而“创造一个公平公正的工作环境，致力于双手改变命运”的价值观则排在其前面。根据情感人的假设，员工在企业组织中的行为会受到来自企业塑造的情感氛围的影响，海底捞正是通过营造积极向上的企业价值观，激励员工行为，以达到情感管理的目的，提升员工工作满意度的。

(4) 适当放权。在海底捞，一线服务人员都有自己适当的打折和免单权，这在其他餐饮行业是不可想象的事情。如何控制员工使用这样的权力想必会成为很多管理者的心头之患，然而在海底捞这却成为敢想敢做的管理模式的拓荒之路。超越流程和制度的差异化服务是海底捞管理的精髓，管理者对一线服务人员给予极大的信任，以适度放权满足员工的尊重需求。

(5) 关怀管理。海底捞的员工工资相比于同行只略高一些，但其员工的流失率却远低于同行。其在员工管理背后的隐性福利才是真正抓住员工的心的利器。配有空调、电视机的正式住宅小区、员工子女学校，这些辐射到生活方方面面的福利都成为员工情感的催化剂，从而提升了员工的生活幸福感和工作满意度。

其他分析角度从略。

扩展阅读案例

生意火红的火锅连锁店海底捞，继在新加坡开设首家海外分店之后，又在美国洛杉矶阿卡迪亚开设首家美国分店。在中国，海底捞以服务周到在竞争激烈的餐饮行业中脱颖而出。可以说，海底捞的很多特色服务都为人所熟悉。等候座位时，顾客可以上网、玩牌、修甲打发时间，小孩有专门的玩具或活动区域，在有些门店顾客还可以折千纸鹤，每一只千纸鹤可以抵0.5元用餐费。

用餐时，顾客可以用iPad点餐，可以享用免费小吃，点面条就一定能观赏到海底捞特色“捞面舞”，而且还经常会有魔术、变脸等表演。服务员对顾客的照顾更是无微不至，他们会为顾客准备好眼镜布、橡皮筋、手机套等，保证顾客用餐时保持干净，随时更换热毛巾和添饮料。

海底捞就是凭借它对顾客无微不至、个性化的服务而在中国众多餐饮同行中独树一帜，由一家四川本地小规模火锅店发展成遍布全国的火锅连锁店。对于此次海底捞进军美国，上海中国市场研究集团董事总经理雷小山表示，海底捞进军海外市场，有望像Benihana公司20世纪80年代将日本料理推广到美国一样，将中国特色美食之一带到美国。

虽然海底捞有丰富的市场扩张经验，但是由于中美之间的巨大差异，海底捞进军美国还是会遇到不少挑战。首先是美国的高成本，包括餐饮人力成本、原材料进口等，高额的人力成本对于海底捞这样以服务为先的企业显得尤为突出。不过，海底捞早就预见到了这一挑战，并且表示已经做好前期亏损的准备，预计至少要两年到两年半才能盈利，并且不打算在美国大规模扩张，因为它此次进军美国旨在更深入地了解市场。

资料来源：http：//www.ceconline.com/strategy/ma/8800067225/01.

【分析与思考】

文化差异为跨国经营中的人力资源管理带来了哪些挑战和机遇？

延伸阅读

目前国内很多企业都在推行保密薪酬制度，即企业员工的工资标准和发放方式是保密的，员工彼此之间不知道对方的收入，而且企业也不允许员工相互之间打听和了解；有的企业甚至还明确规定如果违反这一“天条”，将会被立即开除。政府、学术界和企业界都对此制度做过较深入的探讨，观点见仁见智，分歧颇多。

认知失调理论对保密薪酬的诠释

按照认知失调理论的观点，个体对自己工资的认知和评价称为一个认知元素，对别人工资的认知和评价称为另一个认知元素，两者之间一定存在相关关系。既然相关，个体将自己的收入与别人的收入两个认知元素进行比较时，就会产生认知的协调或者失调。此时，如果企业的薪酬制度比较科学合理、相对公正和公平并得到员工普遍认可和支持，个体的两个认知元素一般是协调的，员工心理基本平衡。相反，如果企业的薪酬不能客观反映员工的工作努力和绩效，不能得到员工的认可，个体在将自己的收入与别人的收入进行比较时，就会产生认知的失调，而且这种失调总是倾向于认为自己受到了不公平待遇。

按照费斯廷格的解释，一旦出现失调，个体必然产生减少失调的压力和行为。员工可能采取的一种行为是：努力改变环境，找上级或者人力资源管理部门进行沟通和协调，以求增加收入、减少失调。当这种行为无效时，他就会改变自己的行为以尽量减少可能增加的新元素，此时通常表现为工作态度消极、努力程度减小、工作绩效降低、产品或服务质量下降等。总之，员工一旦产生认知失调，就会给管理者和企业带来工作上的麻烦和效益上的损失。

为了减少这种情况发生的概率，管理者通常有两种选择。一种选择是改善管理行为，科学设计薪酬方案，消除员工在薪酬问题上的意见。然而，如果企业出于历史的原因（比如不能“亏待”曾经为企业发展作出巨大贡献、而今却技不如人的老员工）或现实的问题（比如需要拉大员工收入差距却受到政府政策的约束）而不能实现这一目标，那么第二种最简便的选择就是采取保密薪酬制度。它既回避了工资公平性这一棘手的难题，减少了员工与员工、员工与企业之间的摩擦和矛盾，又绕过政策的约束增加了管理者在薪酬发放行为上的自由度，何乐而不为？所以，保密薪酬制度受到众多企业的青睐是正常的。然而进一步分析就会发现，保密薪酬制度在回避一种认知失调的同时却会导致一系列更深层次的认知失调。

薪酬是企业对员工所做工作进行评价的一种形式，既是对员工劳动付出的补偿，又是一种重要的激励手段，也是员工获得企业和上级对自己工作评价信息的重要窗口。同时，根据公平理论的解释，一个人总是将自己对组织的投入（包括努力、技能等）与产出（从组织得到的回报）的比率与别人的投入和产出的比率进行比较。当比率相等时，个体体验到公平，产生满意的心理感受；当比率不相等时，个体体验到不公平，产生不满。也就是说，组织成员不仅仅关注自己收入的绝对值，更重视与其他成员比较时的相对值，只有相对值才更能体现自己得到组织认可的程度。

因此，这里我们有一个假定：员工有一种追求比自己的绝对薪酬收入信息更多的薪酬信息的倾向。在此假定下，实施保密薪酬制度的企业中的员工会产生如下一连串的认知失调。

(1) 搜寻更多的薪酬信息与企业规章约束的失调，如图 4—1 所示。根据认知失调理论的原理，个体在认知元素 1（希望获取有关同事的薪酬信息）与认知元素 2（不允许打听有关同事的薪酬信息）的关系上产生认知失调，减少失调的压力导致产生两种行为反应。一种行为是费斯廷格所称的强迫服从，即当对个体的强迫行为提供奖励，或对不服从威胁进行某种惩罚时，公开服从但不伴随内心观点的改变的情况。公开服从实际上是一种表面上的回避行为，通过这种回避可以获得短时的失调缓解。另外一种行为反应是在不与组织发生公开冲突的情况下，私下了解、打听小道消息，以获得失调的暂时缓解。然而，两种反应都在暂时缓解失调的同时引发了更多的认知失调，即第二种失调和第三种失调。

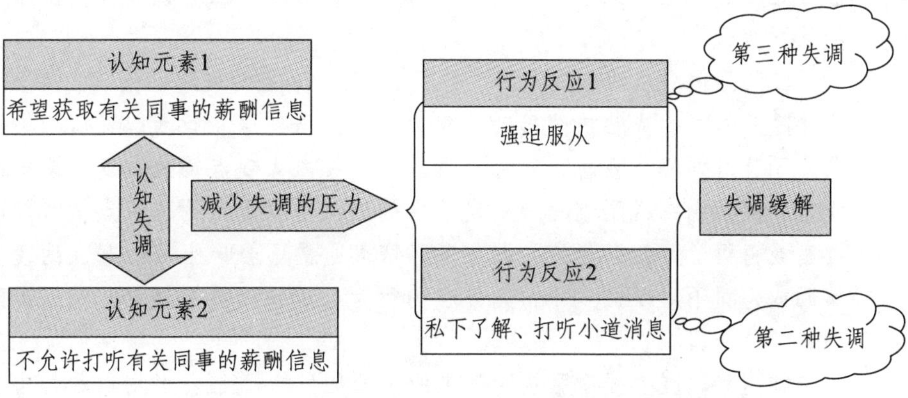

图 4—1　追求薪酬信息与企业约束的认知失调

(2) 应该比别人得到的回报多（或多得更多）的认知与实际并不比别人多（或并未多得更多）的认知的失调。由于非正式信息渠道本身的特点和行为主体对信息选择的主观性的限制，通过打听小道消息或私下了解得来的信息一般是不完整、不全面的，即使自己与别人的薪酬相差无几，也会认为自己的付出比别人多，回报比别人少。在实施保密薪酬制度的企业中，这种误解很难通过公开信息或沟通反馈而得以消除，所以很自然就引发了第二种认知失调，即应该比别人得到的回报多（或多得更多）的认知与实际并不比别人多（或并未多得更多）的认知的失调，如图4—2所示。

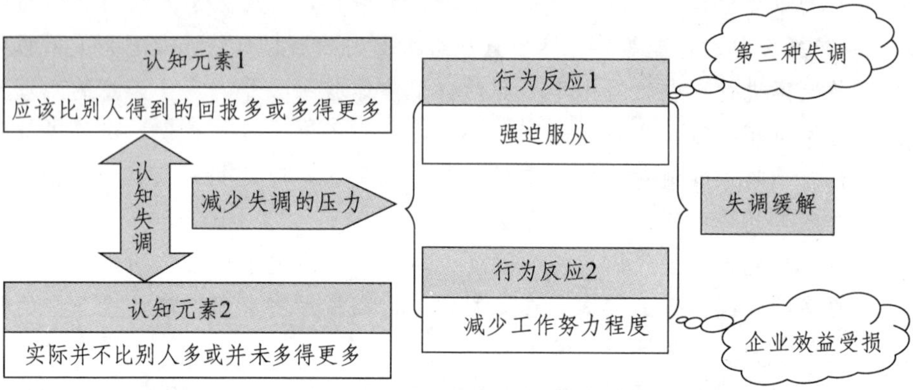

图4—2 应该比别人得到的回报多或多得更多与实际并不多或并未多得更多的认识失调

个体在认知元素1（应该比别人得到的回报多或多得更多）与认知元素2（实际并不比别人多或并未多得更多）的关系上产生了认知失调，正常情况下，减少失调的压力会导致三种行为反应：一是努力改变环境，即与人力资源管理部门或者上级沟通以得到自己应得的收入，或者通过获取更多的信息以澄清自己的误解；二是增加新的认知元素导致强迫服从，即由于奖励或惩罚而产生的公开服从但不伴随内心观点的改变的状况；三是改变自己的行为，即降低工作努力程度。在实施保密薪酬制度的企业中，第一种行为是最理想的解决办法，但不可能出现，所以只会产生后两种行为反应。其中，行为反应2直接给企业带来损失，行为反应1则将导致第三种认知失调，即强迫服从的认知失调。

（3）强迫服从的认知失调（见图4—2）。众多心理学实验证实：当服从的压力伴随着惩罚的威胁或奖励时，确实会产生强迫服从行为。费斯廷格认为，如果除了让对方公开服从，还想说服对方使其内心观点得到改变，最佳的方式是提供的奖励或惩罚刚刚足够引发外在的服从。但是做到这一点很难。因为如果奖励或惩罚过重，引起的失调程度降低，通常不会产生内心观点的改变；如果奖励或惩罚不足以引发哪怕是外在的行为，结果可能更糟糕，人们会因此增强原来的信念。

在这里，减少强迫服从所带来的失调的压力通常会引发三种行为反应：一是受到惩罚的威慑而产生的接受；二是受到高收入等奖励的诱惑而产生的接受；三是改变行为，减少工作努力程度。但是，现在人们很少仅仅因为经济上的利诱和外在的惩罚就改变内心的观点，所以前两种行为反应虽然表面上缓解了薪酬引发的认知失调，却没有从根本上提高员工的满意度和忠诚度，实际上还常常破坏企业与员工的信任关系，破坏员工的工作环境和心理感受，最终导致企业发展受到影响。

既然保密薪酬制度有如此多的隐患，为什么仍有不少的企业在使用，并且没有出现大的风波呢？很大一部分原因在于：在我国当前人力资源管理、尤其是薪酬管理水平还有待提高的情况下，保密薪酬制度相对而言是一个不错的选择；与其他企业相比，实施保密薪酬制度的企业大多属于薪酬高地，因此不少的矛盾被掩盖起来，一旦企业遇到困难和危机，由此制度所引发的一系列问题都将暴露出来。

保密薪酬的“保健”功能和组织薪酬管理的本质

利文斯顿（Livingston，1988）运用无数的事实和数据揭示了管理中的“皮格马利翁效应”，他指出：通常下属会做他们认为管理者期望他们做的事情；管理者对下属的期望以及对待下属的方式在很大程度上确定了这些下属的工作绩效和职业发展。与此相反，曼佐尼和巴索科斯（Manzoni & Barsoux，1998）发现了基于相同原理却表现相异的另一种现象——“制造失败综合征”，即管理者提出并强化的一种使其所认为的绩效不佳者走向失败的心理机制，或者说是一种被认为绩效平平或绩效不佳的员工使其管理者对自己寄予较低期望的心理机制。这些都表明管理中存在自我实现。因此，如果管理者认为只有给予特殊奖励，人才会努力工作，就会提供这种奖励，进而使人们只有在得到奖励后才去工作；如果管理者认为企业薪酬分配是不公平的，就会实施薪酬保密制度以掩盖这种不公平的行为，从而使这种制度也变成不公平的；如果管理者认为员工了解薪酬不公平的信息后会降低工作投入度和企业忠诚度，就会努力隐藏薪酬信息，结果导致员工的努力和投入程度降低。

杰弗里·普费弗（Jeffrey Pfeffer，1998）认为：公开透明的薪酬制度表明这个制度是公平的，这个组织对人是信任的；薪酬保密的做法表明该组织有些事情需要隐瞒，或者该组织不信任掌握信息的人。而且，保密的做法恰恰鼓励人们去揭开这个秘密——如果某些事情值得隐瞒，那么它们一定是很重要、很有意思并值得花精力去探讨的。

公平理论研究的进展也向我们进一步揭示了薪酬分配的过程对员工的重要影响。研究显示：分配公平与程序公平是公平的两种形式，分配公平与个体得到的结果有关（如薪酬满意度），程序公平与组织的结果有关（如组织承诺）；程序公平可以导致员工对组织的承诺和对主管的信任，而分配公平对此却没有贡献。同时，相对认知理论展示了分配公平与程序公平之间的交互作用，即当两种公平都被认为比较低时，员工满意度最低，但只要程序公平被认为较高，即使分配公平比较低，也不会导致不满意。不难发现，员工所感受到的分配过程的公平性对组织来说非常重要，而保密薪酬制度在这一点上显然是无能为力的。

按照激励的双因素理论，保密薪酬制度更多情况下是努力避免员工产生不满意感，充其量只能起到保健作用；它无法激励员工产生更加积极努力的工作态度和行为，无法发挥薪酬管理作为重要的激励手段的核心职能。

既然保密薪酬制度存在很多缺陷，那么是否有更好的薪酬制度呢？迈克尔·比尔（Michael Beer，1998）给我们提供了一种思路：制度设计并不是最终的解决方案。针对薪酬政策、方案和目的进行沟通，使员工参与薪酬制度设计，促进管理者与员工相互信任，这些能使薪酬制度（即使带有缺陷）更加具有激励效能。这也符合公平理论的程序公平的理念。

总之，保密薪酬制度虽然有其合理之处，但认知失调理论向我们揭示了其深层的矛盾和隐患，因此它只能用于薪酬方案的设计而无法进行薪酬过程的管理。随着人本观念、团队合作等理念的进一步普及，这种制度面临着更大的挑战，它需要做的不仅仅是改进，也许是根本上的革命。

资料来源：魏峰、张文贤：《保密薪酬：认知失调理论的解释》，载《当代财经》，2004(3)。

复习题参考答案

一、填空题

1. 文化；经验
2. 认知；情感；行为
3. 两极性；稳定性
4. 内因
5. 工作满意度
6. 工作参与度
7. 情感承诺；持续承诺；规范承诺
8. 费斯廷格
9. 气质性情感
10. 心理授权

二、不定项选择题

1. ABD　2. BCD　3. B　4. ABC

三、名词解释

1. 价值观是个体或群体的一种心理判断基础，表示什么事物是值得的或可取的，它影响人们对行为方式、手段和目的的选择。价值观包括内容属性和强度属性。内容属性是指某种行为模式或存在状态是否重要；强度属性是指该行为模式或存在状态有多么重要。

2. 组织承诺是指员工对于特定组织及组织目标产生认同，并且希望保持组织成员身份的一种心态。组织承诺强调员工对所在组织的认同。组织承诺包括三个维度：(1) 情感承诺，是指员工对组织的情感依赖以及对组织价值观的认同。(2) 持续承诺，是指员工感受到的留在组织中比离开组织更高的经济价值。(3) 规范承诺，是指员工基于道德及伦理原因而产生的留在组织中的责任感。

3. 认知失调理论是美国学者费斯廷格在1957年提出的，又称费氏认知失调理论。认知失调理论认为，认知元素是态度的基本单位，两个认知元素之间必然存在一种关系，这种关系可能是协调关系、不协调关系或不相关关系。如果个体的认知元素之间处于协调关系中，个体就会感到愉快；如果个体的认知元素之间处于不协调的关系中，个体就会感觉到不愉快，随后会产生一种内驱力，促使自己采取某种行为来减轻或者消除这种不协调关系。要减轻或消除认知元素之间的不协调关系，主要有两种办法：改变两个不协调认知元素中的任何一个，使两个认知元素趋于协调；增加一个新的认知元素，来缓和不协调元素之间的冲突。

4. 平衡理论是1958年由美国学者海德提出的，又称海德平衡理论。平衡理论认为，一个人认知的对象可以包括世界上所有的事物，这些对象相互之间有的有关系，有的没有关系。相互之间有关系的两个对象称为单元关系。海德指出，当个体对一个单元中的两个对象态度一致时，其认知系统处于平衡状态，这样就会产生一种愉快的情绪；当个体对一个单元中的两个对象态度不一致时，其认知系统处在不平衡状态，这样就会产生一种不愉快的情绪。这种不愉快的情绪会成为促使个体改变态度的一种内驱力。

四、简答题

1. 什么是价值观？在管理中，价值观有什么作用？

价值观是一系列基本信念的总和，是个人或社会对某种特定的行为方式或存在的终极状态所持有的持久信念。

员工的价值观对他的态度、动机、思维模式、行为等存在重要的影响。在管理中，了解员工的价值观有以下作用：

(1) 了解员工的态度与动机。价值观是员工对特定的人或事物所持有的好坏、对错的基本信念，它会影响到员工的感知。因此，了解员工的基本价值观可以帮助管理者了解员工的态度，预测员工的动机。

(2) 影响员工的认知和思维模式。一个人对人或事物重要性的认识和排序将会使他有选择地对人或事物形成感知，并且会影响他思考问题的方式。

(3) 影响员工的决策和行为。个体对需要的重要性的不同排序决定了他们在相同的情境下可能具有不同的动机，从而导致不同的行为。

(4) 与组织文化息息相关。组织文化往往是员工普遍认同的一些“本该如此”的假设，因此对员工的价值观具有一定的影响。此外，组织文化对价值观的影响还受到文化的强度、员工进入组织的时间长短等变量的调节。

2. 价值观是否存在时代和文化差异？

个体是社会的产物，受到不同的事件与环境的影响，因此，社会的时代烙印必然会对人的价值观产生一定的影响。美国学者罗宾斯将美国人的价值观发展分为四个阶段：现年 60 岁以上的人往往更多地追求生活舒适、家庭安全，主张要努力工作、保守、遵从、对组织忠诚；现年 40～60 岁的“婴儿潮”一代注重成就感、社会认可，更倾向于成功、成就、雄心、藐视权威、对职业忠诚；现年 25～40 岁的 Y 一代则注重工作与生活之间的平衡、团队导向、不喜欢规则、对关系忠诚，追求真正的友谊、幸福、快乐；现年 25 岁以下的新一代则自信，注重经济上的成功、自我依赖、团队导向、对自我和关系的忠诚，追求自由、舒适的生活。

不同文化背景下的人价值观也存在较大的差异，荷兰学者霍夫斯泰德提出的文化的五个维度为理解不同文化背景下的个体价值观差异提供了有用的帮助。

(1) 个人主义与集体主义。在个人主义社会结构中，人们只关心自身和家庭的利益，自己去争取个人利益，相信个人可以作出决策；在集体主义社会结构中，个体成员对家庭或党派比较依赖，表现出成员对团体的绝对忠诚，人们推崇并愿意接受团体决策。

(2) 权力距离。这是考察社会接受机构或组织内权力分配不公正的程度。在权力距离大的社会中，员工对权威显示出极大的尊敬，拥有权力者享受特权；在权力差距小的社会中，尽可能淡化不平等，处于不同权力阶层的人们愿意相互信任，较少感觉到威胁。上级仍拥有权威，但员工并不恐惧或敬畏老板。

(3) 不确定性规避。这是衡量人们承受风险和非传统行为的程度的文化尺度。在低不确定性规避的社会中，人们更能够容忍与自己不同的意见和行为，面对风险一般能够泰然处之。而在高不确定性规避的社会中，人们高度焦虑，感到自己受到了不确定性和模糊性的威胁，这种文化中的组织可能有正式的规则，因此人们难以容忍异常的思想和行为。

(4) 男性气质/女性气质。在男性气质社会中，自信和物质利益受到推崇，人们追求金钱、财富和成就，看重个人的表现；女性气质的文化则强调关系和关心他人，表现出对他人幸福的敏感和关心。

(5) 时间导向。在时间导向上有所不同的文化对价值观会产生不同影响。长期导向关注未来，短期导向更关注过去和现在。

3. 什么是态度？谈谈你对态度的 ABC 模型的理解。

态度是个体对事情的反应方式，包括积极的或消极的反应，通常体现在个体的信念、感觉或者行为倾向中。态度主要由情感、行为和认知三种成分组成，构成态度的 ABC 模型。ABC 模型有助于我们理解态度的复杂性以及态度与行为之间的潜在联系。

情感成分是态度中的情感要素，它与个体对某事或某人的情绪体验有关，一般通过生理指标（比如皮肤电反应和血压等）测量；行为成分是指个体以某种方式对某人或某事表现出来的行为的目的和意图，可以通过观察或者询问有关行为和意图的问题来测量；认知成分是指人的知觉和信念的一种陈述评价，可以通过态度量表进行测量。

这三种成分之间存在密切的关系，通常我们认为认知导致了情感，情感又导致了行为，但事实上，这些成分通常很难区分，尤其是认知成分和情感成分，两者在很多方面都不可分离。

4. 态度具有哪些特征？

态度主要有三个特征：两极性、稳定性和参照性。

(1) 两极性是指人的态度总是处在两个相对的位置上：积极的态度或消极的态度，不存在完全不偏不倚的中立态度。

(2) 稳定性是指人的态度一旦形成就相当稳定。人的态度是在感知的基础上形成的，一般来说，某种态度的形成需要一定的时间，一旦形成，在一段时期内就会显得相对较稳定。但是这种稳定并不是不能改变的。

(3) 参照性是指人对某一事物的态度总是受其他相关态度群的影响。每个人的态度群都有差异，一个人的一种态度或一种行为都会受到态度群的影响。

5. 态度是如何形成的？影响态度形成的因素有哪些？

态度的形成可以从三个方面去认识：(1) 态度是后天形成的。随着感知的不断发展，经验不断积累，开始形成态度。(2) 态度是感知的结果。没有感知就没有态度，对某一件事物感知多，就会较早形成态度，或者态度的极性较明显。(3) 态度的形成需要思维的参与。态度是一种评价性陈述，必然与分析、综合、推理、判断等思维活动紧密相连。

影响态度形成的因素包括外因和内因，其中内因占主导地位。年龄、智力、自信心、感知的事实数量和价值观对态度的形成影响较大。

(1) 年龄。一般而言，较年轻的个体较易形成新的态度，较年长的个体则较难形成新的态度。主要原因是：随着年龄增长，一个人的感知会不断积累，经验也会不断丰富，从而形成许多观点、意见、思想、成见和偏见。

(2) 智力。一般而言，智商较高的人较易自己形成新的态度，智商较低的人则较易受别人影响而形成新的态度。因为智商较高的人往往对新事物较敏感，较易吸收新知识，较能内化有用信息。

(3) 自信心。通常，自信心较强的人较易自己形成新的态度，倾向于认为自己是正确的，其他人的看法只能作为参考。自信心较弱的人则较易受别人影响而形成新的态度，倾向于认为自己对事物的认识缺乏基础，因此喜欢听取他人的意见。

(4) 感知的事实数量。一般而言，一个人感知的事实数量越多，形成的态度就越稳定。但是，感知的事实数量有时并不说明问题的实质。

(5) 价值观。一个人形成的态度只要与其价值观结合起来，就会相当稳定。

6. 组织行为学领域关注的态度主要有哪些类型？

组织行为学对态度研究的注意力集中在有限的、与工作相关的几种态度上，最常研究的三种态度是：

(1) 工作满意度，是指员工由于对工作特点进行评估而产生的对工作的积极感觉。

(2) 工作参与度，是指个体从心理上对其工作的认同程度以及认为其绩效水平对自我价值的重要程度。工作参与度高的员工对工作有强烈的认同感，并非常在意自己的工作。

（3）组织承诺，是指员工对于特定组织及组织目标产生认同，并且希望保持组织成员身份的一种心态。组织承诺强调员工对所在组织的认同，而工作参与度强调员工对自己工作的认同程度。组织承诺包括三个维度：情感承诺，是指员工对组织的情感依赖以及对组织价值观的认同；持续承诺，是指员工感受到的留在组织中比离开组织更高的经济价值；规范承诺，是指员工基于道德及伦理原因而产生的留在组织中的责任感。

7. 什么是认知失调理论？

认知失调理论由美国学者费斯廷格在1957年提出，又称费氏认知失调理论。认知失调理论认为：

（1）认知元素是态度的基本单位。认知元素是指相对于个体整个认知结构而言的某一种认知。个体对客观事物的任何一种观点都是一个认知元素。两个认知元素之间必然存在一种关系，这种关系可能是协调关系、不协调关系或不相关关系。

如果个体的认知元素之间处于协调关系中，个体就会感到愉快；如果个体的认知元素之间处于不协调的关系中，个体就会感觉到不愉快，随后就会产生一种内驱力，促使自己采取某种行为来减轻或者消除这种不协调关系。

个体想要减轻或者消除不协调关系的内驱力的强弱，取决于个体认知元素之间关系不协调的程度。不协调程度越大，个体想要消除认知元素之间矛盾与冲突的内驱力越强烈。

（2）要减轻或消除认知元素之间的不协调关系，主要有两种办法：改变两个不协调认知元素中的任何一个，使两个认知元素趋于协调；增加一个新的认知元素，来缓和不协调元素之间的冲突。

8. 什么是平衡理论？请举例说明。

平衡理论是1958年由美国学者海德提出的，又称海德平衡理论。平衡理论认为，一个人认知的对象可以包括世界上所有的事物，这些对象相互之间有的有关系，有的没有关系。相互之间有关系的两个对象称为单元关系。一般来说，个体对同一单元中的两个对象的态度趋于一致。

海德指出，当个体对一个单元中的两个对象态度一致时，其认知系统处于平衡状态，这样就会产生一种愉快的情绪；当个体对一个单元中的两个对象态度不一致时，其认知系统处在不平衡状态，这样就会产生一种不愉快的情绪。这种不愉快的情绪会成为促使个体改变态度的一种内驱力。

9. 试述管理者应该如何转变员工的态度。

转变员工的态度是管理者经常要做的重要工作之一，这是因为员工的态度直接影响员工的工作效率和质量。个体的态度一旦形成就比较稳定，但态度并不是一成不变的，后天形成的态度在一定的条件下是可以变化的。管理者应努力使员工形成正确的态度，改变错误的态度。转变员工态度常用的方法有：

(1) 培训。转变员工态度的主要方法是进行培训。认知心理学认为，个体不可能去做自己认为做不到的事情。因此在许多情况下，员工具有完成任务的知识和技能，但是由于缺乏正确的态度，不能完成任务。因此，转变员工态度的培训日益受到企业界的重视。这类培训一般以心理学理论为基础，以正确的态度为导向，以员工参与为基本手段，在轻松愉快的气氛中使员工改变原来错误的态度，进而收到良好的效果。

(2) 宣传。这是通过口头语言沟通转变他人观点的一种方法，运用恰当时，会对转变员工态度起到快速而明显的效果。要使宣传成功，我们必须注意以下四个方面：宣传者、被宣传者、宣传内容、宣传形式。

(3) 员工参与法。这是让员工参与某些活动来转变其态度的一种方法。它又分为两种：强迫参与法和诱导参与法。

(4) 团体规定法。这是通过权威人士或权威机构公布团体成员必须遵守的规章制度来改变员工态度的一种方法。在许多情况下，宣传的效果会显得缓慢和微小，这时用团体规定法就可以快速取得有效的结果。

(5) 角色扮演法。这是让员工身临某种情境、担任某一角色来改变其态度的一种方法。

(6) 管理者预言法。这是通过管理者对员工进行积极的预言，使其改变错误态度的一种方法。

总之，为了有效地达成组织目标，管理者要根据不同的情境、不同的对象，采取不同的方法，帮助员工形成正确的态度，改变错误的态度。员工只有在正确态度的引导下，才能充分发挥潜能，充分运用自己掌握的知识和技能，有效地为组织工作。

10. 为什么要关注员工的工作满意度？

工作满意度是指员工由于对工作特点进行评估而产生的对工作的积极感觉。这种评估是综合考虑大量工作元素的结果，比如工作性质如何、工作环境好坏、人际关系优劣、规章制度公平与否等。员工在工作中对工作形成满意或不满意的态度时，相应地会产生一定的行为，这些行为与组织的工作绩效（如生产率、缺勤率、客户满意度等）密切相关。

(1) 工作满意度与生产率。就个体而言，满意的员工不一定有较高的生产率，同时不满意的员工生产率不一定就会很低。然而，如果从组织层面来考察组织的整体工作满意度与组织整体生产率之间的关系，高满意度的组织往往是更高产的组织。

(2) 工作满意度与缺勤率。研究发现，工作满意度与缺勤率之间存在稳定的负相关关系。

(3) 工作满意度与流动率。研究证明，两者之间呈现显著的负相关关系。当然，由于影响流动率的因素很多（比如劳动力市场供求状况、员工的绩效水平、员工对工作的期望水平等），因此工作满意度与流动率的相关性比前者要低。

（4）工作满意度与公民组织行为。工作满意度与公民组织行为的关系以公平感作为中介变量。如果控制公平感这一因素，两者之间几乎没有相关性。这说明，员工是否愿意更多地承担工作之外的职责，关键取决于他对组织公平的认识和由此产生的信任程度。

（5）工作满意度与客户满意度。感到满意的员工会提高顾客的满意感和忠诚度，同时不满意的顾客也会造成员工工作满意度的下降。因此，致力于创造满意客户的服务型企业应该高度关注员工的工作满意度，通过雇用乐观友好的员工、了解员工的工作满意度现状、培训员工认识顾客满意的重要性、激励优秀的服务人员来提高企业的客户满意度。

11. 从个体和工作两个角度，谈谈影响工作满意度的因素有哪些。

影响工作满意度的因素可分为个体因素和工作因素两大类。

（1）个体因素。

1）正性情感/负性情感。研究者把相对稳定的情感模式称为气质性情感，正性情感和负性情感是反映气质性情感的主要维度。正性情感和负性情感对于预测工作满意度具有重要作用，而且元分析表明，正性情感与工作满意度的相关性比负性情感要高。

2）核心自我评价。贾吉等人提出，核心自我评价是指个体对自己能力和价值所持有的最基本的评价，是由自尊、一般自我效能、神经质和控制点这四个具体特质组成的宽泛的人格建构。研究表明，核心自我评价能够非常好地预测工作满意度。

3）大五人格特质。大五人格模型将构成人格的五大因素划分为：外倾性、随和性、责任心、情绪稳定性和经验开放性。大五人格特质通过正性情感/负性情感影响个体的工作满意度。

（2）工作因素。

1）绩效。劳勒和波特认为，员工工作满意度是来自工作绩效的公平、公正的客观回报，不同的绩效带来不同的奖酬，从而产生不同的满意度。于是，他们提出了“绩效导致工作满意度”的观点。该观点在实践中得到了广大学者的支持。绩效导致工作满意的观点的理论基础是社会心理学的自我知觉理论，即态度形成于行为之后，用以解释已经发生的行为的意义而非指导行为。

2）工作。工作满意度可细分为内在工作满意度和外在工作满意度，其中，内在工作满意度包括工作本身、成长与成就、工作压力三个方面；外在工作满意度包括薪酬、晋升、工作条件、社会支持四个方面。因此，工作本身、工作所提供的成长与成就、工作压力、薪酬、晋升以及工作条件等都会影响员工的工作满意度。

第 5 章

激励理论

知识点回顾

激励是指激发、鼓励、引导人们以某种特殊方式行动的一系列动机。激励员工在企业中高效能地工作是管理者的主要任务之一。员工的效能并不仅仅取决于激励，还受到能力和环境的影响，可以用以下公式来表示：$P=f(3M\times 2A\times E)$，式中，P 指员工的效能，即工作水平；M 指激励；A 指能力；E 指环境。其中激励的影响最大。

按照研究的侧面不同，**激励理论**可以划分为内容型激励理论、行为矫正型激励理论、过程型激励理论和综合型激励理论。按照理论形成的时期，激励理论大体上可以划分为早期激励理论、当代激励理论以及整合的激励理论。

本章共介绍了四种**需要理论**，分别是马斯洛的需求层次理论、ERG 理论、麦克莱兰的需要理论以及赫兹伯格的双因素理论。需要理论为理解人们的需要提供了重要的依据，不过，每种理论都未能获得广泛的支持。其中，麦克莱兰的需要理论对成就需要的研究最为深入，理论说服力也更强。ERG 理论包括两个重要概念：挫折—回归和满足—前进。这两个概念是指，一个人如果需要受到挫折就应该降低需要；如果需要得到满足就应该发展更高级的需要。

X 理论与 Y 理论是由美国心理学家麦格雷戈提出的。X—Y 理论是两种完全不同的人性假设。X 理论是管理者对员工人性的消极假设；Y 理论是管理者对员工人性的积极假设。该理论认为，管理者关于人性的观点是建立在一组特定的假设之上的，他们倾向于根据这些假设选择自己对待下属的行为。

激励的**公平理论**的基础是组织中的员工希望被他人公平对待。人们往往用个体所感知的投入与产出之比与他人或自身作横向或纵向的比较，如果认为公平，就会设法保持现状，当产出更多时，个体会更主动地投入；而如果认为不公平，就会产生改变这种不公平的动机，不公平感越强烈，动机也越强烈。公平理论对组织成员的生产率、满意度、缺勤率、离职率等具有很强的解释力。

期望理论提供了对员工生产率、缺勤率以及流动率方面的有力解释。期望理论的主要代表人物是托马斯、勒温、维克多·弗鲁姆和波特-劳勒。期望理论的基本公式是：$P=V\cdot E$，式中，P 为激励强度；V 为效价，是个体对于某一特定结果如何感觉的一种度量；E 为期望值，指个体对某项目标能够实现的概率的估计。

强化理论的主要思想来自学习理论，包括古典条件反射理论、操作性条件反射理论和认知心理学学习理论。强化的类型、实施的时间表不同，强化的激励作用也有区别。强化主要有四种类型：正强化、躲避、自然消退和惩罚。强化的时间表是指在何时对个体施以强化，主要有六种方法：连续强化、间隔强化、固定比例强化、变化比例强化、固定间隔时间强化、变化间隔时间强化等。

整合的激励理论综合了需要理论、公平理论、强化理论等对激励的主要观点，将各种激励理论的内部联系挖掘出来，以提供一幅完整的关于激励理论的知识地图。如果一个人认为努力—绩效、绩效—奖励、奖励—个人目标的实现有密切的联系，他的努力程度就会提高；个人的努力还受到其目标的影响；员工的能力和对绩效评估系统公平性的认知会影响努力—绩效的关系；绩效—奖励关系受到个体知觉到的绩效评估标准的调节，如果组织奖励是根据个人绩效而非资历、评估者个人喜好或其他标准进行的，个人的努力就会得到加强。另外，成就需要理论认为，高成就追求者的努力主要取决于个人目标实现本身带来的激励作用，而不是组织对其绩效的评估以及组织奖励的激励。工作给高成就需要者提供了个人责任、反馈以及适度的冒险，提供了内部激励。最后，强化理论的观点也反映在整合后的激励模型中，如果管理层设计的奖励系统被员工看做对个人高绩效的报酬，奖励就会强化并鼓励持续的高绩效。

复习题

一、填空题

1. 激励的产生以________为前提，激励的目标是使组织成员产生一种以实现________为意愿的高水平的努力。

2. 当个体存在________时，机体就会感到紧张，进而在内部产生________，然后产生寻找行为，去寻找能够满足需要的特定目标，如果目标达到，需要就会得到满足，并降低机体的紧张程度。

3. 内容型激励理论将________作为激励理论的基础，重点在于对能够起激励作用的因素进行研究。

4. 过程型激励理论主要研究激励的过程，重点在于研究________以及________。

5. ________激励理论重点研究激励的目的，即矫正个体的行为使之朝向实现组织目标。

6. 需求层次理论由________提出，将需求分为生理需求、________、社交需求、________和自我实现需求。

7. 生理需求、安全需求、社交需求称为________，也称较低层次需求，尊重需求和自我实现需求称为________。

8. 1957 年，________在其论文《企业的人性面》中提出了著名的“X—Y 理论”。

9. 20 世纪 50 年代末期，赫兹伯格与其同事在对约 200 名会计师和工程师进行调查后发现，企业存在两种因素：________和________。

10. 麦克莱兰认为，人在生存需要得到基本满足的前提下，最主要的高层次需要有三种：对________的需要、对________的需要以及对成就的需要。

11. 具有高成就需要的人更喜欢有个人责任、能够获得________以及________的环境。

12. ERG 理论认为，人主要有________、________和________三种需要。

13. 操作性条件反射理论又称强化理论，1953 年由美国著名管理心理学家________创立。

14. 强化是指行为的结果。强化主要有四种类型：正强化、________、________和惩罚。

二、不定项选择题

1. 下列属于内容型激励理论的是（　　）。

A. 奥尔德弗的 ERG 理论　　B. 麦克莱兰的需要理论

C. 亚当斯的公平理论　　D. 麦格雷戈的 X—Y 理论

2. 下列属于过程型激励理论的是（　　）。

A. 赫兹伯格的双因素理论　　B. 弗鲁姆的期望理论

C. 归因理论　　D. 亚当斯的公平理论

3. 下列属于行为矫正型激励理论的是（　　）。

A. 亚当斯的公平理论　　B. 斯金纳的强化理论

C. 弗鲁姆的期望理论　　D. 挫折理论

4. 下列属于缺乏型需求的是（　　）。

A. 生理需求　　B. 安全需求

C. 尊重需求　　D. 社交需求

5. 下列属于成长型需求的是（　　）。

A. 退休金计划　　B. 群体中的友谊

C. 职务头衔　　D. 挑战性的工作

6. 下列属于X理论的基本假设的是（　　）。

A. 员工天生讨厌工作，并尽可能回避工作

B. 由于员工天性不喜欢工作，因此，要想实现组织目标，只能运用强迫、惩罚等强制性手段

C. 普通人能学会接受甚至寻求责任

D. 大多数员工认为安全感在工作相关因素中最重要，并且没有什么进取心

7. 下列属于Y理论的基本假设的是（　　）。

A. 一般人胸无大志，逃避责任，并尽可能地寻求被领导

B. 员工天性并不讨厌工作，而是把工作看做与休息或游戏一样自然的事情

C. 如果员工对组织作出承诺，无须对员工严加监督或者惩罚威胁，他们就能够为达到组织目标而进行自我引导和自我控制

D. 人们普遍具有创造性的决策能力

8. 下列属于保健因素的是（　　）。

A. 工作条件　　B. 人际关系

C. 工作安全感　　D. 工作职务的责任感

9. 下列属于激励因素的是（　　）。

A. 监督　　B. 薪金

C. 工作中得到的认可和赞赏　　D. 工作本身的挑战性和趣味性

10. 下列不属于高成就需要的人的特征的是（　　）。

A. 追求的是成功的报酬

B. 热衷于接受挑战，往往为自己树立有一定难度却不至于高不可攀的目标

C. 敢于冒险，且能以现实的态度面对冒险

D. 愿意承担所做工作的个人责任，但对所从事的工作希望得到明确而又迅速的反馈

11. 培养高成就需要者要注意（　　）。

A. 安排成就反馈　　B. 找出成就楷模

C. 改变认知形象　　D. 有意控制意识

12. ERG理论是由（　　）在1972年创立的。

A. 麦克莱兰　　B. 奥尔德弗

C. 赫兹伯格　　D. 马尔萨斯

13. 员工小李以前很喜欢小王找他闲聊，可后来小李想利用业余时间学电脑，几次推托了小王的邀请，以后小王就不去找小李闲聊了。这种行为属于（　　）。

A. 正强化　　B. 躲避

C. 自然消退　　D. 惩罚

三、名词解释

1. ERG理论
2. 麦克莱兰的需要理论
3. 公平理论
4. 期望理论
5. 强化理论

四、简答题

1. 什么是激励？
2. 简述激励的过程。
3. 什么是内容型激励理论？分别简述需求层次理论、成就需要理论、ERG理论以及双因素理论的主要内容，并对这些理论进行评价。
4. 麦克莱兰的需要理论对预测管理者的绩效有何启示？请举例说明。
5. 什么是公平？简述公平理论的主要观点，并举例说明。
6. 如何理解期望理论？如何在管理实践中运用期望理论？
7. 强化有哪些类型？就每种类型各举一例。如何确定强化的时间表？
8. 根据自身的感受谈谈你对整合的激励理论的理解。

案例分析

2011年8月18日，阿里巴巴的员工成为网友“最羡慕的人”——阿里巴巴集团前一天晚上宣布，推出30亿元的“iHome”置业贷款计划，向员工提供无息住房贷款；同时投入5亿元成立教育基金，解决员工子女的学前和小学教育问题；考虑到CPI上涨的压力，还将给基层员工发放超过4 000万元的一次性物价和子女教育补贴。

福利计划最大程度向普通员工倾斜

17日晚间，阿里巴巴集团旗下的2万多员工都收到了一封邮件。邮件是集团的首席人力官彭蕾写的。

集团中涉及员工福利、薪酬调整的很多邮件都以她的名义发出，这一次也不例外。彭蕾正式告诉大家，阿里巴巴将启动中国内地民营企业自发启动的最大规模员工福利计划。

彭蕾说，阿里巴巴用12年收获了最重要的财富：客户和员工。集团希望帮助员工和家人享受到公司成长带来的更好生活。

阿里巴巴的员工，平均年龄为26～27岁，对这个年龄段的年轻人来说，住房和子女教育问题是当下最大的需求。

现在，很多年轻员工开始承担家庭和社会的压力、责任。问题是要怎样做，才能“让员工感到体面和尊严”？

彭蕾说，此次福利计划最大程度向基层和普通员工倾斜，尤其是住房无息贷款，“总监及以上级别的管理层将不能享受”。

彭蕾透露，贷款计划从9月1日开始正式实施，首期运行时间为4年。到期后根据具体情况决定是否调整；这笔无息贷款的期限“最长为5年”。

阿里巴巴集团人力资源副总裁常扬昨天接受《快报》采访时也表示，这次计划的宗旨是“把福利给最需要的员工”，所以会对员工的层级有一定的限制。高层级的员工得不到贷款，会把钱留给真正的“刚需”。

至于“5年内还清贷款”的要求，则相对灵活，员工可以每年还一次，具体的还贷额度、相关规定，依据即将出台的细则来执行。常扬说，希望每位贷款的员工能考虑实际情况，妥善安排自己的生活和还贷计划。

阿里巴巴有大量的外地员工（注：指杭州以外），当前各大城市的优质教育资源普遍紧张，为了上幼儿园、小学，很多员工不得不到处托门路、找关系。

阿里巴巴集团投入5亿元创立“阿里巴巴教育基金”，正是为了解决员工的后顾之忧。这笔钱将用来与杭州的一些学校进行合作，为员工的孩子争取学前教育和小学的入学名额；同时利用这些资金投入硬件设施建设，联合相关教育机构共同办学。

常扬透露，目前集团正在和杭城各学校积极接洽，包括安吉路实验学校、杭州绿城育华学校等，有的目前已经进入了择址和洽谈阶段。“我们也很希望得到社会的帮助和支持。”

一次性物价和子女教育补贴

阿里巴巴集团调查发现，持续上涨的物价让很多基层员工感到生活压力在增大。

在阿里巴巴内网上，已经贴出了福利计划中关于“一次性物价和子女教育补贴”的细则。

能享受这两笔补贴的员工，是9月1日前入职，并在9月30日发薪时在岗的中国大陆地区基层正式员工（不含合资公司、海外员工、二级子公司）。其中，月薪在6 100元（含）以下的员工，可以一次性领取3 000元物价补贴和2 000元子女教育补贴，月薪在6 100～10 000元（含）之间的员工，可以一次性领取2 000元子女教育补贴。

细则有三条：

(1) 非销售人员的月收入，指9月1日的合同工资；销售人员的月收入，指员工合同工资、销售津贴和销售提成的总和，按照2011年3—8月的平均值来计算。

(2) 子女2011年9月1日前出生且未满18周岁的员工，公司直接发放子女教育补贴，子女已满18周岁但尚在求学期间的员工凭子女在校证明申请补贴。

(3) 子女教育补贴以家庭为单位发放，双职工家庭不享受双份待遇。家庭有多个子女的，按一个子女计算。

阿里巴巴集团资深公关总监陶然进一步解释：6 100元这个门槛，指的是税前收入；补贴金额需要缴纳的个人所得税部分，全部由公司承担；双职工家庭虽然只能享受一份子女教育补贴，但符合条件者可以享受双份的物价补贴。

陶然透露，在微博上，有很多人毫不掩饰地大呼希望“到阿里巴巴工作”，甚至直接私信发简历给阿里巴巴的高层。

还有员工在阿里巴巴内网发帖说：“虽然我不能享受到这项政策，但由衷地为能够享受到公司福利的同事高兴。”

陶然说，以 80 后为代表的新生代员工更看重幸福感，那就是保障个体和家庭安居乐业，包括健全的社会保障和福利、行业内有竞争力的薪资待遇，还有高绩效高回报的绩效理念，以及让员工分享公司经营成果。

彭蕾说，总额超过 4 000 万元的一次性补贴，对于持续上涨的物价来说，解决不了所有问题。但集团希望尽其所能，帮助员工缓解高物价压力，度过困难时刻，更希望阿里巴巴这次给予年轻人的，不仅是一些物质快乐，还有“快乐工作、认真生活”的精神力量。

马云：要让阿里巴巴员工最有幸福感

阿里巴巴内部人士透露，在讨论“iHome”大规模福利计划时，董事局主席马云曾发出了这样的感慨：

> 房子贷款，我们也许解决不了所有问题，毕竟很难解决，但是表达我们的心意；对于幼儿园、托儿所、小学，我们进行投资发展。甚至有必要的话，我们跟人合建，希望集团能够在这里有所作为。能解决什么问题？可能解决不了多少，但是我们表达心意。

关心员工就是关心企业，按照国际上普遍认同的定义，所谓企业社会责任，就是企业在创造利润、对股东利益负责的同时，还要承担对员工、对社会等的社会责任。改善提升员工的生活品质，让员工生活得更体面、更有尊严，更能体现企业的社会责任。

阿里巴巴集团已连续 5 年荣登“大学生最佳雇主”排行榜中国区榜首。但马云表示，阿里巴巴的下一步应该把最佳雇主公司努力转变为员工最具幸福感的公司。

“也许我们的员工不是最有钱、不是收入最高的，但是他们在阿里巴巴工作是最有幸福感的”。

资料来源：《马云“ihome”计划　让员工生活得更体面、更有尊严》，浙江在线，http://zjnews.zjol.com.cn/05zjnews/system/2011/08/18/017775515.shtml，2011-08-18。

【分析与思考】

阿里巴巴公司的福利计划对员工的作用有哪些？

【分析提示】

（1）赫兹伯格的双因素理论认为，人的行为受到激励因素和保健因素的共同影响。该理论要求管理者既要关注保健因素，以防止员工消极怠工，产生不满，又要关注激励因素，使员工更加满意。福利对于企业而言兼具保健和激励的作用，企业可以通过合理使用福利的组合来达到消除员工不满和激励员工的双重作用。

（2）阿里巴巴公司的“iHome”置业贷款计划、一次性物价和子女教育补贴都是法定福利以外的福利项目。这些福利是企业尊重员工、重视员工的体现。同时由于这些福利措施是其他公司所没有的，因此能够在一定社会范围内使员工产生自豪感与荣誉感，对员工起到一定的激励作用。虽然这些福利对不同的员工所起的作用不同，但不论是保健作用还是激励作用，对企业都是有益的。

（3）阿里巴巴公司向基层员工倾斜的福利政策能够让更多的员工感受到企业对他们的关注。这些福利不同于奖金，它们更多体现了阿里巴巴公司的公平理念，能够使更多的员工产生归属感和认同感。

扩展阅读案例 1

微软公司计划终止对员工的股票期权奖励计划，转而采用向其 5 万名员工发放股票的方式。微软公司首席执行官鲍尔默说：“这一开创性计划再次印证了我们所作的承诺，即创造一个让员工发挥最大潜能的工作环境，让个人贡献和集体努力的价值得到应有的承认。”在围绕期权奖励所产生的争论中，这一重大转变可能将具有里程碑意义。

创新型公司爱创新。微软公司为增强长期激励而进行的这次薪酬方式调整，是又一次重大创新。我们有理由相信这一重大创新具有里程碑意义。股票期权是长期激励的重要方式而不是唯一方式。公司管理层及员工一旦获得了期权，就能够获得因公司股票升值而带来的未来利益，这种薪酬方式发挥的长期激励作用是显而易见的。然而，像任何事物都不可能十分完美一样，股票期权也有自身的缺点，它的主要缺点是让持权者不同程度地对未来利益捉摸不定。直接向公司管理层及员工发放股票就不存在这个缺点，他们一旦获得了股票，就能立即感到自己的人力资本得到了承认，就能像投资人一样关心公司的长期发展。

向公司管理层及员工发放股票是对人力资本认识的升华。像拥有货币资本的人是资本家一样，拥有人力资本的人也是资本家。任何一个企业，缺少哪一种资本家都是不可能存在与发展的。货币资本离开人力资本也不可能增殖。既然这样，为什么股票全归货币资本家呢？为什么不能向公司管理层及员工发放一部分呢？微软公司率先对员工发放股票，是承认、尊重并捍卫人力资本家合法权益的一种先进举措，此举一定会把员工的潜能空前地发挥出来，也一定会带来全球许多公司的效仿。

资料来源：《微软：向 5 万员工发放股票》，载《经理日报》，2012－05－30。

【分析与思考】

试比较对于激励员工而言，股票期权奖励与直接发放股票的利弊。

扩展阅读案例2

“接吻青蛙”与“失败大奖”

鼓励公司员工开动脑筋、挖掘创造力，是许多成功企业普遍采用的激励管理方式，并形成了企业的创新文化。丰田公司宣称，他们的员工每年提出约200万个新构思，平均每个员工提出35项建议，这些建议85%以上被公司采纳。在我国，许多企业也非常鼓励员工提出合理化建议，有许多合理化建议在被采纳后对企业的技术与管理的创新起到了积极的推动作用。

接吻青蛙

在这方面，值得特别一提的是世界最富创新性的美国3M公司。3M公司不仅鼓励工程师，而且鼓励每个人成为“产品冠军”。公司鼓励每个人关心市场需求动态，成为关心新产品构思的人，让他们做一些“家庭作业”，以发现开发新产品的信息与知识、公司开发的新产品的销售市场以及销售与利润状况等。如果员工的新产品构思得到公司的支持，公司就将相应地建立一个新产品开发试验组，该组由研发部门、生产部门、营销部门和法律部门等的代表组成。每个组由“执行冠军”领导，他负责训练试验组，并且保护试验组免受官僚主义的干扰。一旦研制出“式样健全的产品”，试验组就会一直工作下去，直到将产品成功地推向市场。有些试验组经过3～4次的努力，才使一个新产品构思最终获得成功；而在有些情况下，研发工作进展十分顺利。3M公司知道，在千万个新产品构思中可能只会成功一两个。一个有价值的口号是：“为了发现王子，你必须与无数个青蛙接吻。”“接吻青蛙”经常意味着失败，但3M公司把失败和走进死胡同作为创新工作的一部分，其哲学是：“如果你不想犯错误，那么什么也别干。”

失败大奖

研发是高风险的创造性活动，因此，研发是应该允许失败的。但是，允许失败并不是放任自流、不负责任、无目标无目的的行为，而是激发工程师的挑战精神和战胜各种困难的勇气，使他们不因一两次的失败而倒下，通过冷静地分析失败的原因实现成功。因此，奖励失败正是为奖励成功铺路。

日本富士施乐公司从1988年就开始实施“关于事业风险投资与挑战者的纲领计划”。如果公司员工的新事业构思被公司采纳，则公司和提出人共同出资创建新公司，并保证支付员工三年的工资。假如失败了，员工仍可以回到公司工作。对于新创立的公司，富士施乐公司不但给予资金的支持，还给予经营与财务等方面的支持。

对于研发的成功，企业实行奖励与特别奖励已是普遍的事情。但对于研发的失败，企业的态度却有着较大的差别。对于失败的项目，一些企业不是认真地总结失败的原因，而是采取全盘否定的做法。虽然很多公司都明白研发是允许失败的，但常常不能正确地对待失败。3M公司允许工程师利用15%的工作时间在实验室中进行自己感兴趣的项目的研发，努力创造轻松自由的研发环境。如果你的创造性构思失败了，那也没关系，你不会因此而遭到冷嘲热讽，可以继续从事原来的工作，公司也依然会支持你的新构思的试验。日本的一些企业有"败者复活制"和"失败大奖"等表彰制度，旨在对失败者的挑战精神给予激励，鼓励其从失败中寻找原因，把失败真正视为成功之母，最终获得成功。

资料来源：《3M公司和富士公司的创新激励措施》，http：//info. news. hc360. com/ HTML/001/002/009/008/17770. htm，2003－10－14。

【分析与思考】

试总结有效激励创新的各种方式。

复习题参考答案

一、填空题

1. 满足个体的某些基本需要；组织目标
2. 未满足的需要；内驱力
3. 需要
4. 动机的形成；目标的选择
5. 行为矫正型
6. 马斯洛；安全需求；尊重需求
7. 缺乏型需求；成长型需求
8. 麦格雷戈
9. 激励因素；保健因素
10. 权力；归属
11. 工作反馈；具有适度的冒险性
12. 生存需要；关系需要；成长需要
13. 斯金纳
14. 躲避；自然消退

二、不定项选择题

1. ABD　2. BCD　3. BD　4. ABD　5. CD　6. ABD　7. BCD　8. ABC　9. CD　10. A　11. ABCD　12. B　13. C

三、名词解释

1. ERG 理论认为，人主要有三种需要：生存需要、关系需要和成长需要。其中，生存需要是人类最基本的需要；关系需要是指个体与他人交往的需要；成长需要是指个体在事业、工作、前途等方面要求发展的需要。ERG 理论还包括两个重要概念：挫折—回归和满足—前进。这两个概念是指，一个人如果需要受到挫折就应该降低需要；如果需要得到满足就应该发展更高级的需要。ERG 理论对需要的论述简明扼要，容易理解，实用性强。但是在激励个体行为方面，有许多复杂的关系，ERG 模型对此的解释似乎过于简单化。

2. 麦克莱兰的需要理论是由美国哈佛大学心理学家戴维·麦克莱兰及其合作者在 20 世纪 50 年代发表的一系列论文中提出的。需要理论将人的高层次需要划分为对权力的需要、对归属或社交的需要以及对成就的需要三个基本类别。其中，麦克莱兰对成就的需要研究得最为深入，因此，该理论也称成就需要理论。成就需要理论指出，对成就的需要是指追求卓越、实现目标、争取成功的内驱力。具有成就需要的人对胜利和成功有强烈的要求，他们乐意甚至热衷于接受挑战，往往为自己树立有一定难度却不至于高不可攀的目标；他们敢于冒险，又能以现实的态度面对冒险；他们愿意承担所做工作的个人责任，但对所从事的工作希望得到明确而又迅速的反馈。麦克莱兰还提出了培养高成就需要的四点建议：安排成就反馈、找出成就楷模、改变认知形象以及有意控制意识。麦克莱兰的需要理论对我们把握管理人员的高层次需要具有积极的参考意义。

3. 公平理论的基础是组织中的员工希望被他人公平对待。人们往往用个体所感知的投入与产出之比与他人或自身作横向或纵向的比较，如果认为公平，就会设法保持现状，当产出更多时，个体会更主动地投入；而如果认为不公平，就会产生改变这种不公平的动机，不公平感越强烈，动机也越强烈。公平理论对组织成员的生产率、满意度、缺勤率、离职率等具有很强的解释力。

4. 期望理论提供了对员工生产率、缺勤率以及流动率方面的有力解释。期望理论的主要代表人物是托马斯、勒温、维克多·弗鲁姆和波特-劳勒。期望理论的基本公式是：$P=V\cdot E$，式中，P 为激励强度；V 为效价，是个体对于某一特定结果如何感觉的一种度量；E 为期望值，指个体对某项目标能够实现的概率的估计。

5. 强化理论的思想来源于学习理论，包括古典条件反射理论、操作性条件反射理论和认知学习理论。强化主要有四种类型：正强化、躲避、自然消退和惩罚。强化的时间表是指在何时对个体施以强化，主要有六种方法：连续强化、间隔强化、固定比例强化、变化比例强化、固定间隔时间强化、变化间隔时间强化。以上六种方法的强化效果因人而异，因此，管理者要根据不同的对象灵活运用，才能收到良好的激励效果，使之为达成组织目标而努力工作。强化理论对控制行为的因素提供了有力的分析工具，但忽视了情感、态度、期望和其他已知的会对人的行为产生影响的认知变量。

四、简答题

1. 什么是激励？

激励是指激发、鼓励、引导人们以某种特殊方式行动的一系列动机。从管理者的角度来看，激励的目的是引导员工努力完成企业的目标。

激励的产生以满足个体的某些基本需要为前提，其目标是使组织成员产生一种以实现组织目标为意愿的高水平的努力。努力只有与组织目标相一致时才能够带来高的工作绩效。因此，激励的三个关键要素是：努力、组织目标和需要。

2. 简述激励的过程。

当个体存在未满足的需要时，机体就会感到紧张，进而在内部产生内驱力。这些内驱力会产生寻找行为，去寻找能够满足需要的特定目标。如果目标达到，需要就会得到满足，并降低机体的紧张程度，这就是激励的过程。因此，我们可以认为，受到激励的员工处于一种紧张状态，员工为缓解紧张而努力工作，紧张强度越大，努力程度越高。其基本前提就是，员工个体的未得到满足的需要必须与组织的需要相一致。

3. 什么是内容型激励理论？分别简述需求层次理论、成就需要理论、ERG理论以及双因素理论的主要内容，并对这些理论进行评价。

内容型激励理论将“需要”作为激励理论的基础，认为需要是引发动机产生激励行为的关键环节，重点在于对能够起激励作用的因素进行研究。代表性的理论有：马斯洛的需求层次理论、奥尔德弗的ERG理论、麦格雷戈的X—Y理论、麦克莱兰的需要理论以及赫兹伯格的双因素理论等。

（1）马斯洛的需求层次论假设每个人都存在五种需求：生理需求、安全需求、社交需求、尊重需求以及自我实现需求。马斯洛认为：一般来说，这五种需求就像阶梯一样，从低到高，较低层次的需求获得满足之后，就会向较高层次的需求发展；五种需求不是每个人都能够得到满足的，越是靠近顶部的成长型需求，满足的百分比越小；同一时期，个体可能同时存在多种需求，因为人的行为往往是受多种需求支配的，每一时期总有一种需求占支配地位。根据马斯洛的需求层次理论，管理者需要了解员工目前处于需求层次的哪个水平，然后去满足这些需求以及更高层次的需求。

（2）美国心理学家麦格雷戈提出的X—Y理论是两种完全不同的人性假设。X理论是管理者对员工人性的消极假设；Y理论是管理者对员工人性的积极假设。该理论认为，管理者关于人性的观点是建立在一组特定的假设之上的，他们倾向于根据这些假设选择自己对待下属的行为。麦格雷戈认为Y理论比X理论更加符合实际情况，建议管理者有效地运用Y理论，诱导出员工的工作热情，充分发挥员工的想象力和创造性，让员工参与到决策过程中来，在工作中进行自我管理、自我引导，并在融洽的群体关系中实现组织目标。然而，没有证据证明在接受Y理论的基础上改变员工的行为会使更多的员工受到激励。事实上，无论X理论还是Y理论，其假设在某一特定环境中都可能是有效的。

(3) 赫兹伯格的双因素理论指出，企业存在两种因素：激励因素和保健因素。与满意相对的应该是没有满意，在这个维度中表现出来的是激励因素；与不满意相对的应该是没有不满意，在这个维度中表现出来的是保健因素。激励因素主要有工作中的成就感、工作中得到的认可和赞赏、工作本身的挑战性和趣味性、工作职务的责任感以及个体晋升与发展的内在因素。保健因素主要有监督、工作条件、人际关系、薪金、工作安全感、公司政策等外在因素。只有充分运用激励因素才能使员工感到满意，而充分运用保健因素最多只能使员工感到没有不满意。

双因素理论明确了薪金和福利的保健作用；充分重视了工作本身的激励作用；很好地解释了为何员工在收入和福利相当不错时还不能努力工作；为创立新的劳动组织形式、促进工作丰富化、提高工作的意义及挑战性提供了理论依据。但双因素理论的研究对象只限于会计师和工程师等技术人员；而且被调查者往往倾向于把满意的结果归功于个人的努力和工作中的成就，而把不满意的结果归结于他人和环境，所以调查效度受到影响。

(4) 麦克莱兰的成就需要理论认为，人在生存需要得到基本满足的前提下，最主要的高层次需要有三种：对权力的需要、对归属的需要、对成就的需要。其中，麦克莱兰对成就的需要研究得最为深入，指出：对成就的需要是指追求卓越、实现目标、争取成功的内驱力。具有成就需要的人对胜利和成功有强烈的要求，他们乐意甚至热衷于接受挑战，往往为自己树立有一定难度却不至于高不可攀的目标；他们敢于冒险，又能以现实的态度面对冒险；他们愿意承担所做工作的个人责任，但对所从事的工作希望得到明确而又迅速的反馈。

麦克莱兰的需要理论对我们把握管理人员的高层次需要具有积极的参考意义。例如，成就需要强调了精神的作用、榜样的作用、教育和培训的意义等。但是，麦克莱兰的研究也有一定的局限性。比如，他把一个国家经济发展的驱动力归结为一批高成就追求者的成就需要，抹杀了其他重要的物质基础。

4. 麦克莱兰的需要理论对预测管理者的绩效有何启示？请举例说明。

具有强烈成就动机的人追求的是成就本身而不是成功后获得的报酬。有成就需要的人对胜利和成功有强烈的要求，同时也担心失败；他们乐意甚至热衷于接受挑战，往往为自己树立有一定难度却不至于高不可攀的目标；他们敢于冒险，又能以现实的态度面对冒险，绝不以迷信和侥幸心理对待未来，对问题善于进行分析和估计；他们愿意承担所做工作的个人责任，但对所从事的工作希望得到明确而又迅速的反馈。这类人一般不常休息，喜欢长时间工作，即使真正失败出现也不会过分沮丧，他们更喜欢表现自己。

因此，我们可以看到，具有高成就需要的人更喜欢有个人责任、能够获得工作反馈和具有适度的冒险性的环境。当工作具备了这样的特征时，对具有高成就需要的人而言，工作的激励作用会很高。作为管理者，如果能够有效培养下属的成就需要，则可以取得良好的绩效。麦克莱兰提出了培养高成就需要的四点建议。

（1）安排成就反馈。针对高成就需要者渴望得到管理者明确的工作评价的特点，管理者应该及时准确地对他们的工作业绩进行评价和反馈，对员工的每一次成功都给予奖励，从而增强其对成功的渴望。

（2）找出成功楷模。高成就需要者往往以目标为中心进行工作，如果周围的人取得成功，会刺激他们也想取得成功。

（3）改变认知形象。有高度事业心的人会知难而进，并且要求他的成功不断得到反馈。麦克莱兰认为，重塑一个人的认知形象需要不断为他提供关于事业心、成功的经验和反馈，这些经验和反馈有助于人们发展出这种需要。

（4）有意控制意识。人的自我对话一直在有意识和无意识之中进行着，应该培训员工有意地控制自己的意识，鼓励他们进行积极的自我谈话，避免消极思想的产生。

但应该注意，高成就需要者本身不一定是一个优秀的管理者，尤其是在一个大的组织中。高成就需要者追求个人如何把工作做得更加完美和有效率，而不是如何影响他人把工作做好。

例如，某销售公司有一条不成文的规定，若某销售人员的销售业绩超过 10 万元，则可将公司门口的钟敲响一次，销售业绩超过 20 万元则敲两次，以此类推。钟声响起时，全体员工都必须走到门外，齐声向敲钟者表示祝贺，分享其成功的喜悦。这项举措很好地激发了销售人员的销售热情，因为敲钟是对员工工作业绩的充分肯定，是对其工作的及时反馈，所以激发了员工工作的积极性。

5. 什么是公平？简述公平理论的主要观点，并举例说明。

公平是指员工在与他人的关系中感到平等。公平感具有主观性、相对性、不对称性的特点。主观性是指公平感只是个人的主观感觉，对于同样的事情不同的人有不同的感觉；相对性是指公平感往往是在与他人比较的过程中产生的；不对称性是指人们往往会人为地夸大自己的损失，而缩小自己的所得，赚便宜时心安理得，吃亏时则锱铢必较。公平包括起点公平、过程公平和结果公平。

激励的公平理论的基础是组织中的员工希望被他人公平对待。公平理论把个体与他人的比较过程用投入与产出的比较来描述。投入是指个体对组织的贡献，比如受教育程度、经验、技能、努力程度、忠诚等；产出是指个体在组织中得到的回报，比如薪金、认同感、社会交往、精神鼓励等。公平理论的比较公式为：

$$\frac{\text{产出}_{\text{自己的}}}{\text{投入}_{\text{自己的}}} \quad \text{比较} \quad \frac{\text{产出}_{\text{他人的}}}{\text{投入}_{\text{他人的}}}$$

如果个体认为等式两边是平衡的，就会产生一种公平感。如果个体认为两边是不平衡的，就会产生一种不公平感，进而产生一种压力，想使之平衡。人们对不公平的反应主要有六种：（1）改变自己的投入；（2）改变自己的产出；（3）改变对自己的观念；（4）改变对他人的观念；（5）改变比较对象；（6）离职。

公平理论侧重于探讨工资的相对报酬对员工积极性的影响，对组织成员的生产率、满意度、缺勤率、离职率等具有很强的解释力。公平理论表明，对大多数员工而言，个人对公平性的感知不仅受到绝对报酬的影响，而且受到相对报酬的影响。公平激励理论强调工作报酬相对公平的重要性，认为同等的报酬不一定获得同样的激励效果，只有通过与他人的投入进行比较，才能知道同等报酬是否具有相同的激励效果。如果激励机制的设计违背了公平原则，将会导致激励效果的下降。比如，在同一单位工作的人，如果偷懒的人与勤奋的人具有相同的工资报酬，其结果只能是大家都偷懒。因此，在管理过程中，应该使企业的奖励系统尽可能公平，让投入较多的人获取相对高的报酬，即使不能做到结果公平，至少要做到过程公平。

例如，奖金的发放是最让管理者头疼的事情，无论怎样发放，总会引起员工的不满。因为公平的不对称性使人们总是觉得自己的所得与付出之比低于他人，所以绝对的结果公平是很难做到的，但如果我们可以将奖金的发放建立在清晰合理的绩效考评基础之上，有着清晰的依据与标准，并通过有效的沟通提高奖金发放的透明度，就可以有效地减弱员工的不公平感，避免消极怠工甚至离职现象的发生。

6. 如何理解期望理论？如何在管理实践中运用期望理论？

期望理论认为，员工的努力程度取决于两方面的因素：

（1）期望值。期望值也称期望概率。在日常生活中，一个人往往根据过去的经验来判断一定行为能够导致某种结果或满足某种需要的概率。期望值是指个体对某个目标能够实现的概率的估计，也可理解为被激励对象对目标能够实现的可能性大小的估计。它包括两个方面：1）努力至行为水平的期望值，是指个体通过努力可达到高水平行为的可能性，个体会考虑尝试和付出努力能否带来好的绩效。如果一个人认为尝试或努力能够带来成功，他就更有可能在特定的工作中付出较多的努力。2）行为至奖励的期望值，是指个体会思考良好的绩效带来组织奖励的可能性。如果好的绩效必然导致奖励，员工愿意付出的努力就更多。绩效与奖励间的联系越不密切，员工付出努力的积极性就越低。

（2）效价。个体要衡量特定奖励的效价。效价是个体对于某一特定结果如何感觉的一种度量，即该奖励对于被奖励者而言的价值。如果某种奖励对于某一个体具有很高的价值，这一个体也非常渴望得到这种奖励，那么他无疑会提高自己的努力程度。如果奖励并不是个体想要的，那么他将不大可能尽力而为。效价可以是正值，也可以是负值，取决于结果所造成的影响如何，以及个体对其有什么感觉。

期望理论的主要贡献在于，它阐明了个人目标以及努力与工作绩效、绩效与奖励、奖励与个人目标满足之间的关系。作为一个权变模型，该理论意识到不存在一种普遍的原则能够解释所有人的个体行为，它强调：激励措施必须设立能够使下属感到通过努力可以成功达到的目标，对良好的绩效给予及时的奖励，并且奖励的方式要让下属感到有价值且愿意为之加倍努力。该理论也为我们进行奖励实践并评估组织的奖励政策提供了基础。

7. 强化有哪些类型？就每种类型各举一例。如何确定强化的时间表？

强化主要有四种类型：正强化、躲避、自然消退和惩罚。

（1）正强化，是指个体表现行为后希望得到的奖励或其他的积极结果。在企业中，正强化的典型例子有表扬、涨工资、发奖金、晋升、配车、换大办公室等。

（2）躲避，又称负强化，是指个体表现行为后躲避不喜欢的环境的一种现象。例如，一个员工看到其他员工上班时因为衣着随便而受到上级批评，那么他为了躲避上级的批评，上班时就会注重自己的衣着。

（3）自然消退，是指个体表现行为后没有奖励或没有得到希望的结果而使该行为频率减少的现象。例如，员工小李以前很希望小王找他闲聊，后来小李想利用业余时间学电脑，几次推托了小王的邀请，后来小王就不去找小李闲聊了。

（4）惩罚，是指个体表现行为后出现一个不喜欢的令人讨厌的结果来减少不被要求的行为出现的频率。在企业中，惩罚的典型例子有批评、扣工资、降级、辞退等。

强化的时间表是指在何时对个体施以强化，主要有六种方法。（1）连续强化，是指每次行为后马上给予强化。（2）间隔强化，是指不是每一次行为后都给予强化。（3）固定比例强化，是指每几次行为后给予一次强化。（4）变化比例强化，是指每若干次行为后给予一次强化。（5）固定间隔时间强化，是指每隔一段时间给予一次强化。（6）变化间隔时间强化，是指每隔若干时间给予一次强化。以上六种方法的强化效果因人而异，因此，管理者要根据不同的对象灵活运用，才能收到良好的激励效果，使之为达成组织目标而努力工作。一般而言，惩罚时采取连续强化方式效果会更好，只要出现负面行为就给予惩罚；奖励时则应采取间隔强化、变化比例强化、变化间隔时间强化等方式。

8. 根据自身的感受谈谈你对整合的激励理论的理解。

整合的激励理论清晰地指出了各种激励理论的内部联系，为我们提供了一幅完整的激励理论的知识地图，为管理者如何有效地激励员工提供了借鉴。

（1）如果一个人认为努力—绩效、绩效—奖励、奖励—个人目标的实现有密切的联系，他的努力程度就会提高。

（2）个人的努力还受到其目标的影响。目标的难度、具体化、接受程度、目标承诺等将引导行为。

（3）员工的能力以及对绩效评估系统公平性的认知会影响努力—绩效的关系。在努力程度一定的情况下，员工的能力对取得高绩效具有重要的作用。并且，如果员工认为组织的绩效评估系统是客观和公正的，那么个体会通过获得高的绩效来争取组织的奖励。

（4）绩效—奖励关系受到个体知觉到的绩效评估标准的调节。如果组织奖励是根据个人绩效而非资历、评估者个人喜好或其他标准进行的，个人的努力就会得到加强。

（5）奖励—个人目标实现之间的关系对个人的努力也有着关键的影响。奖励水平的高低取决于一个人由于高绩效得到的奖励能够在多大程度上满足与他个人目标相一致的主导需求。奖励—个人目标实现的关系在期望理论和 ERG 理论中可以得到很好的解释。

（6）成就需要理论认为，高成就追求者的努力主要取决于个人目标实现本身带来的激励作用，而不是组织对其绩效的评估以及组织奖励的激励。工作给高成就需要者提供了个人责任、反馈以及适度的冒险，提供了内部激励。

（7）强化理论的观点也反映在整合后的激励模型中。如果管理层设计的奖励系统被员工看做对个人高绩效的报酬，奖励就会强化并鼓励持续的高绩效。公平理论也体现在整合激励模型中，个人会比较自己与他人的投入与产出的公平性，知觉到的不公平会影响个人的努力程度。

从整合激励模型中我们可以看出，激励与绩效之间并不是简单的因果关系，要想产生预期效果，必须考虑奖励内容、制度、组织分工、目标设置、公平考核等一系列综合性因素，并注意个人满意程度在努力中的反馈，这样才能有效地激发员工的积极性，提升企业绩效。

第6章

激励在管理中的应用

知识点回顾

目标管理提供了一套管理理论和工具，让组织中的主管人员和员工亲自参与到目标的制定、实施和绩效衡量中。目标管理强调把组织的整体目标转化为各组织单元和个体的具体目标，通过设计一种使目标延伸至各组织层级的程序，使目标的概念具有可操作性。目标管理方案的四个重要组成部分是：目标的具体性、参与决策、明确的时间限定和绩效反馈。

目标管理遵循一定的程序。组织中的上下级通过协商设置组织目标之后，组织应当全面地设置共同认可的目标，让每个员工明确组织的目标，由管理者帮助下属确立能核实的目标，并确定实现目标的细节以及所需的时间和资源，由此决定上下级的责任和分目标，并将这些目标作为阶段性进程和结果评估的标准。

员工卷入方案是指利用员工的投入来增加他们对组织成功的承诺的一种参与过程。该方案背后隐含的逻辑基础是：让员工参与到与自己有关的决策中，并增加他们对工作生活的自主权和控制力，会提高他们的积极性、组织忠诚度、生产率以及工作满意度等。常见的员工卷入方案主要有三种形式：参与管理、代表参与和质量圈。

参与管理方案的显著特征是共同决策。下属在很大程度上可以与直接上级共享决策权。成功实施参与管理有四个关键要素，分别是权力、信息、知识和技能、报酬。

代表参与是指由一小部分员工代表参与决策。代表参与被认为是在世界范围内最广泛使用的一种以立法形式出现的员工卷入方式。代表参与最大的价值在于它的象征意义。

质量圈通常是一组由员工和监管者组成的共同承担责任的工作群体。他们定期或不定期会面，讨论技术问题，探讨问题存在的原因，并提出解决方案。他们承担着解决质量问题的责任，并对反馈意见进行评价。质量圈对生产有积极的影响，但对员工满意度的影响很小。

激励性报酬是指当员工达到个体、团队、部门或组织目标时组织给予员工的奖励，诸如股票或现金等。常见的员工奖励方案包括浮动工资方案、灵活福利和技能工资计划。激励性报酬方案被假设与绩效密切相关，然而，这种方案由于假设人们被较低层次的需求驱动、存在外部激励代替内部激励的可能和外部激励效果的短期性等，因此受到越来越多的批评。

工作设计是指将各种任务组合起来构成全部工作的方法，需要反映出环境变化、组织技术、技艺和能力、员工的偏好和要求等。常见的工作设计方法有工作扩大化、工作丰富化和工作轮换。工作特征模型为组织设计提供了一般框架和具体指导。工作特征模型指出，要想实现高的内部工作动机、高质量工作绩效、高的工作满意度以及低的缺勤率和流动率，必须使员工具备三种关键心理状态：体会到工作的意义；体会到对工作结果的责任；对工作活动的实际结果有所了解。而达到三种关键心理状态，需要工作具有五种核心维度，即技能多样性、任务完整性、任务重要性、工作自主性、工作反馈。

挫折心理又称挫折感，是指个体在先体验到奖赏后又体验到无奖赏时的心理状态，也可以认为是个体在从事有目的的活动过程中遇到障碍或干扰，致使其不能实现动机、不能满足需要时的心理状态。产生挫折心理的原因主要有环境因素和个体自身因素两大类，一般来说，个体自身因素尤其是心理因素的作用远远大于环境因素的作用。员工遇到挫折后的行为表现主要可以分为三大类：建设性行为、中性行为和破坏性行为。管理者应该尽量提高员工的容忍力，这样员工在遇到挫折时会采取更多的建设性行为。影响员工容忍力的因素很多，主要有六个方面：人生观、社会经验、判断、预见、健康水平和经历。

员工一旦受到挫折，往往会给组织带来许多消极的影响，主要表现在四个方面：工作效率下降、迟到、缺勤、流动。矫正员工挫折心理的常用方法有三大类：思想疏导法、精神宣泄法和心理咨询法。

复习题

一、填空题

1. 目标管理方案的四个重要组成部分是：目标的具体性、________、明确的时间限定和________。

2. 参与管理方案的显著特征是________。

3. 成功实施参与管理有四个关键要素：权力、________、知识和技能、________。

4. 浮动工资方案是把工资的一部分与个人或组织的________挂钩的工资方案，广泛使用的浮动工资的形式有四种：________、奖金、________和收入分成。

5. 员工产生挫折心理的原因主要可以分为两大类：________和________。

6. 工作范围是指在一个工作中所要求的________以及这些任务被重复的________。

7. 1975 年，________和________提出了工作特征模型。

8. 工作扩大化是指通过扩大________而________扩展工作的工作设计方法。

9. 工作丰富化是指通过增加________和评估责任而使工作________的工作设计方法。

10. 技能工资是指按照员工展示出的工作技能和能力来确定其薪酬的工资方案，员工的薪酬取决于个体展示出来的________的范围、深度和类型。

11. 工作轮换也叫________，是当员工感觉到一项工作活动已不再具有挑战性时，让员工到水平、技能要求相近的另一个工作岗位上去的工作设计方法。

12. 激励潜能分数是用来衡量________的________指标。

13. 影响员工容忍力的因素有很多，但主要有六个方面：________、社会经验、判断、________、健康水平和经历。

14. 工作效率下降的主要原因有三种：情绪不稳定、________、有意破坏。

15. 矫正员工挫折心理的常用方法有三大类：思想疏导法、________和心理咨询法。

16. 代表参与最常采用的两种形式是________和________。

17. 工作设计的方法主要有：工作扩大化、________和________。

18. 常见的员工奖励方案有________、灵活福利和________。

19. ________被认为是世界范围内最广泛使用的一种以立法形式出现的员工卷入方式。

20. 员工卷入方案是指利用________来增加他们对________的承诺的一种参与过程。

二、不定项选择题

1. 员工卷入方案的主要形式是（　　）。

A. 参与管理　　B. 质量管理

C. 质量圈　　D. 代表参与

2. 代表参与最常采用的两种形式是（　　）。

A. 职工监事委员会　　B. 职工代表大会

C. 监事会　　D. 董事会代表

3. 常见的员工奖励方案有（　　）。

A. 浮动工资方案　　B. 灵活福利

C. 技能工资计划　　D. 工作设计

4. 员工遇到挫折后的行为表现多种多样，主要可以分为（　　）。

A. 建设性行为　　B. 中性行为

C. 破坏性行为　　D. 激励性行为

5. 环境因素是指使个体产生挫折心理的外界事物或情境，主要有（　　）。

A. 自然环境因素　　B. 生理因素

C. 社会因素　　D. 心理因素

6. 目标管理方案的重要组成部分是（　　）。

A. 目标的具体性　　B. 参与决策

C. 明确的时间限定　　D. 绩效反馈

7. 工作丰富化增加了（　　），即员工对于自己工作的控制程度。

A. 工作范围　　B. 工作强度

C. 工作深度　　D. 工作广度

8. 下列属于员工建设性行为的是（　　）。

A. 升华　　B. 加倍努力

C. 模仿　　D. 重定目标

E. 补偿

9. 下列属于员工中性行为的是（　　）。

A. 折中　　B. 合理化

C. 反向行为　　D. 退缩

E. 抑制

10. 矫正员工挫折心理的常用方法有（　　）。

A. 思想疏导法　　B. 心理咨询法

C. 精神宣泄法　　D. 参与管理法

11. 工作扩大化和工作丰富化是工作设计的两种方法，前者扩大（　　）而（　　）扩展工作，后者通过增加（　　）而使工作（　　）扩展。

A. 工作范围　　B. 计划和评估责任

C. 纵向　　D. 横向

12. 参与管理方案的显著特征是（　　）。

A. 参与决策　　B. 绩效反馈

C. 共同决策　　D. 质量圈

13. 用来衡量工作激励性的预测性指标是（　　）。

A. 激励潜能分数　　B. 绩效

C. 计件数　　D. 工时数

14. 在工作特征模型中，关键心理状态包括（　　）。

A. 体会到工作的意义　　B. 体会到对工作结果的责任

C. 对工作活动实际结果的了解　　D. 参与决策

三、名词解释

1. 目标管理
2. 员工卷入方案
3. 参与管理
4. 代表参与
5. 质量圈
6. 工作设计
7. 挫折和挫折心理
8. 激励性报酬

四、简答题

1. 什么是目标管理？目标管理方案有哪些重要组成部分？
2. 目标管理的一般过程是什么？
3. 目标管理的优势和劣势各是什么？请分别说明。
4. 什么是激励性报酬方案？如何正确认识激励性报酬方案？请举例说明。
5. 简述工作特征模型的主要内容及其对工作设计的建议。
6. 工作设计有哪些主要方法？请举例说明。
7. 试论影响员工容忍力的因素。
8. 结合实践，谈谈员工受到挫折后对企业的影响。
9. 你如何认识员工受到挫折后的流动问题？
10. 你在管理中运用什么方法来矫正员工的挫折心理？举例说明。

案例分析

DocuSign 是美国的一家网络企业，以提供电子签名技术服务为特色。这项技术基于网络操作，将手工签署纸质文件的流程简化在几分钟内完成，既节省人力，又节约成本。自 DocuSign 公司创立以来，这项技术迅速普及到很多企业和政府部门中，公司也因此得以快速成长。然而，潜在危机也渐渐显现出来。

2007 年，美国的次贷危机逐渐恶化，房屋销售日益艰难，需要电子签名的新合同也开始减少。另外，美国政府又于当年通过了降低大学学费的法案，减少学生的贷款预算，对贷款条件严加限制。DocuSign 公司的大部分客户都是需要电子签名的贷款学生，这部法规的颁布对公司无疑是相当大的打击。

当危机潜伏时，绝大多数公司管理者都选择保守秘密，躲在厚厚的帷幕后处理应对。员工会因为消息的不确切而产生种种不安，在前途没有保障的情况下，他们的反应往往不是为公司分担风险或者想办法改善状况，而是另觅新枝。DocuSign 公司首席执行官斯基尔兹另有打算：每天与客户打交道的是员工，与市场接触最紧密、掌握一线情况的还是员工，所以他们才是需要倾听讨论的人。公司的 40 名员工被召集到大厅，斯基尔兹冷静地分析了市场将要发生的变化，要求每个员工直接参与到公司决策的调整中。

让员工参与应对危机

在DocuSign公司，员工参与决策有两种途径：一是每月公司定期召开全员大会，让不同部门的员工聚在一起交流对市场动向的观察，以此保证观察的全面性，然后员工开始集体讨论应对的新策略，分析这次变化可能带来的影响。二是将员工分为小组，小组成员来自公司所有部门。即每个小组负责专业的领域（比如新产品的测试），小组中的大部分成员是这方面的专业人员，小部分成员是研发和销售人员，以此保证生产线信息的流通和连贯。这些小组也会定期召开"群策群力"专业会，充分挖掘每个人的智慧。

这样的员工反馈新渠道创立不到一年，公司就开始出现令人振奋的变化，无论是在企业文化方面还是在工作方面，员工都表现出惊人的执行力和团结一致。以前DocuSign公司的销售战略是着眼于精简手工签署过程和确保高度机密性，而新的市场战略以国际上越来越受重视的环保理念作为卖点，强调使用电子签名进行交易能节约大量纸张。诸如富国基金、全球在线旅游服务（EXPE）等新的大客户开始出现，DocuSign因此弥补了由于房产抵押合同的不足和学生客户的减少带来的损失。这也证明了大多数行业（如贷款类的金融业和旅游预订等服务业）都可以受益于电子签名服务。此外，公司又获得了1 250万美元的风险投资，使公司可以在新领域大施拳脚。

基于员工建立的预警机制

"防患于未然"是人们耳熟能详的一句话，但是真正做到的人少之又少。在这方面，斯基尔兹做得很好。除了将危机透明化并发动员工群策群力应对，他把监控危机和发现机会的任务也转移到员工的身上。普通员工通常是接触一线的人，他们不同于高高在上的管理者，在危机或机会来临的时刻，他们往往更敏锐，能够及时为管理者作出计划的微调或者重大转变提供依据。

现在DocuSign公司一直保持员工反馈渠道的畅通，也就是每月召开全员大会和员工特别小组专业会。斯基尔兹把它称为危机预警制，其原因很简单：公司不能在危机发生时才临时救急，在公司发展良好时就建立类似的交流机制，会让公司在危机突然来到时反应更迅速，转向速度更快。

很多管理者会认为这种小组工作模式只适合像DocuSign这样的小规模公司。当今的大型公司拥有数量众多的员工，制造业和服务业类的跨国公司的员工更是遍布全球。不过，这些公司既然通过数字化管理能做到其他事情，就也能将DocuSign模式引入自己的管理中。例如，IBM公司的员工就可利用可视会议进行远程交流，无论是全员会议、三天一次的进程会还是群策群力会。这种新模式被称为全球大杂烩（world jam）。美国第二大媒体集团论坛公司的员工则利用内部网建立Digg模式的论坛（Digg类网站，就是由用户发布或者提交一些相关信息，并对所有相关内容进行投票或评论，而这些信息按照一定的Digg机制会在首页显示。）员工将这个论坛称为点子银行。只要有关于电视秀、新闻报道和其他方面的好点子，员工都会发布上去，最优秀的点子会被总裁萨姆·泽尔慧眼相中。

放权的底线

斯基尔兹发现，自从让员工参与到公司决策中，员工的工作效率比之前任何激励下的都高，员工的凝聚力也大大增强。所谓权力的分散，就是与员工分享公司的信息，把决策的制定与实施结合起来。

但是，凡事皆有节制，做过了头反而会得到负面效果。斯基尔兹很清楚这一点，基层员工的声音固然重要，但他们始终无法代替高管。重要的决策（比如人事变动、投资方向）仍在高管层内进行。DocuSign 公司的高管层和普通员工层在信息的分享和决策制定上既有交叉也有平行。交叉，集中在信息的共享和双向沟通方面；平行，集中在个人的职责和权限方面。如果高管在任何事情上都亲力亲为，就会被视为没有远见、专横跋扈；相反，如果他们放手不管，不制定决策也从不发表意见，就会被视为无能。找准个人的定位，是让员工参与到公司重大事务中的基准，也有利于公司的管理和高管权力的维护。

把握这一点的关键是，明确管理层该在哪一方面发言，而员工该在哪一方面发言。

创建形象大使

2007 年 3 月，DocuSign 公司建立了公司博客，目的是鼓励员工和经理以及客户的三方交流。无论什么样的交流，重要的不是建立，而是维持。如果经理学会倾听，对员工报告的意见和策略加以考虑并合理实施，就不是在回避问题，而是在积极寻求改变。这样员工会主动成为维护公司形象的大使。无论在公众中还是在社会中，员工自身就是公司善待员工的最好证明。即使这个公司已经陷入困境，这也比首席执行官亲自在媒体上发表声明或者公开辩解更有力。如果你的所有员工形成了品牌大使的队伍，这就意味着他们将正确的信息传递给了正确的人。

当公司遭遇危机时，尤其是在经济萧条时期，有能力的员工更需要公司保障他们的职业不受太大威胁，也需要公司肯定他们的付出。在这方面，DocuSign 公司已经走出了困境。

资料来源：道格拉斯·麦克米兰：《DocuSign：员工参与危机自救》，载《商界》，2008(7)。

【分析与思考】

1. 在公司遭遇危机时，你认为应该如何应对？案例中 DocuSign 公司的做法给你什么启示？

2. 什么是员工参与？员工参与的影响因素有哪些？

3. DocuSign 公司在员工参与决策过程中是如何处理收权与放权的关系的？

【分析提示】

1. 在公司遭遇危机时，最好的办法不是采取鸵鸟的心态，埋首在办公室或会议室中秘密讨论，害怕这样的消息会使人心涣散，而应该让员工参与到危机的解决决策中，把每个员工的积极性都调动起来。并非只有公司领导者一人在面对这种危机，他领导下的全体人员在共同分担这个危机。这不但增强了员工的归属感，还极大地激发了员工的潜能，促进了企业竞争力的提升。

更多的公司应该参与到这样的试验中，不仅仅局限于DocuSign这样规模小的高科技公司。对于一个企业，无论规模大小，人员多少，它的基本组织结构都是相同的，因此值得借鉴的方面也是大同小异的。在经济衰退期，管理层可能向投资者解释困境，也向客户解释，甚至求助于公司外部的其他风险承担者，但往往不愿向内部的员工讲明现在的窘境。而DocuSign公司的首席执行官很巧妙地避开了这一点，因为他深刻地意识到许多公司常常忽视了员工，忽略了员工是关键的倾听群体。

如果公司向员工摆出事实，说明是市场的变化或者公司的决策不力导致了现在的状况，至少不会引起人心涣散，而且大部分真正有才干的人也不会跳槽。乱世出英雄，能者也会在遭遇危机时激发出潜能。虽然这样做要冒很大的风险，但此时也是管理者测试员工忠诚度的时机。员工是处在公司边缘的分子，但他们的智慧不能边缘化。

2. 参与管理方案的显著共同特征是共同决策。下属在很大程度上可以与直接上级共享决策权。参与管理需要员工具备决策所需的能力和知识，并且员工参与解决的问题要与自己的切身利益相关，这样，参与管理方案才能够让参与各方建立信任和信心、对员工起到激励作用。

成功实施参与管理有四个关键要素，分别是权力、信息、知识和技能、报酬。

首先，组织要提供给人们足够的做决策的权力。权力有多种形式，如客户服务、任务分派、人员选拔、工作方法等。授权可以从简单的为管理者决策提供一定信息，到与管理者联合决策，再到独立决策。

其次，组织要提供参与管理者所需的重要信息。决策信息的准确和充足对参与管理的员工而言至关重要，这些信息包括一些运作过程和结果数据，比如发展理念、业务计划、竞争状况、工作方法等。

再次，参与管理的员工应具备决策所需的知识和技能。组织可以通过培训、锻炼等形式提高参与管理的员工所需的知识和技能。

最后，组织提供报酬吸引员工参与管理。报酬可以是参与管理本身提供的对员工成就感的满足，即内部报酬；也可以是加薪、晋升等外部报酬。

3. 权力的分散是指与员工分享公司的信息，把决策的制定与实施结合起来。但是必须分清管理层与员工在决策中扮演的角色。斯基尔兹很清楚这一点，基层员工的声音固然重要，但他们始终无法代替高管。重要的决策（比如人事变动、投资方向）仍在高管层内进行。DocuSign公司的高管层和普通员工层在信息的分享和决策制定上既有交叉也有平行。交叉，集中在信息的共享和双向沟通方面；平行，集中在个人的职责和权限方面。如果高管在任何事情上都亲力亲为，就会被视为没有远见、专横跋扈；相反，如果他们放手不管，不制定决策也从不发表意见，就会被视为无能。找准个人的定位，是让员工参与到公司重大事务中的基准，也有利于公司的管理和高管权力的维护。

扩展阅读案例

2004年4月，原方正集团助理总裁周险峰率方正科技近30名技术骨干集体加盟海信之事得到媒体确认。同月，同方销售经理郝毅及另外3名曾在同方名列销售前三名的大区经理集体跳槽到长城电脑。同月下旬，在中国著名防寒服装品牌企业波司登刊出的大幅广告中，上海南极人20多名负责产品研发、生产、销售的高层职业经理人集体跳槽波司登的内情浮出水面。同年5月，继太平洋电脑网市场总监秦刚离职后，太平洋电脑网手机频道的严峰等员工集体投奔到 www. it. com. cn 旗下。

核心员工集体“出走”事件不仅发生在中国企业中，也同样存在于外国企业中。据韩国媒体报道，2004年4月初，韩国 Grigon Entertainment 集团旗下的 Seal online 核心开发团队（团队名称为伽蓝·风）除金武光，其余人员全部跳槽到 Sonogon 公司。另外，中智上海外企服务公司在对5 000多位前一年至少跳槽一次的外企员工进行的调查中发现，有10%以上属于集体跳槽。据悉，集体跳槽的起因往往是企业中高级管理人才的流动，最终导致一个团队的集体“出走”。

在人才流动日益频繁的今天，员工跳槽已是司空见惯的事。但知名企业核心员工集体出走事件此起彼伏地发生，令人深思。如果说对于个别员工的出走企业尚觉无关痛痒的话，那么对于核心员工集体出走，任何企业都不可能无动于衷，因为这对企业有可能造成致命的打击。

集体出走原因分析

（1）压力太大。2005年，由北京易普斯企业咨询服务中心联合《财富》中文版对1 576名高级管理人员做了一项健康调查，结果显示，近70%的高级管理人员感觉自己当前承受的压力较大，其中21%认为自己的压力极大。高级管理人员所承受的压力状况基本上可以反映企业核心员工所承受的压力状况。核心员工的压力主要来自两个方面。一是僵硬的企业文化。从同方跳槽到长城的郝毅称，同方以业绩为唯一标准，缺少人性化，长城电脑则颇具人情味，并且人际关系简单融洽。二是多变的环境和激烈的市场竞争。企业核心员工要面对的不仅是21世纪不稳定、不可测的多变经营环境，而且有市场竞争的不断加剧、利润空间的持续压缩，同时，他们还要承受来自上级的压力，来自公司同事和下属的挑战，来自公司经营策略变化的压力。这些压力如果不能得到妥善化解，就可能诱发跳槽事件。核心员工从事的工作大多是知识性工作，知识性工作的最大特点是团队运作，一旦团队中的核心人物离开，势必带走整个团队。

(2) 企业不能提供良好的职业发展平台。核心员工有着不同于一般员工的“精英性”特点，他们有着强烈的个人成就欲望，而企业的目标是盈利，要求在短期内见到效益，导致企业的目标与核心员工的个人成就意愿之间必然会产生矛盾，这种矛盾若不能化解，就会导致核心员工跳槽行为的发生。郝毅等人选择长城电脑，看中的就是长城笔记本发展的总体策略，因为笔记本成为长城电脑的研发销售重点，意味着长城电脑笔记本事业部将有更广阔的个人发展空间和稳定的业务发展。而在同方，由于渠道销售的决策权被控制在经理级，中层人员只是执行者，因此对郝毅来讲，在同方已经没有上升空间。同样，在接受媒体采访时，周险峰称，方正集团助理总裁是一个比较重要的职务，但作为一个职业经理人，周险峰认为自己更适合比较具体的运营工作，出于个人兴趣和发展的需求，最终选择离开方正。

(3) 领导层不重视人才。投奔到 www. it. com. cn 旗下的严峰等太平洋电脑网手机频道的员工在接受媒体采访时表示，太平洋电脑网的管理和用人方面存在很多问题，领导层相当不重视人才，有能力的人得不到重用，没能力的人却得到提升，此次集体离开只是矛盾积累到一定程度的爆发而已。可见，领导层不重视人才是诱发核心员工集体出走的因素之一。

(4) 薪酬体制的缺陷。中华英才网第6期的薪资指数显示，近79%的跳槽者的薪资有所增加，平均薪资大约为原职位的2.16倍。由此看来，通过变换职位提升薪资的作用是很明显的，企业不能及时给员工加薪是员工跳槽的主要动因之一。据韩国媒体分析，Seal online 核心开发团队的离职，最直接的原因就是 Grigon Entertainment 集团在 Seal online 盈利之后发给开发人员的奖励仅为10万韩元（约合人民币700元）。另外，郝毅等人在选择企业时，也很看重长城电脑与业绩挂钩的高薪体制。

对策分析

据美国《财富》杂志报道，一个员工离职后，企业从招聘新人到其胜任，仅替换成本就高达离职员工薪水的1.5～2.5倍，优秀人才的替换成本更大。可见，员工离职，特别是核心员工离职，给企业带来的损失是巨大的，于是很多企业开始关注员工离职问题。

(1) 以优秀的企业文化凝聚人。优秀的企业文化应该是以人为本的文化，企业应注重关心人、培养人、造就人的优秀企业文化的塑造，以增强群体的凝聚力。企业关心员工，首先可以从改变员工的工作环境入手，如摆放植物，养些金鱼，给人轻松愉快的感觉；其次，企业应增强对员工的人文关怀，使员工有归属感，用情感的感召力营造一个敬业、进取、合作、宽容的良好环境，不断改善人与人之间的关系，减轻员工的压力；最后，企业还可以进行一些减压培训，帮助员工缓解压力。

(2) 以职业发展留住人。调查表明，人才最重视的首先是个人的发展机会，其次是成就感，最后才是高工资等物质因素。因此，企业应关注员工的职业发展，进行职业生涯管理。职业生涯管理应关注员工的职业发展需求，而不能凭主观臆断，简简单单地以提职了事。在媒体盛传周险峰将离职时，方正有关人士仍表示，周险峰由子公司方正科技副总晋升为方正集团助理总裁，怎么会选择离开呢？然而，周险峰最终还是选择了离开方正转投海信，因为他更愿意负责具体运营方面的工作，他的职业意愿在于建立一个真正的3C公司。

(3) 做好沟通管理。很多员工感到压力过大是因为任务不明确或者角色冲突，企业在这些方面要进行适当的调整，加强与员工的沟通。此外，企业在员工的职业生涯管理、薪酬福利管理等方面，也应与员工进行充分的沟通，了解员工的意愿，而不能凭主观臆断。

(4) 与离职员工保持良好关系。这是指应善待铁心跳槽者，不要结怨于人，大部分的离职员工具有相当丰富的知识素养和从业经验，往往还会在行业内继续发展，企业通过他们可获得宝贵的市场和技术信息，获得一些可能的合作机会。正因如此，众多"《财富》高科技100强"企业都在前任员工身上投巨资，由他们向企业提交商业计划书，以抢先获取有用的信息和创意。此外，由于企业与离职员工彼此非常熟悉和了解，信息对称，招聘离职员工可以减少由于磨合所需要的时间和文化成本。因此，离职员工不是泼出去的水，他们是企业未来再招聘时最合适的人选。

资料来源：郭云贵：《核心员工缘何集体"出走"》，载《人才资源开发》，2005（3）。

【分析与思考】

1. 请用激励理论解释核心员工集体出走的原因。
2. 根据本章内容能否给出更多关于防范核心员工集体出走的对策。

复习题参考答案

一、填空题

1. 参与决策；绩效反馈
2. 共同决策
3. 信息；报酬
4. 绩效水平；计件工资；利润分成
5. 环境因素；个体自身因素
6. 工作任务数量；频率
7. 哈克曼；欧汉姆
8. 工作范围；横向
9. 计划；纵向扩展
10. 工作技能
11. 交叉培训法

12. 工作激励性；预测性
13. 人生观；预见
14. 消极怠工
15. 精神宣泄法
16. 职工监事委员会；董事会代表
17. 工作丰富化；工作轮换
18. 浮动工资方案；技能工资计划
19. 代表参与
20. 员工的投入；组织成功

二、不定项选择题

1. ACD　2. AD　3. ABC　4. ABC　5. AC　6. ABCD　7. C　8. ABCDE　9. ABCDE　10. ABC　11. ADBC　12. C　13. A　14. ABC

三、名词解释

1. 目标管理是指一个组织从上到下全面地设立一个共同认可的目标的过程。目标管理让组织的主管人员和员工亲自参加目标的制定，根据组织的发展目标确定一定时期内组织的进展计划，由此决定上下级的责任和分目标，并将这些目标作为组织经营、评估和奖励每个单位和个人的标准。

2. 员工卷入方案是指利用员工的投入来增加他们对组织成功的承诺的一种参与过程。该方案背后隐含的逻辑基础是：让员工参与到与自己有关的决策中，并增加他们对工作生活的自主权和控制力，会提高他们的积极性、组织忠诚度、生产率以及工作满意度等。员工卷入方案主要有三种形式：参与管理、代表参与和质量圈。

3. 参与管理是指在不同程度上让员工和下属参与组织的决策过程以及各级管理工作，让他们与企业的高层管理者处于平等的地位来共同研究和探讨组织中的重大问题。参与管理方案的显著特征是共同决策。

4. 代表参与是指由一小部分员工代表参与组织内部涉及员工切身利益的经营方针、权力分配、人事安排、劳动报酬和福利待遇等决策的制度安排。代表参与被认为是在世界范围内最广泛使用的一种以立法形式出现的员工卷入方式。代表参与的目的是在组织内部重新分配权力，平衡员工、资方和股东的利益。该方案中员工并不直接参与决策，而是由一小部分员工代表参与决策。

5. 质量圈是一种常见的员工卷入计划形式，它主要讨论质量方面的问题，分析问题出现的根源，提出解决问题的方案并监督实施修正计划。20 世纪 80 年代，质量圈在北美和欧洲曾经风靡一时。质量圈通常是一组由员工和监管者组成的共同承担责任的工作群体。

6. 工作设计是指将各种任务组合起来构成全部工作的方法。工作设计需要反映出环境变化、组织技术、技艺和能力、员工的偏好和要求等。能够反映上述要求的工作设计可以充分发挥员工的工作潜能。

7. 挫折是指个体在先体验到奖赏后又体验到无奖赏时出现的情况。挫折心理又称挫折感，是指个体在先体验到奖赏后又体验到无奖赏时的心理状态。挫折心理也可以认为是个体在从事有目的的活动过程中遇到障碍或干扰，致使其不能实现动机、不能满足需要的心理状态。

8. 激励性报酬是指当员工达到个体、团队、部门或组织目标时组织给予员工的奖励，诸如股票或现金等。常见的员工奖励方案包括浮动工资方案、灵活福利和技能工资计划。激励性报酬方案被假设与绩效密切相关，然而，这种方案由于假设人们被较低层次的需求驱动、存在外部激励代替内部激励的可能和外部激励效果的短期性等，因此受到越来越多的批评。

四、简答题

1. 什么是目标管理？目标管理方案有哪些重要组成部分？

目标管理是指一个组织从上到下全面地设立一个共同认可的目标的过程。目标管理让组织的主管人员和员工亲自参加目标的制定，根据组织的发展目标确定一定时期内组织的进展计划，由此决定上下级的责任和分目标，并将这些目标作为组织经营、评估和奖励每个单位和个人的标准。

目标管理强调员工参与目标的设置工作，这些目标应当是明确的、可检验的和可测量的。目标管理强调把组织的整体目标转化为各组织单元和个体的具体目标，使目标的概念具有可操作性。目标管理是强调在工作中实行“自我管理”的一种管理制度或方法。

目标管理方案的四个重要组成部分是：目标的具体性、参与决策、明确的时间限定和绩效反馈。

2. 目标管理的一般过程是什么？

目标管理遵循一定的程序，通过组织中的上下级一起协商，根据组织的发展目标确定一定时期内组织的进展计划，由此决定上下级的责任和分目标，并将这些目标作为组织经营、评估和奖励每个单位和个人的标准。目标管理过程可以分为以下几个步骤：

(1) 组织目标的设置。一项成功的目标管理计划一定要得到最高管理层的支持，目标可以由最高管理层提出，再与下级讨论，也可以由下级提出，由上级审核。

(2) 共同认可的目标的设置。首先，要使每个员工都知道组织的目标；其次，管理者要以会议的形式向下属解释部门的目标，并介绍有效达成目标的方法；再次，管理者帮助下属确立能核实的目标；然后，员工向管理者咨询与目标相关的各个细节；最后，确定达成目标所需的时间和资源。

(3) 阶段性进程检查。管理者应该进行阶段性进展检查，了解员工达成目标的进展。有时根据需要修正目标、提供额外的资源或采取其他行动。

(4) 结果评估。应该让评估会议成为例会，将会议的评估结果作为调整薪金、决定奖惩的依据，并作为下一年度目标管理循环的基础。

3. 目标管理的优势和劣势各是什么？请分别说明。

目标管理的优势主要表现在：

(1) 目标管理关注组织的总体要求和目标，通过目标分解在组织内系统制定目标和绩效评估标准，定期审核、评估结果可以有效促进组织目标的成功实现。

(2) 目标管理对于组织内易于量化和分解的目标可以带来良好的效果。对于那些责权利明确、技术上具有可行性的工作，目标管理常常可以带来明显的改进。

(3) 在目标的指引和限定下，员工能够明晰自己的岗位职责，促使员工有意识地弥补自身知识结构的缺陷，为职业发展规划提供一定的帮助。

(4) 鼓励员工制定既富挑战性又具可行性的目标。管理者通过目标管理可以提高员工的工作积极性和绩效，满足员工的成就感。

(5) 目标管理有利于高层管理者与下级的沟通，可以提高管理有效性。高层管理者通过目标管理可以预先了解下级的工作，便于与下级沟通并对其进行指导；下级在明确、公开、透明的绩效评估标准下较易形成对薪酬管理制度公平性的认知，从而提高自己的工作满意度。

目标管理的劣势主要表现在：

(1) 目标制定困难。易变的环境使得针对不确定的未来的组织目标难以制定。同时，目标的具体性涉及可量化、可分解性，但是，并非所有的目标都可以进行硬性量化和分解，过分强调目标的量化可能会使管理走入误区。

(2) 管理成本增加。目标管理强调目标制定过程中的沟通、协调和员工参与，然而，双向甚至多向沟通的时间和精力成本很高；目标管理要克服本位主义、利己主义等急功近利的消极思想，形成相互协调、上下一致的组织目标，也需要成本的投入。

(3) 缺乏灵活性。目标管理要取得成效，就必须保持其明确性和稳定性，如果目标经常改变，周密的目标实现计划就变得毫无意义。计划的未来性决定了目标必须根据环境的变化进行调整，但调整目标和制定目标一样耗时耗力。

4. 什么是激励性报酬方案？如何正确认识激励性报酬方案？请举例说明。

激励性报酬是指当员工达到个体、团队、部门或组织目标时组织给予员工的奖励，诸如股票或现金等。常见的激励性报酬方案有绩效工资、收益共享、员工持股计划（ESOP）、一次性支付的奖金、知识工资、基于团队的报酬等。

我们必须正确认识激励性报酬方案：

首先，并非所有激励性报酬方案的实施都能够带来组织绩效的改善。只有当激励计划与那些提供给员工的内部奖励及满足更高层次需要的激励相结合时，激励计划才能够取得良好的效果。

其次，激励性报酬方案是与工业时代相适应的，而组织所需要的创新、突破等是物质奖励所无法激励的行为。这是因为：(1) 物质激励主要满足人们较低层次的需求，自尊、成就感以及自我实现等较高层次的需求则往往是由工作本身所提供的。因此，过分强调外部激励对绩效的贡献可能会降低追求成就感、自我实现等高层次需求的人才的内部激励。(2) 外部激励降低内部激励。当人们关注、追求外部激励时，通过完成工作本身所获得的工作满意感就会下降，员工的绩效仅仅与能够获得激励的标准相一致。（3）外部激励可能会带来短期的成功，但是不能带来长期的高绩效。如果人们在追求外部激励的过程中丧失了工作兴趣、创新精神等，他们的工作方法就很难得到改进和提高。

5. 简述工作特征模型的主要内容及其对工作设计的建议。

哈克曼和欧汉姆在 1975 年提出的工作特征模型为我们提供了工作分析的理想框架，并为管理者设计具有激励作用的工作提供了指导。

工作特征模型总结了五种主要的工作特点，并分析了这些特点之间的关系，以及它们对员工生产率、积极性和满意感的影响。工作模型告诉我们，要想实现较高的内部工作动机、较高质量的工作绩效、较高的工作满意感以及较低的缺勤率和流动率，必须使员工具备三种关键心理状态：体会到工作的意义；体会到对工作结果的责任；对工作活动的实际结果有所了解。而达到三种关键心理状态，需要工作具有五种核心维度，即技能多样性、任务完整性、任务重要性、工作自主性、工作反馈。当一项工作具有技能多样性、任务完整性和任务重要性三种特点时，员工就会觉得他的工作是重要的、有价值的和有意义的。如果员工拥有工作自主权，就会感到自己应该对结果承担责任。如果给员工提供反馈，他就会了解到自己工作的效率如何。

工作特征模型为管理者设计具有激励性的工作提供了具体的指导原则：

（1）合并任务。管理者应该把现有的零散任务重新组合起来，构成新的更大的工作模块，即工作扩大化，以增加技能多样性和任务完整性。

（2）形成自然的工作单元。管理者应该把工作设计成为完整的、具有意义的整体，以提高员工对工作的“拥有感”，鼓励员工感觉到自己的工作意义重大。

（3）建立客户关系。客户是组织所提供的产品和服务的消费者，管理者应该让员工与客户建立直接联系，以提高技能多样性、工作自主性，并增加反馈信息。

（4）纵向拓展工作。纵向拓展工作即工作丰富化，把传统上认为由管理者承担的责任和拥有的权力授权给员工，缩小了工作中“做”和“控制”方面的差距，增强了员工的自主性。

（5）开通反馈渠道。员工应该在工作的同时直接获得绩效反馈，了解到任务的完成情况以及工作业绩的变化，而不应是偶尔从管理者那里获得相关信息。

6. 工作设计有哪些主要方法？请举例说明。

工作设计是指将各种任务组合起来构成全部工作的方法。工作设计需要反映出环境变化、组织技术、技艺和能力、员工的偏好和要求等。能够反映上述要求的工作设计可以充分发挥员工的工作潜能。

工作设计的方法主要有工作扩大化、工作丰富化、工作轮换等。

（1）工作扩大化是指通过扩大工作范围而横向扩展工作的工作设计方法，主要是为了解决分工趋向细化和专业化给员工带来的枯燥乏味与人性压抑等问题。例如，医院负责超声波检查的医生的工作可以从检查病患的体内状况扩大到检查结果单据的填写、检查结果的初步咨询以及相关检查内容的建议等。

（2）工作丰富化是指通过增加计划和评估责任而使工作纵向扩展的工作设计方法。工作丰富化提高了员工对于自己工作的控制程度。工作丰富化使员工在完成任务时拥有更大的自主权、独立性和责任感。这些任务还应提供反馈机制，使个体能够评估和调整自己的业绩水平。例如，公司可以给各市场区域经理更多的自主权，让他们负责所在地区的渠道管理工作以及当地的广告、公关等各项业务。

（3）工作轮换也叫交叉培训法，是当员工感觉到一项工作活动已不再具有挑战性时，让员工到水平、技能要求相近的另一个工作岗位上工作的工作设计方法。工作轮换的优点在于：员工工作活动内容的丰富多彩会减少员工对工作的枯燥感，提高员工的工作积极性；员工在岗位轮换过程中会获得更多的工作技能，这使得管理人员在安排工作、适应变革、填补职位空缺时具有更大的灵活性。但是，工作轮换也存在缺点：工作轮换会使组织的培训费用增加；轮换到新岗位的员工的工作效率会降低；员工适应新工作并与其他人员磨合的成本增加；对于那些愿意在原有岗位上钻研的员工而言，工作轮换会消耗其精力，并打击其工作积极性。

7. 试论影响员工容忍力的因素。

对挫折的容忍力简称容忍力，是指个体遇到挫折时免于行为失常的一种能力。面对挫折，个人的表现不尽相同。每个人应对挫折的容忍力是不同的。管理者应该尽量提高员工的容忍力，这样员工在遇到挫折时会采取更多的建设性行为。

影响员工容忍力的因素有很多，但主要有六个方面：人生观、社会经验、判断、预见、健康水平和经历。一般来说，人生观正确的人容忍力较强，反之则容忍力较弱；社会经验丰富的人容忍力较强，社会经验较缺乏的人容忍力较弱；同样的挫折，由于个体对其判断不一样，容忍力的强弱也会大不一样；能预见挫折可能来临者容忍力较强，反之则容忍力较弱；身体健康者、身强力壮者容忍力较强，身体虚弱者、疾病缠身者容忍力较弱；以往经历坎坷不平者容忍力较强，以往经历一帆风顺者容忍力较弱。

8. 结合实践，谈谈员工受到挫折后对企业的影响。

员工一旦受到挫折，往往会给组织带来许多消极的影响，主要表现在四个方面：工作效率下降、迟到、缺勤、流动。

（1）工作效率下降。企业中的员工受到挫折后，往往会使工作效率下降。员工挫折心理的严重程度与工作效率下降的速度往往成正比。工作效率下降的主要原因有三种：情绪不稳定、消极怠工、有意破坏。

（2）迟到。员工遇到挫折后，可能对工作不感兴趣，或者对组织中的人产生厌恶心理，因此会采取躲避行为。最常见的躲避行为就是迟到（也包括早退），其目的是缩短工作时间，以此发泄自己的不满。迟到的类型有偶尔迟到、无责任迟到和故意迟到等，故意迟到又分为突发性迟到和长期性迟到。虽然迟到的表现形式、表面原因各不相同，但一般均与挫折有一定的联系。突发性迟到与挫折的联系最明显，其他几种迟到者则往往在潜意识中认为企业没有吸引力。

（3）缺勤。员工在遇到挫折后缺勤是一种比迟到更严重的行为。缺勤率上升将无法保证任务完成，严重地制约企业的发展。缺勤可以分为两大类：有因缺勤和无故缺勤。

1）有因缺勤是指员工提出适当的理由向有关上级申请，得到有关上级同意才不来上班的一种行为。有因缺勤有时会反映出员工挫折心理的程度。员工通过请病假、事假、公假发泄自己的不满情绪。

2）无故缺勤是指员工没有经过有关上级的同意却不来上班工作的一种行为。其中，申请后无故缺勤反映出员工的挫折心理，而这种行为本身也往往会导致员工受挫；无申请无故缺勤则反映出员工有严重的挫折心理，员工会因此而遭受新的挫折，这种行为往往是员工流动的先兆。

（4）流动。这里的流动主要是指企业内的员工离开本企业的行为，又称向外流动。流动有很多种类，其中与挫折心理关系较密切的主要有辞职和除名。

1）辞职。辞职与挫折心理有显著的正相关关系，辞职尤其是在合同期内辞职，是挫折导致的直接结果。员工辞职的主要受挫原因是收入太低、福利待遇不好、人际关系紧张、上级有偏见、工作太繁重、上班路程太远、家庭负担太重等。

2）除名。除名往往会引起员工严重的挫折心理。因此，企业应该尽可能妥善处理被除名的员工，使其挫折心理降到最低限度，同时防止未流动的员工产生挫折心理。

9. 你如何认识员工受到挫折后的流动问题？

适当的、合理的流动是企业发展必不可少的一种手段，但是不适当的、不合理的流动会给企业带来巨大的成本与风险。

（1）员工流动可量化的总成本可以分为四类：人力资源替换或招聘成本、培训成本、离职员工与替换员工的业绩差异净值、解约管理成本等。

（2）难以量化的损失诸如企业的技术、经验和稀缺资源的流失，最终会严重影响企业的核心竞争力。特别是少数掌握公司核心技术或商业机密的员工（如企业的高管、研发人员和销售人员等），他们在离职前后可能存在滥用权力等行为，对企业造成的损失和潜在的风险更加巨大，其中可能涉及客户名单、研发成果等重大商业机密的泄露等问题。

（3）一些核心人员的流失还有可能引起连锁反应，不仅动摇军心，而且会带走一批人才。这种恶性的人才流动，势必会影响公司的形象和品牌，影响留任者的工作量以及整个团队的士气，而职位空缺对业绩持续增长所造成的损失往往是无法量化的。

（4）员工频频流动也可能引发大量劳动争议和法律诉讼。微软前全球副总裁李开复流动至谷歌、百度原产品推广部负责人穆亦飞与百度解除劳动合同都引发了法律诉讼。企业由于对员工流动管理不当而面临可能在劳动仲裁、诉讼中败诉的风险。

在知识经济时代，正像我们无法要求企业为员工提供永久性雇用保障一样，要求员工对企业无条件地忠诚不可能，也无必要，但企业过高的员工流动率尤其是核心员工的流动往往给企业带来无法计量的损失。因此，企业应该更多地从宏观管理的层面思考员工流动的问题，反思内部管理问题（尤其是公司企业文化、领导风格、职业生涯管理、内部沟通等方面的问题），努力提升企业的管理决策质量，提升企业的整体竞争力。

10. 你在管理中运用什么方法来矫正员工的挫折心理？举例说明。

员工经常会遇到各种挫折，挫折往往会引起许多消极情绪，这些消极情绪又会明显地降低工作效率，因此，管理者有责任了解员工挫折心理的起因，掌握矫正员工挫折心理的方法，使挫折心理带给企业的损失降到最低限度。矫正员工挫折心理的常用方法有三大类：思想疏导法、精神宣泄法和心理咨询法。

（1）思想疏导法。管理者可以通过倾听员工的抱怨、帮助员工改善人际关系、尽力帮助受挫者改变其环境（如改变其工作群体）、协助解决员工的家庭困难、容忍受挫折者的某些行为、积极鼓励员工努力向上等方式，帮助员工树立正确的人生观，鼓励员工努力学习，以更好地适应环境，正确理解与对待挫折。

（2）精神宣泄法。员工在遇到挫折后，往往会心理失去平衡，产生不满情绪。如果这种不满情绪压抑在内心，会使心理不平衡的趋势日益严重，进而产生更大的挫折心理。因此，可创造一种适宜的条件或环境，让受挫者自由地表达压抑在内心的不满情绪来缓解挫折心理。精神宣泄法可采取空旷地宣泄法、写信宣泄法、宣泄室宣泄法等方法。有条件的企业可以设立宣泄室，让受挫的员工到宣泄室内尽情地表达自己的消极情绪。

（3）心理咨询法。心理咨询法是指企业聘请职业心理学专家为受挫的员工进行心理疏导和纠偏，减轻其挫折心理的一种方法。心理学专家可帮助受挫员工更全面、更正确地了解自己；对他人、对事物树立正确的观念；正确地认识挫折及其产生原因；疏导消极情绪的发泄；解除心理压力；养成良好的习惯；学会适应环境的技巧等。在企业中推行心理咨询法有以下一些形式：专栏咨询、演讲咨询、通信咨询、个别咨询等。

第 7 章

群体行为

知识点回顾

群体是企业各种经营管理活动的基本单位，具有成员遵守同一规范、有共同的目标和彼此之间意识到对方的特征。群体具有多种分类方法，按照群体是否有明文规定可以划分为正式群体和非正式群体。其中，非正式群体因在现代组织中具有重要作用而应得到管理者的高度重视。

群体动力论是勒温提出的。他以为，个体的行为是他与环境中各种相关因素作用的结果。群体中个体的行为方向和强度取决于个体内部的心理活动与外部群体的各种因素。群体动力模型对群体发展的阶段、各阶段的特点、管理要点等做了系统的理论描述。群体发展的五阶段模型指出，群体的发展有五个明显的阶段：形成阶段、震荡阶段、规范阶段、执行阶段和解体阶段。群体的间断—平衡模型将群体发展划分为：群体形成、规范和低效执行的第一阶段；冲突、震荡、飞越变革、群体高效执行和结束的第二阶段。

群体心理是指个体在加入某一群体后产生的各种心理活动的总和。群体心理有能力扩大化、合理化、轻信化、排他性、忠诚化、趋同化、保护化等特点。影响群体心理的环境因素包括两个方面：自然环境和社会环境。影响群体心理的合群因素主要包括群体的规模、群体的领导者、群体成员的构成、群体的规范、群体的目标、群体的凝聚力等。

人际关系是指群体成员之间心理上发生的联系。群体中人际关系的好坏与群体的喜欢有明显联系。影响喜欢的因素有许多，其中主要涉及四种：接近性、个体品质、熟悉与报答。

群体中的**利他**与群体的凝聚力呈正相关关系，优秀的企业文化鼓励利他。利他有两大类：爱他性利他和补偿性利他。利他的基础主要有五个方面：社会交换原则、公平原则、利他规范、内疚心理和优秀的道德观等。影响利他的因素主要包括利他者的个性、利他者的身心状态、文化背景、他人的行为和被利他者的特点等。

群体中的**攻击**按照积极—消极、言语—身体、直接—间接三个维度可以划分为八个类别。攻击产生的基础主要包括需要不满足、报复心理和攻击习惯等。管理者可以通过树立榜样、合理惩罚和净化情感等减少员工的攻击行为。

群体的**凝聚力**作用是积极的还是消极的主要取决于群体的目标与企业的目标是否一致。影响群体凝聚力的因素主要有领导者的要求和压力、信息沟通的程度、群体达成目标的程度、成员依赖性、群体与外界的联系、群体的大小、成员的相似性、群体受外界的威胁程度、加入群体的难易程度、群体的地位等。这些是管理者增强群体凝聚力的重要基础。

士气是一个群体精神面貌的直接表现，与达到群体目标有着明显的关系。士气不仅代表个体对群体的认同态度，而且表示他对成为该群体成员而感到心理满足，并愿意为群体利益做出牺牲。在管理中，只要群体目标与组织目标基本一致，管理者就应该努力提高该群体员工的士气。

群体中**从众**的产生既受个体因素的影响，又受群体因素的影响。从众既有积极影响，又有消极影响，因此，管理者在某些情境中要鼓励从众，在某些情境中要鼓励反从众，这样才能迅速达成组织目标。

复习题

一、填空题

1. 根据在组织中的作用来划分，非正式群体主要有四种类型：积极型、________、消极型和________。

2. 喜欢是个体对他人在心理上持积极评价的态度，在行为上愿意接近对方的一种心理活动倾向，影响喜欢的因素主要涉及________、个体品质、熟悉与报答。

3. 影响群体心理的因素包括环境因素和________，其中环境因素主要包括________和________。

4. 利他可分为两大类：________和________。

5. 根据组织内部不同目标，正式群体可以划分为两类：________和________。

6. 员工形成非正式群体的基础主要有：满足员工多层次多种类的需求、________、________、兴趣爱好一致、个性相似、个性互补和背景相似。

7. 社会心理学家________提出，个体行为是他与环境中各种因素作用的结果，根据他的观点，________和________在 1995 年创立了一个群体动力论模型。

8. 群体心理的主要特点是________、合理化、________、排他性、________、趋同化和________。

9. 影响群体心理的合群因素主要包括群体的规模、________、群体成员的构成、群体的规范、________、________等。

10. 群体中的成员可以分为三类角色：重任务角色、________和________。

11. 非紧急利他又称________，是指个体经常可以进行的一种助人行为。

12. 产生攻击的基础是________、________和________。

13. 报答是指个体用实际行动来感谢对方，它的特点是________和________。

14. 正式群体是明文规定的群体，在企业中往往是根据________、有关的规章制度而建立的________的群体。

15. 群体发展的五阶段模型认为，群体的发展有五个明显的阶段：形成阶段、________、规范阶段、________和解体阶段。

16. 凝聚力又可以称为________或团结，是指群体内成员之间、成员与群体之间相互吸引的程度，以及成员分担________的程度。

17. 在管理中，只要群体目标与组织目标基本一致，管理者就应该尽量提高该群体员工的士气，可以采取的措施包括整合________、使成员志趣相投、________、合理的报酬、创造良好的________、倡导民主的________。

18. 减少员工攻击最主要的三个方面的措施是：________、________和________。

二、不定项选择题

1. 利他（利他行为）是指个体不期望他人报答的一种自愿的助人行为，其特征是（　　）。

A. 无条件性　　B. 自愿性

C. 益他性　　D. 自损性

2. 从众的积极意义有（　　）。

A. 整合群体的行为　　B. 增强群体成员的创造性

C. 提高决策质量　　D. 改变个别成员的不良行为

3. 群体的特征包括（　　）。

A. 成员遵守同一规范　　B. 成员有共同的目标

C. 成员数量巨大　　D. 成员之间彼此意识到对方的存在

4. 根据成员之间的关系程度，群体可以分为（　　）和（　　）。

A. 紧密群体　　B. 利益群体

C. 松散群体　　D. 友谊群体

5. 非正式群体有时会发挥消极影响，其主要的消极影响有（　　）。

A. 干扰正式群体的活动

B. 制造员工之间的矛盾

C. 引起员工不健康的心理活动和行为

D. 破坏生产或工作，阻碍组织目标的实现

6. 群体的领导者主要通过（　　）来影响群体心理。

A. 奖惩　　B. 从众

C. 鼓励　　D. 引导

7. 补偿性利他可以分为（　　）和（　　）。

A. 紧急利他　　B. 非紧急利他

C. 互惠利他　　D. 内疚利他

8. 组织中的群体有各种各样的利他基础，包括（　　）。

A. 社会交换原则　　B. 公平原则

C. 内疚心理　　D. 利他规范

E. 优秀的道德观

9. 减少员工攻击最主要的三个方面的措施是（　　）。

A. 树立榜样　　B. 合理惩罚

C. 净化情感　　D. 严惩

10. 群体中的成员可以分为三类角色：（　　）。

A. 重任务角色　　B. 重自我角色

C. 重关系角色　　D. 重领导角色

三、名词解释

1. 群体
2. 从众
3. 正式群体
4. 非正式群体
5. 群体的凝聚力
6. 紧急利他
7. 士气

四、简答题

1. 什么是群体？群体的主要特点是什么？举出一些群体的例子来加以分析。

2. 你如何理解公式 $B=f(P, E)$？举例说明。

3. 群体发展的五个阶段是什么？管理者在群体发展的各个阶段应采取什么样的态度和措施？

4. 在管理中，你作为管理者应该如何对待非正式群体？

5. 举例说明影响群体心理的各种因素。

6. 在管理中如何增强群体的凝聚力？

7. 简述凝聚力及其作用。

8. 在管理中如何提高员工的士气？

案例分析

杰克兄弟的名字对于许多成年人来说也许闻所未闻，但是最近一次针对美国在校学生的民意测验的结果表明，美国学生对杰克兄弟比对米老鼠更熟悉。宁顿公司推出的 4 000 多万张超级杰克兄弟的软件成为长期最畅销的电子游戏系列。竞争对手对此并非无动于衷，有些对手已经推出了极富竞争力的产品。例如，国际电器公司设计出的产品优于宁顿公司推出的偶像产品，似乎它才应该是赢家。然而，许多年轻人仍然着迷于宁顿公司的产品，以至于国际电器公司只能占有不足10%的美国市场。

宁顿公司是如何占领电子游戏市场的？其成功的秘诀就是在员工以及签约商中产生高度凝聚力，从而获得高生产率与高利润的回报。在宁顿公司的研发中心，一群不修边幅的年轻工程师聚集在显示器前，全神贯注地反复试验、操作研发中的电子游戏软件。有时，研发中心的主任还将其 200 名员工分成竞争小组，相互比赛。其结果是：工程师们学到了更多的诸如游戏是如何运行的、什么设计是有效的、什么设计是需要改进的等方面的知识。他们热爱自己的工作，那些不愿意因下班而中断工作的员工得到的加班费相当丰厚。

宁顿公司并未将电子游戏的开发仅仅局限于自己的研发中心的人员。90%的游戏源于外面的签约开发商，他们承担着开发与营销新产品的风险。如果某个开发商的某个游戏被认定值得加入宁顿公司的产品线，该开发商就会与宁顿公司签约，向宁顿公司支付游戏软件的生产费用、营销与广告费用，并承诺不将该游戏提供给其他公司生产。而签约开发商也会从每一个新的合作项目中得到一笔数目可观的专利权税。纳卡姆四年前开发的游戏软件《龙之问》销售了 1 000 多万套，如今他早已成为百万富翁。而他仅仅是被称为“一群自我实现的百万富翁”的签约开发商中的一位。纳卡姆自己的公司与宁顿公司合作密切。从宁顿公司那里，纳卡姆学会了如何对待自己的员工以保持高凝聚力。最近，他带着自己的 20 名员工到夏威夷度假。

宁顿公司发现，开发这些游戏是如此激动人心，以至于员工都忘我地投身于工作之中。未来的计划更是令人激动的挑战：公司目前正致力于开发出更多针对成年人的游戏，并推出新一代游戏机，它能够比现在的游戏机显示更多的电子游戏形象；公司还试图开展全国性的电子游戏联赛，客户能够在家中通过将宁顿产品与计算机、电话线连接来参加比赛。同时，公司也并不准备放弃年轻人的市场。宁顿公司最近向某理工学院支付了 300 万美元用以研究孩子们是如何学习的。显而易见，公司希望客户与开发商及签约商一样为电子游戏而着迷。

资料来源：《如何提高企业凝聚力》，http：//www.china-b.com/jyzy/ldl/20090223/305289_1.html，2009-02-23。

【分析与思考】

1. 什么是凝聚力？凝聚力强是否意味着群体效率高？为什么？
2. 宁顿公司如何在其研发中心的员工中激发起很强的凝聚力？
3. 宁顿公司是如何从高凝聚力中受益的？

【分析提示】

1. 凝聚力又可以称为凝聚性或团结，是指群体内成员之间、成员与群体之间相互吸引的程度，以及成员分担群体目标的程度。

对于组织而言，群体的凝聚力既可能起到积极作用，也可能起到消极作用，这主要取决于群体的目标是否与企业的目标相一致。如果群体与组织的目标一致性高、凝聚力强，工作效能就提高得快；如果目标一致性高、凝聚力弱，工作效能就提高得慢；如果目标一致性低、凝聚力强，工作效能就会下降；如果目标一致性低、凝聚力弱，则与工作效能无关。

2. 凝聚力往往受到一些因素的影响，比如领导者的要求和压力、信息沟通的程度、群体达成目标的程度、成员依赖性、群体的大小、成员的相似性、群体的地位等。宁顿公司的领导者非常注重凝聚力对于企业业绩提升的作用，注重整合群体的目标，以工作的挑战性来吸引员工的参与，使群体成员志趣相投，智能互补，共同完成挑战；还通过设置竞争小组缩小群体规模，让他们在游戏软件设计比赛中增强沟通和了解，创造良好的组织气氛；同时设计合理的报酬机制，使员工的付出有所回报；公司的成功增强了群体成员的自豪感，进一步提升了凝聚力。

3. 很强的凝聚力激发了员工高昂的士气，进而带来了更高的绩效。士气是指个体对某个群体感到满意，愿意成为该群体的一员，并愿意为实现该群体的目标而努力工作的一种态度。士气不仅代表个体对群体的认同态度，而且表示其对成为该群体成员而感到心理满足，并愿意为群体利益做出牺牲。

士气高昂的群体既能适应外部的变化，又能处理内部的冲突；群体成员有较强烈的认同感、归属感和满意感；群体成员都明确地了解群体的目标，并认同群体的目标；群体的成员对领导者持积极的态度；群体成员乐意遵守群体的规范；群体成员承认群体的存在具有重要价值，并具有维护该群体继续存在的强烈意愿；群体成员的行为反应比较一致。因此，带来了较高的绩效。

扩展阅读案例

我们对以下情境并不陌生：你是公司招聘委员会成员，正在开会讨论一项重要的人事议案——是否聘请一位想从另一家公司跳槽而来的销售明星。这位“明星”是公司一名副总推荐的，但最后是否聘用需要通过招聘委员会表决。你个人曾经从其他渠道了解到该“明星”在那家公司的表现和声誉，发现此人在原公司口碑并不好，所以心里有点打鼓。但你从其他成员的发言中发现，大家对聘用该“明星”的热情都比较高，至今还没有一个人提出反对意见。在这种情况下，你是选择直言还是保持沉默？大概十有八九你会选择沉默。这个结果本身不足为奇，但有意思的是，阿西在进一步对从众现象的边界条件，特别是“众口一词”的效应进行探索时，却发现了一个出人意料的结果。他发现，在所有成员中只要有一个人表达不同意见，其他人从众的可能性就会大大降低。更有意思的是，这个成员即使一言不发，其效果也同样显著。与此同时，持不同意见者的表态能够冲击甚至毁掉大多数人所建立的共识，从而对后来敢于表达自己真实想法的人起到极大的鼓励作用，由此显示了与从众正好相对立的效应，即“一个人的力量”。

那么，在什么情况下少数人的声音能够真正被多数人“听见”并得到重视呢？有两点非常关键：

(1) 少数人表达的意见存在很高的内部一致性。比如，你觉得公司决策层对市场分析过于乐观，别人没有看到很多潜在问题，而你看见了。你第一次向高层提出时，其他人都觉得你过于悲观，不予理会。在你第二次、第三次提出同样的质疑，并提供更多的佐证时，别人再不理睬你的可能性就会大大降低，因为你的观点有很强的一致性。反之，如果你发现第一次大家对你提出的问题完全不予理会，于是在第二次、第三次又提出新的意见表示你的怀疑，那么，你影响他们的可能性就会降低。

(2) 少数者的态度不能太固执。如果你在某项决议中提出了与众不同的意见，但别人当即对你提出的异议做出了回应，这时如果你表现出对他们的解释完全不能认同，那么你的意见对他们的影响程度就会相当有限。反之，如果你能够客观地承认他们的分析，但同时又强调你的立场的合理性，你对他们的影响就会增强。

另外一个更有意思的研究结果是，从众现象虽然经常发生，但在多数情况下个体只是为了“合群”。一旦社会压力消除或者不存在，人们就会重新回到自己原有的立场上。而在少数人影响多数人的过程中，少数人势单力薄，多数人中即使有人同意他们的观点，也常常不敢表达。但是，少数人的观点常常会挑战多数人的想法，并能在老板头脑中激起思考的涟漪。一旦老板看到“少数意见”的合理性，就可能从内心深处接受“异端邪说”。在企业中，对于少数人的力量，管理者应该予以重视，并愿意倾听他们的心声。

资料来源：陈晓萍：《少数人的力量》，载《发现》，2008 (11)。

【分析与思考】

1. 管理中应如何看待从众的力量？
2. 工作中如何克服从众现象，发挥“少数人”的力量？

复习题参考答案

一、填空题

1. 调剂型；破坏型
2. 接近性
3. 合群因素；自然环境；社会环境
4. 爱他性利他；补偿性利他
5. 职能群体；任务群体
6. 利益一致；价值观一致
7. 勒温；摩海德；格里芬
8. 能力扩大化；轻信化；忠诚化；保护化
9. 群体的领导者；群体的目标；群体的凝聚力
10. 重自我角色；重关系角色
11. 日常利他
12. 需求不满足；报复心理；攻击习惯
13. 互相性；需要性
14. 组织结构；职务分配明确
15. 震荡阶段；执行阶段
16. 凝聚性；群体目标
17. 群体的目标；智能互补；心理气氛；领导作风
18. 树立榜样；合理惩罚；净化感情

二、不定项选择题

1. ABCD　2. AD　3. ABD　4. AC　5. ABCD　6. ABD　7. CD　8. ABCDE　9. ABC　10. ABC

三、名词解释

1. 群体又叫团体，是指两个以上的个体遵守同一规范、在同一目标指导下协同活动的人群组合体。群体介于个体与组织之间，是企业各种经营管理活动的基本单位。

2. 从众又叫顺从，是指个体在群体中与大多数人的意见发生分歧时，会感到一种群体的压力，当这种压力非常大时，会迫使个体违背自己的意愿，迁就大多数人的意见，从而顺从群体规范的一种行为。从众主要有两种形式：真从众和假从众。

3. 正式群体是指明文规定的群体，在企业中往往是根据组织结构、有关的规章制度而建立的职务分配明确的群体。正式群体是组织中完成任务的主要群体，也是管理者平时接触最多的群体。

4. 非正式群体又叫随意群体或小团体，是指员工为了满足社会交往的需要在工作环境中自然形成的群体。它既没有组织的明文规定，也没有正式结构。非正式群体在现代组织中发挥着越来越重要的作用。

5. 群体的凝聚力简称凝聚力，是指群体成员愿意留在群体内的愿望以及乐意为群体承担义务的强烈程度。一般来说，凝聚力高的群体往往群体心理的特征比较明显，凝聚力低的群体则往往群体心理特征较不明显。

6. 紧急利他是指在具体的危险逼近于他人时的一种助人行为。紧急利他有以下一些特征：有明显的威胁因素存在；利他者可能需要付出较大的代价，有时甚至以失去生命为代价；事前往往缺乏必要的信息；利他者生理状态变化明显；利他者需要采取一些紧急措施。

7. 士气是一个群体精神面貌的直接表现，与达到群体目标有着明显的关系。士气不仅代表个体对群体的认同态度，而且表示其对成为该群体成员而感到心理满足，并愿意为群体利益做出牺牲。在管理中，只要群体目标与组织目标基本一致，管理者就应该尽量提高该群体员工的士气。

四、简答题

1. 什么是群体？群体的主要特点是什么？举出一些群体的例子来加以分析。

群体又叫团体，是指两个以上的个体遵守同一规范、在同一目标指导下协同活动的人群组合体。群体介于个体与组织之间，是企业各种经营管理活动的基本单位。群体的主要特点有：

（1）成员遵守同一规范。从个体角度看，群体规范意味着在某种情境下群体对个人的行为方式的期待。群体成员认可群体规范之后，规范就成为以最少的外部控制影响群体成员行为的手段。比如，如果在企业文化的影响下大家都把加班加点看做非常正常的事，则新加入企业的员工会很容易地接受加班这一事实。

（2）成员有共同的目标。目标是群体存在的基础。成员在共同目标的实现过程中担任不同的角色。例如，企业的目标非常明确，那就是实现盈利。

（3）成员之间彼此意识到对方的存在。成员具有明显的群体意识和归属感。比如，同一部门的员工在与其他部门交往时会不自觉地产生本位主义的思想。

2. 你如何理解公式 $B=f(P, E)$？举例说明。

公式 $B=f(P, E)$ 由社会心理学家勒温提出，式中，B 指个体行为的方向和强度；P 指个体的内部动力与特征；E 指个体所处的群体环境。该公式的含义是：群体中个体的行为方向和强度取决于个体内部的心理活动与外部群体的各种因素。

勒温认为，群体不是一成不变的，而是在相互适应中不断变化的。群体的行为并不是群体中各个成员个体行为的算术和。在群体中，个体的行为可以通过互补而增加，也可以通过抵消而减少。例如，具有相同技能的员工在不同的企业文化中会带来不同的绩效。

3. 群体发展的五个阶段是什么？管理者在群体发展的各个阶段应采取什么样的态度和措施？

群体发展的五阶段模型认为，群体的发展有五个明显的阶段：形成阶段、震荡阶段、规范阶段、执行阶段和解体阶段。

(1) 形成阶段。其特点是群体在目的、结构、领导方面存在大量不确定性。成员通常通过试探来确定哪些行为能够被群体接受，哪些不能。当群体成员开始把自己视为群体的一分子思考问题时，形成阶段就结束了。

(2) 震荡阶段。该阶段群体内部冲突凸显。群体成员虽然接受了群体的存在，但是抵制群体对个体施加的限制，进而在由谁控制群体的问题上发生冲突。群体内部比较明确的领导层的出现和成员在群体发展方向上达成共识标志着震荡阶段的结束。

(3) 规范阶段。群体在规范阶段发展了密切的群内关系，同时表现出群体内聚力。成员之间有种强烈的志同道合的感觉，群体认同感很强。当群体结构稳固、在群体内就正确的成员行为达成共识时，该阶段结束。

(4) 执行阶段。此时群体结构得到广泛认同并发挥最大作用，群体成员将精力从相互认识和了解转移到完成当前的工作任务上。对于长期性群体而言，该阶段为最后阶段。

(5) 解体阶段。对于临时性群体（比如以任务为导向的团队、临时委员会、调查小组等）而言，在特定的任务完成之后，群体就准备解散。解散后的相关事宜成为关注的重点。

4. 在管理中，你作为管理者应该如何对待非正式群体？

如何对待非正式群体是衡量一位管理者管理水平高低的标准之一。

首先，要正确认识非正式群体。非正式群体是正式群体的"孪生兄弟"，因此，管理者不要只想着取消非正式群体，而是要正视它。

其次，要充分利用非正式群体的特点。非正式群体成员之间关系较融洽，信息沟通较快，凝聚力较强，群体内的压力较小。在某种情形下，正式群体完不成的任务，可以由非正式群体来完成。在时机成熟时，也可以把一些非正式群体转变为正式群体，使其更有效地为组织服务。

再次，要重视非正式群体的带头人。结合较紧密的非正式群体的领导人往往人缘好、智商和情商较高、能力强、知识面较广、威信高。因此，管理者要根据不同的情况，采取不同的方法来影响、控制这些人，进而控制非正式群体。

最后，要区别对待各种非正式群体。尽可能鼓励员工参加正式群体的活动，但不反对员工形成积极型或调剂型的非正式群体，使这部分员工拥有荣誉感和安全感。对消极型非正式群体的成员要批评、教育，使其感到压力，产生焦虑，进而退出这类非正式群体。对破坏型非正式群体的成员要严肃处理，触犯法律的要由司法机关依法惩治。

5. 举例说明影响群体心理的各种因素。

(1) 影响群体心理的环境因素主要包括两个方面：自然环境和社会环境。

在不同的自然环境中，个体形成群体的动机会有不同，例如，在沙漠地区，个体形成群体的直接动机可能是消除孤独感；在森林地区，个体形成群体的直接动机可能是防御野兽袭击。

与自然环境相比，社会环境对群体心理的影响更大，在不同的社会环境中，个体形成群体的动机会有不同，例如，在甲地组织一个治安队是为了保护地区成员的安全，而在乙地组织一个治安队是为了非法牟取利益。

（2）影响群体心理的合群因素有许多。群体本身的一些因素如群体的规模、群体的领导者、群体成员的构成、群体的规范、群体的目标、群体的凝聚力等都会明显地影响群体心理。

以群体凝聚力为例，凝聚力强的群体往往群体心理的特征比较明显，凝聚力弱的群体则往往群体心理特征较不明显。

6. 在管理中如何增强群体的凝聚力？

群体凝聚力的大小受到许多因素的影响，了解这些影响因素有助于在管理中增强凝聚力。

（1）领导者的要求和压力。如果群体的领导者对群体的凝聚力有较高的要求，就会给群体带来较大的压力，这样，群体的凝聚力就会较强。

（2）信息沟通的程度。群体凝聚力在一定程度上依赖群体内部的信息沟通状况。信息沟通越顺畅，凝聚力就越强。

（3）群体达成目标的程度。如果群体达成目标的比例和次数较多，则该群体的凝聚力较强。

（4）成员的依赖性。成员在群体中得到满足的比例越大，凝聚力也就越强。

（5）群体与外界的联系。群体与外界的联系越密切，凝聚力越弱。如果群体成员与外界的联系密切程度超过成员之间的联系，往往意味着群体的解体。

（6）群体的大小。一般来说，群体越大，凝聚力越弱；群体越小，凝聚力越强。因此，适当缩小群体规模有助于凝聚力的增强。

（7）成员的相似性。成员的文化背景、价值观、受教育程度、性格、智力、兴趣爱好，甚至着装打扮等方面越相似，凝聚力就越强。

（8）群体受外界的威胁程度。在只有通过合作才能抵抗威胁时，群体受外界的威胁越大，凝聚力也越强。

（9）加入群体的难易程度。一般来说，加入群体越难，该群体的凝聚力越强；反之，在加入群体十分容易时，该群体往往不会产生很强的凝聚力。

（10）群体的地位。群体的社会地位越高，群体成员的自豪感越强，该群体的凝聚力越强。

有意识地针对以上影响因素设置管理情境将有助于群体凝聚力的增强。

7. 简述凝聚力及其作用。

凝聚力又可以称为凝聚性或团结，是指群体内成员之间、成员与群体之间相互吸引的程度，以及成员分担群体目标的程度。

对于组织而言，群体的凝聚力既可能起到积极作用，也可能产生消极影响，这主要取决于群体的目标是否与企业的目标相一致。如果群体与组织的目标一致性高、凝聚力强，工作效能就提高得快；如果目标一致性高、凝聚力弱，工作效能就提高得慢；如果目标一致性低、凝聚力强，工作效能就会下降；如果目标一致性低、凝聚力弱，则与工作效能无关。

8. 在管理中如何提高员工的士气？

提高员工士气可以从以下几个方面着手：

(1) 整合群体的目标。管理者要尽可能使个体、群体和组织的目标完全重合。

(2) 使群体成员志趣相投。在组织正式群体时，尽可能考虑让一些理想、志向、信念、需要、动机、兴趣、爱好等基本一致的员工在一起，这样往往彼此态度相似，容易激发高昂的士气。

(3) 使群体成员智能互补。较好的组合应该是智能互补的群体，其中，有的人创造性较强，有的人逻辑思维能力较强；有的人小心谨慎，有的人脚踏实地；有的人有指挥才能，有的人善于实践。

(4) 设计合理的报酬机制。同工同酬、多劳多得最能激发和保持高昂的士气，如果长期分配不公，则士气一定会化为乌有。

(5) 创造良好的心理气氛。群体中的成员如果能互相帮助、互相谦让、有事大家干、有难大家帮、人际关系和谐，在这种良好的心理气氛影响下，士气会不断高涨。

(6) 倡导民主的领导作风。管理者应该广开言路，乐意接受他人的意见和建议，与其他成员同甘苦、共患难。专制的领导作风是不可能产生高昂的士气的。

第 8 章

团 队

知识点回顾

团队在满足完成某项工作所需要的多种技能、经验和知识的要求，更充分地发挥个人的才干，更灵活、快速地对环境变化做出反应，更迅速地进行组合、配置、重新定位和解散，以及让员工有更多机会卷入工作而产生激励作用等方面较传统的稳定结构具有无法比拟的优势。

群体与团队的区别在于：群体强调个体的领导能力、个体的责任和个体的工作产出；团队强调共享的领导能力、共同的责任和集体的工作产出。它们在目标、协同效应、责任和技能等方面存在差异。

团队类型往往根据团队的目的、持续时间、成员和结构进行划分。最常见的团队类型有职能型团队、自我管理团队、跨职能团队和虚拟团队。

团队效能是指一个团队完成团队目标、满足成员的需要和维持自身存在的程度。团队效能受到组织和团队环境、团队设计以及团队过程的影响。影响团队效能的六个主要组织和团队环境因素包括薪酬系统、沟通系统、实际空间、组织环境、组织结构和组织领导等。设计团队时，需要考虑的三个主要团队结构因素是任务特征、团队规模和团队构成。团队过程包括团队发展、团队规范、团队角色和团队凝聚力等四个方面，团队过程受到组织和团队环境、团队设计的影响。

团队发展五阶段模型提供了理解团队发展的一个有用框架，阐释了团队从形成、震荡、规范、执行直至终止的大致过程。团队的发展是一个持续的过程，但是，当新成员加入团队、团队的任务发生变化或者以前隐藏在团队内部的冲突凸显时，团队可能会倒退到发展过程的早期阶段。

团队中的关键**角色**主要有联络者、创造者、推动者、评估者、组织者、生产者、控制者、维护者和建议者等。

影响**团队凝聚力**的因素很多，主要有成员的相似性、团队规模、成员互动、进入难度、团队成功、外部竞争和挑战等。多数情况下，这些因素会影响个人关于团队的社会认同以及团队成员资格将如何满足个人需要的信念。团队凝聚力强能否导致任务绩效高还取决于团队规范是否支持团队目标。

社会惰性的产生受到团队规模、团队目标和个体因素等影响。借助缩小团队规模、明确团队角色、完善工作设计、挑选合适的成员等方法，可以有效减少社会惰性。

解决**团队冲突**可以采取建设性的方法，比如保持控制力，开诚布公、真诚、建设性地表达意见，积极聆听，站在对方立场考虑问题以及着手解决问题等。针对人际关系冲突和任务冲突，有两种经典做法。

团队激励可以起到提高生产率、留住关键人才等作用。管理者既需要制定团队激励标准，又需要制定个体激励标准，同时，非经济性激励措施的使用也常常可以起到意想不到的效果。

团队信任有正直、能力、一贯、忠诚和开放五个维度。团队信任的培养需要管理者和员工的共同努力。

团队领导的工作重点主要有两个方面：管理团队外部事务和推动团队进程。这两方面工作可进一步细分为四个角色：对外联络官、困难处理专家、冲突管理者和教练。

与埋头苦干式团队领导、老板式团队领导相比，**教练式团队领导**具有一些显著的特征。

复习题

一、填空题

1. 常见的团队类型为________、________、虚拟团队和________等。

2. 团队效能包括________和________两个方面。

3. 团队效能模型是由________提出的。影响团队效能的六个主要组织和团队环境因素包括________、________、实际空间、组织环境、________和组织领导等。

4. 设计团队时，需要考虑的三个主要团队结构因素是________、________和________。

5. 任务的相互依存性是指团队成员在共同努力完成团队任务的过程中相互作用、相互影响、相互负责的程度，包括________、________和________三个层次。

6. 团队过程包括________、________、团队角色和团队凝聚力等四个方面，团队过程受到组织和团队环境、________的影响。

7. 团队规范是群体为控制成员行为而建立的________和共同期望。

8. 团队成员产生社会惰性有多方面的原因，既有团队因素，也有个人因素，其中团队因素包括________和________。

9. 团队领导的工作重点主要有两个方面：________和________。

10. 团队培训的主要目的是帮助团队成员建立________，从而建立真正意义上的团队。

11. 团队是服从于共同使命和目标、________、共同努力，从而使得________大于________之和的群体。

12. 根据团队发展的五阶段模型，团队发展经历了形成、________、________、________以及终止的大致过程。

13. 团队信任是指团队成员彼此相信各自的品德和工作能力。信任有五个维度：正直、________、________、一贯、________。

14. 同质性团队和异质性团队的区别在于________。

15. 团队成员扮演怎样的角色要根据他们的________和________来分配。

16. 团队内部存在的冲突可以划分为________和________。

17. 团队和群体在协同效应上有很大的不同，团队个体之间具有________的协同效应。

二、不定项选择题

1. 跨职能团队的特点是（　　）。
   A. 团队成员来自不同的职能部门，并处于同一级别
   B. 可以完成的任务是多种多样的
   C. 跨职能团队共同努力完成同一项任务
   D. 没有管理者负责工作流程

2. 与面对面团队相比，虚拟团队的缺点是（　　）。
   A. 缺少副言语和非言语线索
   B. 缺少管理者
   C. 社会背景差异大
   D. 需要克服时间和空间限制的能力

3. 团队效能主要表现为（　　）。
   A. 提高企业盈利能力　　B. 实现团队目标
   C. 满足成员需要　　D. 维持团队生存

4. 减少社会惰性的方法主要有（　　）。
   A. 缩小团队规模　　B. 明确团队角色
   C. 完善工作设计　　D. 挑选合适的成员

5. 团队构成是指团队应该如何组织成员的变量，主要包括（　　）。
   A. 团队成员的能力、人格特征　　B. 团队多样性
   C. 团队成员的灵活性　　D. 团队成员在团队工作中的偏好

6. 影响团队凝聚力的因素很多，下面选项中属于此类因素的是（　　）。

A. 成员的相似性　　B. 团队成功

C. 外部竞争和挑战　　D. 进入难度

7. 团队领导的工作重点主要有两个方面：管理团队外部事务和推动团队进程。这两方面工作可进一步细分为以下的角色：（　　）。

A. 对外联络官　　B. 困难处理专家

C. 冲突管理者　　D. 教练

8. 具有灵活性的团队特征是（　　）。

A. 依赖单个个体　　B. 个体工作能相互替代完成

C. 团队效能低　　D. 成员流动率高

9. 奖励团队个体成员的薪酬应当以（　　）为标准。

A. 个人品德　　B. 上级评价

C. 团队绩效　　D. 个体的技能

三、名词解释

1. 团队
2. 职能型团队
3. 团队效能
4. 社会惰性
5. 团队信任
6. 团队领导
7. 自我管理团队

四、简答题

1. 什么是团队？举例说明团队具有哪些特点。
2. 群体与团队有何异同？
3. 简述团队发展的五阶段模型。
4. 如何解决团队冲突？尝试使用解决人与人之间的冲突和由需求产生的冲突的经典方法，谈谈你的体会。
5. 试论管理者应该如何进行团队激励。
6. 团队设计包括哪些内容？团队设计与团队效能有何关系？

案例分析

当在费城办公的索玛·索玛桑达拉姆（Soma Somasundaram）需要了解马尼拉或海得拉巴同事的近况时，他会先看一下手表，心算一下费城与那两个地方的时差，然后打开笔记本电脑，通过网络摄像头向他们问好。

索玛桑达拉姆是总部位于美国的科技公司 Infor 的研发主管。大多数时候，他发现通过现在的虚拟媒体来管理远程团队的效果还不错。然而，某些同事的态度让他挺头疼——这些同事安排的通话时间往往持续到亚太地区的深夜，这种情况下亚太地区的同事就得一直工作到那个时候。索玛桑达拉姆表示："我发现，许多人根本没考虑身处其他时区的同事方便不方便通话。"

在一些技术的支撑下，跨国企业的经理人可从世界各地招募最优秀的人才，而这些人才也能借助网络来一道工作。尽管这些技术有助于企业实现扩张并带来了更好的职业发展机会，但这种跨境工作的"美丽新世界"也有消极的一面。

跨时区协作可能相当棘手。如果雇主不能以一种看似公平的方式分摊在违反社会生活正常节拍的时间段工作的痛苦，就会给人留下一种企业内部员工有尊卑之分的感觉，也就是说，某一地区（多半是总部）员工的工作舒适度比其他时区同事的工作舒适度更重要。

那么，这里就存在一个挑战：如何帮助那些在网络平台上通力合作却很少甚至从未谋面的员工建立共同使命感和同事情谊。正如利兹大学商学院（Leeds University Business School）管理发展学教授理查德·索普（Richard Thorpe）所言："人是社会性动物，建立人际关系对他们非常重要。如果剥夺团队工作的社会性，人们很快就会感到孤立无援。"

一个麻烦可能在于，某些老板希望坚持 20 世纪那种实实在在的工作场所模式。在这种模式下，管理任务包括确保员工在特定时间内待在一个实体办公室中、坐在自己的办公桌前做标准化的工作。

在全球化的市场环境下，员工可能被要求在深夜与地球另一边的同事召开电话会议，那么上述那类僵化的模式就可能产生反效果。因此，提倡灵活工作模式的人士很早就开始主张一种更具弹性的工作场所概念，它允许人们在工作时间内自由处理个人事务，或花些时间通过虚拟媒体熟悉身在远方的同事（这样他们就会觉得自己是一个团结团队的一分子）。

微软是一直在尝试虚拟工作可能性的跨国企业之一。微软西欧业务总裁克劳斯·豪斯（Klaus Holse）在他位于丹麦的总部管理着一组分驻各国的经理人，这些经理人负责总计 14 国的业务。据豪斯估计，他与每名经理人可能平均"每年见 10 次或 15 次面"。在其余的时间里，他们通过虚拟技术保持联系，这既包括在协作平台上讨论工作，也包括在社交媒体上闲聊。他表示："由于他们在 Twitter 上互相关注并可浏览彼此的 Facebook 页面，因此与 5 年前相比，我们驻各国的经理人很可能增进了彼此之间的了解，在见面时有更多的谈资。"

微软还重新设计了某些地区办事处，腾出更多的地方用于非正式会面。这为那些可能一周有几天时间都在家借助虚拟技术与同事一道工作的员工提供了一个便利的办公基地，在这里，他们可与来自同一地区的微软同事见面和交际。豪斯表示，这件事的要点在于，"办公室变成了一个你可以与其他人待在一起并获得灵感的地方"。

通过种类繁多的虚拟渠道进行持续通话，有时很难取代每隔一段时间坐下来面对面聊聊天。尽管高清视频会议技术让人们能够彼此看到对方、读懂对方的肢体语言或面部表情，但几乎所有人都宣称，即便是最先进的视频系统也无法复制共处一室产生的那种亲密感。因此，管理远程团队的经理人有责任花些时间积极主动地去了解他们的员工。

此外，在网络上管理团队可能会妨碍非正式渠道的使用，这些渠道对于与高级别的管理者沟通至关重要——比如，员工如果看见他们经理办公室的门开着，就会在门附近探探头；或者，精心安排在走廊里"撞上"高管们。

软件公司 AppSense 的全球开发副总裁基思·特恩布尔（Keith Turnbull）驻伦敦工作。特恩布尔远程管理着其他人，另一方面，他自己也要向大西洋彼岸驻纽约的一位经理报告工作。他表示，当你和老板都坐在电脑前或通过手机交谈时，建立密切关系的难度要更大一些。他养成了一种习惯，就是即便没有什么具体议程也要给同事打打电话，平时还会安排一些面对面的交流——比如，他在公司附近散步巧遇同事时会停下来闲谈几句。他说："如果你不关注让远程员工发愁的事情，他们很容易就会觉得自己受到了忽视。"这种面对面接触可以改善虚拟会议中人与人之间的沟通。人力资源专业公司 Kenexa 的欧洲、中东和非洲区咨询合伙人弗农·布莱斯（Vernon Bryce）注意到，尽管北欧人和美国人喜欢一上来就把精力放在业务上，但在那些重视首先建立人际关系的文化中，你可能会发现，利用视频技术来面对面地讲话和交谈让人觉得有种"疏远感"。

作为补救措施，布莱斯鼓励参加虚拟会议的人士在会议开始时花几分钟以"一种仪式化的再接触"来交流个人的最新情况，以便让每位与会者都能彼此感到自在。这些会议前的"拉家常"也有实用意义，比如它让人们能在谈正事前调整一下音量。

不过，员工与经理关系的某些方面应该永远把技术排斥在外吗——即便事先做了适当的准备和考虑？

作为一名从业 30 年的 IT 老手，Cognizant Technology Solutions 企业咨询业务欧洲主管迈克·亨特（Mike Hunter）表示，他曾经认为，绩效评估应该永远以面对面的方式进行。在听取更年轻同事的观点后，他现在认为，如果被评估者认可视频评估的方式，那么他作为经理也没有什么意见。但是，他清楚底线在哪里。他表示，如果某人表现不佳——或者更糟的是，接近"终止"雇用合同的地步——那么坐飞机到他那里与他面谈"完全是一种基本的礼貌"，这样做也是遵从一种由来已久的惯例，即从那些挨批员工躲躲闪闪的眼神中找出问题出在哪里。

资料来源：http：//www. shhrpx. com/case/yggx/36631. html.

【分析与思考】

试分析远程团队的优缺点。

【分析提示】

(1) 远程团队是指办公地点不在一起，通过网络、电话等虚拟沟通工具进行信息传递和合作的特殊工作团队。它可以是由地域上分散的个人组成一个团队，也可以是把已有的、不在同一个地域的团队组合起来。

(2) 远程团队的优点如下：1) 更容易汇集和保留人才；2) 更充分地获取信息；3) 沟通速度快；4) 节约人力成本、管理成本等。

(3) 远程团队的不足如下：1) 团队管理的难度增加；2) 物理和文化差异的冲突；3) 对团队领导的要求更高；4) 团队成员的信任建立更加困难等。

扩展阅读案例

Y公司是一家由业内知名企管专家领衔的管理咨询公司，成立之初，业务方面主要是靠合伙人原有的关系推荐和熟人口碑传播，几名业务人员每天做的工作其实只是咨询师的文案助理，公司并没有真正意义上的市场营销。随着市场竞争的加剧，Y公司在市场方面的短板问题日益突出，为此，Y公司从同行某公司高薪挖来了一名职业营销人M君，并委以重任，但问题也随之而来：

(1) M君发现原有的业务人员处事虽然非常认真细心，但欠缺业务人员应有的激情和冲劲，销售之前准备太多而行动太少，每天的工作量与同类公司的业务人员相比差距极大；

(2) 原有业务人员非常善解人意，在实际销售工作中处处为客户着想，与客户相处得都不错，经常承诺给客户各种物超所值的附加服务项目，但大部分都以牺牲公司的利润或超出公司的服务能力为代价，虽然业务量增长不少，但实际创造利润极低；

(3) 公司内管理沟通渠道丰富多样，但经常出现沟通错位，M君也经常收到公司领导层反馈回来的一些自己职责之内却一无所知的信息。

表面上看，上述问题可能只是新创立公司常见的管理较随意、流程不规范的一般性问题，只要加强制度建设，强化考核力度，规范流程管理，上述问题就可迎刃而解。和M君初步沟通后，我们了解到：M君到了Y公司后，建立了比较完善的业务管理流程和业务管理制度，加大了企业愿景、职业生涯规划、绩效考核、薪酬等方面的管理力度，并且对原有及新招聘的业务人员进行了卓有成效的业务知识培训，业务人员的销售技能在业内已经处于较高的水准，但销售业绩依然不见起色，并且原有业务人员的业务表现远远落后于新进员工。

通过与M君进一步的沟通，我们发现：导致上述问题产生的原因，除了涉及具体业务管理方面的问题，最重要的其实是公司内不同类型员工在文化方面的差异甚至冲突造成的。

Y公司的领导层都是业内知名的管理咨询专家，咨询人员在公司内人数也占据多数，他们在实际工作中敬业、努力、任劳任怨、善解人意且通情达理、脾气温和，公司内部气氛非常和谐，扁平化的管理也使沟通渠道丰富且多样化，整个公司表现出一种浓厚的专业、精深、温和、宽容、理解、民主、稳定的工作氛围，我们姑且称之为侧重贡献、努力、和谐的“牛群文化”。而随着M君及其新团队的到来，作为一名职业的营销人，他所带来的风格完全是一种进攻、强势、服从、决断、激情的所谓“狼群文化”，关注的焦点集中在对计划的制定和执行、对过程的强力控制和以结果为导向上。由于原有业务人员和咨询人员和谐相处的时间较长，受到公司原有的所谓“牛群文化”影响很大，温和对进攻、宽容对服从、民主对决断、平和对激情，文化方面的差异甚至冲突自然就产生了：原有业务人员倾向于像专家一样思考，对每一个管理细节问题都要精益求精，跟客户的联络准备特别充分但行动迟缓，客户有了购买信号后业务人员怯于催促客户，对于客户提出的过多优惠要求一味接受，对客户服务方面承诺太多结果让自己在服务时疲于奔命，业务人员随时随地都可以向公司领导层或咨询师汇报、交流，进行非常民主的沟通，有的业务人员来到公司近一年的时间里在业务上颗粒无收依然心安理得，销售管理部门推行竞争和淘汰机制，公司领导层在心里特别支持而行动上又往往给原有业务人员留有余地……这其实是公司在咨询业务上提倡的“业务上追求精专，服务上超越五星”，在人才观上提倡“精专、和谐、稳定”的文化理念带来的直接结果。难道这些文化理念错了吗？

这些文化理念都没错，只是咨询专家团队和实地销售团队分别属于两种不同的团队类型，就像军师和武将，本来就应该拥有不同的文化特征。专家团队往往倾向于稳重、委婉、人本、思辨、宽容、理解，而销售团队却往往倾向于沟通直接、竞争性、进攻性、决断、服从、追求结果、相对比较功利。而Y公司原有业务人员长期受专家团队文化的熏陶，团队成员自我定位出现偏差，公司原有的专家团队文化与M君从外部带入的销售团队文化自然也产生了冲突。

资料来源：http：//www. shhrpx. com/case/qywh/8120. html.

【分析与思考】

如何处理团队中的文化差异？

延伸阅读

高管团队运行的问题与影响因素分析

企业的成功与发展不再是简单地依赖其所拥有的物质资源，企业的智力资本成为企业价值增值和可持续发展的关键性、稀缺性资源，而企业最重要的智力资本就是其高管团队成员所拥有的技能和学识。任何一种具体的资源（包括智力资本），在一定时期都有其相对固定的效率空间，这种资源能否在企业运行过程中达到最大效率，并不完全取决于这种资源本身，而是在更大的程度上取决于这种智力资本的结构及其与组织结构、组织能力的匹配程度。因此，企业在拥有高管团队良好的智力资本后，更重要的是创造条件使其发挥最大效率，使得企业从拥有良好的智力资本转向拥有持续性的核心竞争力，这是现代企业建立高管团队并通过高管团队运行管理企业的本质。高管团队运行存在的基本问题是：

（1）高管团队成员权力分配不当。在一些企业的高管团队中，由于权力分配不当，导致团队成员之间缺乏必要的理解和沟通，协调配合差，高管团队成员的工作积极性不高，团队运行缺乏效率。比如高管团队领导者独断专行，往往缺乏放权的意识，不能正确认识高管团队领导者与高管团队一般成员的关系，事无巨细统统个人包揽，出现问题时很少与团队的其他成员商量，自己进行所有的决策。

（2）权力虚实不当。团队成员的分工弹性较大。有些团队成员认为自己分管的工作在团队中不重要，因而产生受到轻视的感觉，影响了团队成员之间的关系；而另一些团队成员对所分管的工作具有绝对的权威和独立性，造成了对其他成员工作的轻视，造成了团队的不融洽。这些因素都降低了团队运行的效率。

（3）权责不明。由于团队内部分工不明、职责不清，导致团队成员都倾向于处理简单的、程序性的事务，对于突发事件却采取一种回避和相互推诿的态度，高管团队无法针对市场环境的变化作出相应有效的决策。

（4）高管团队智力资本作用没有充分发挥。隐形知识存在于所有者潜在的素质中，是高管人员长期积累和创造的结果，是一种难以用语言表达，也难以收集、交流和传播的知识。当某个高管人员经过非常艰苦的努力而拥有某种特定的隐形智力资本时，在他尚未意识到这种智力资本能给他带来怎样的利益之前，作为智力资本的拥有者，他是不会随意自动实现知识共享的，于是隐形智力资本出现了垄断，其效率的发挥受到了限制，高管团队有效的运行也就受到了影响。

影响高管团队运行效率的因素有：

（1）高管团队的组成结构。在众多因素中，组成结构无疑是影响高管团队运行效率最基本的因素。高管团队的结构一般包括团队成员的年龄结构、能力结构、知识结构、性格结构以及观点和信念结构等。在心理学中，往往把团队的结构分为同质性结构和异质性结构。同质性结构是指团队成员在年龄、能力、知识等方面都比较接近；异质性结构是指团队成员在上述各个方面迥然不同。作为企业决策制定层和执行层的高管团队更具有异质性团队的特征。高管团队的异质性使得成员可以独占某种隐性智力资本，从而降低了智力资本的使用效率，也影响了高管团队的运行效率。

（2）高管团队信息的不对称性。由于高管团队是由来自不同专业领域的高管人员构成的，这些高管人员极有可能在某一方面比团队的领导者或其他成员掌握更多的信息，这就导致了在高管团队运行过程中的“信息不对称”。在高管团队内部，信息内容的不对称性也可以分为两类。一类是客观形成的信息不对称，即由于高管团队成员来自企业不同的部门，本身所具有的技能、内涵、性质、特征的不同造成所拥有信息的不对称，而不是由高管人员的主观意愿造成的。例如，企业的营销人员是无法获得与财务人员一样多的财务信息的。另一类是主观形成的信息不对称，它是由于高管人员的动机和愿望造成的。高管人员利用其他团队成员或团队领导者对其行为事前无法推测、事中无法有效监督和观察、事后无法验证而造成信息不对称，高管团队领导者发现团队成员的机会主义行为的成本太高。

（3）高管团队运行环境的不确定性。与企业中的一般性团队不同，高管团队的工作是一个创造价值的过程，即对企业内部的资源进行创造性的组织和整合，这个过程本身具有极强的创新性和不可复制性。高管团队面临的是一个复杂的、不确定的运行环境，团队成员和团队领导者都无法事先预料到团队运行过程中的变化，团队成员是在运行过程中做出抉择和安排的，因此高管人员能够隐瞒所做抉择的真正动机，将其归为另外一些因素，而令其他人难以了解真实情况。然而这种不确定性也并非都是由于外部原因造成的。造成不确定性的情形有两种：一是由于企业外部环境的变化造成的不确定性，这种不确定性是高管团队难以通过自身行为改变的；二是由于高管团队成员之间缺乏有效的交流与沟通造成的，当一个高管人员无法了解其他高管人员对同一问题的真正看法时，不确定性就出现了。

（4）高管团队成员决策权的分配。一般性团队领导者拥有比其他成员更多的信息，他可以用较低的成本去监督其他的成员，使得其他成员不可能独占某些信息。此时团队的领导者就具有了超越其他成员的权威，可以制定团队中的所有决策，这种权力的分配方式比较简单。但是在高管团队内部，权力的分配却复杂得多。高管团队内部存在信息的不对称性，而且团队成员之间也存在对同一信息的不同处理能力，为了避免上述问题的出现，就必须使团队内部的决策权与对决策起支撑作用的信息以及信息处理能力之间相匹配。

（5）高管团队成员对于风险的规避性。高管人员在进入高管团队以后发现，要依靠那些既不是自己领导又不是自己部下的人来实现自己的业绩是很困难的；而个人失败的风险却要大得多，因为许多高管人员都将自己看做企业最高职位的候选人，所以，尽管他们对自己的个人能力有信心，却对冒险转而采取团队行为模式感到难以接受。因此，对简单、程序性的事务的正确处理是高管人员体现自身价值的一个重要方式，而错误处理突发事件出现的风险可能会由高管人员独自承担，这又是他们所不愿意接受的一种局面，这种根深蒂固的对个人责任和成就的偏见强化了高管人员的行为模式，成为高管团队运行低效的另一个因素。

资料来源：王志伟、霍亚楼：《提高企业高管团队运行效率的策略探讨》，载《企业活力》，2007（6）。

复习题参考答案

一、填空题

1. 职能型团队；自我管理团队；跨职能团队
2. 团队绩效；团队成员态度
3. 麦克沙恩；薪酬系统；沟通系统；组织结构
4. 任务特征；团队规模；团队构成
5. 共有性相互依存；顺序性相互依存；互惠性相互依存
6. 团队发展；团队规范；团队设计
7. 非正式规范
8. 团队规模；团队目标
9. 管理团队外部事务；推动团队进程
10. 坦诚信任的关系
11. 技能互补；整体绩效；个体绩效
12. 震荡；规范；执行
13. 能力；忠诚；开放
14. 多样化程度
15. 技能；偏好
16. 任务冲突；人际关系冲突
17. 积极

二、不定项选择题

1. ABC 2. ACD 3. BCD 4. ABCD 5. ABCD 6. ABCD 7. ABCD 8. B 9. D

三、名词解释

1. 团队是指服从于共同使命和目标、技能互补、共同努力，从而使得整体绩效大于个体绩效之和的群体。

2. 职能型团队也称为问题解决型团队，由一名管理者及来自特定职能领域的若干下属组成，他们在同一职能领域中进行改进工作活动或者解决具体问题的努力。职能型团队的特点有：(1) 成员来自同一职能领域；(2) 有明确的管理者负责团队管理；(3) 围绕具体的工作活动或问题展开努力；(4) 权力有限，可以提出自己的建议和看法，但是往往无权根据这些建议采取行动。

3. 团队效能是指一个团队完成团队目标、满足成员的需要和维持自身存在的程度，包括团队绩效和团队成员态度两个方面。团队效能具有三层含义：首先，大部分团队的存在和运转都是为了实现某些组织目标；其次，团队效能依赖于团队成员的满意度和个体需要及目标的实现；最后，团队效能还表现在团队本身的生存能力上。

4. 社会惰性是指人们在团队中工作比独自工作时付出更少努力的现象。它会导致团队生产力的下降，是团队最突出的弱点。产生社会惰性的主要因素有团队规模、团队目标和个体因素。

5. 团队信任是指团队成员彼此相信各自的品德和工作能力。信任有五个维度：正直、能力、忠诚、一贯、开放。研究发现，在团队成员之间的信任关系中，这五个维度的重要性是相对稳定的，其中，正直程度和能力水平是判断一个人是否值得信赖的两个最关键的特征。团队信任的培养可以从管理者和团队成员两方面来努力。

6. 团队领导是指帮助团队指明前进的方向，通过变革克服社会惰性，鼓励团队成员发现和了解自己的潜力并带领团队成员实现团队目标的人。团队领导的工作重点主要有两个方面：管理团队外部事务和推动团队进程。这两方面工作可进一步细分为四个角色：对外联络官、困难处理专家、冲突管理者和教练。

7. 自我管理团队在组织中被普遍采用，该团队中没有一个管理者负责整个的或局部的工作流程，由团队负责完成工作并进行工作计划与日程安排、给成员分派任务、共同监督工作进度、做出执行决策以及针对问题采取行动等方面的自我管理。

四、简答题

1. 什么是团队？举例说明团队具有哪些特点。

团队是指服从于共同使命和目标、技能互补、共同努力，从而使得整体绩效大于个体绩效之和的群体。团队具有以下特点：

（1）团队是特殊的群体；

（2）团队成员拥有共同的使命、绩效目标；

（3）团队成员具有互补的技能、协同的共同努力；

（4）团队取得的整体绩效大于个体绩效之和。

2. 群体与团队有何异同？

（1）目标：群体与团队都具有共同的利益和目标。但在具体目标上，群体强调信息共享，帮助群体成员实现个人承担的责任；团队则强调共同使命和共同绩效目标的实现。

（2）协同效应：在群体中，协同效应既可能是积极的，也可能是中性的或消极的；团队成员之间的共同目标、共同努力、互补技能使得团队的系统效应一定是积极的。

（3）责任：群体强调如何帮助群体中的个体实现自己所承担的责任；团队则在强调个体责任的同时着重于共同责任的完成。

（4）技能：群体成员的技能既可能是互补的，也可能是相同的，随机性很强；团队则往往是根据某个特定的目标专门成立的，团队成员的技能具有很强的互补性。

3. 简述团队发展的五阶段模型。

团队发展一般会经历形成、震荡、规范、执行以及终止的大致过程，但当新成员加入团队、团队的任务发生变化或者以前隐藏在团队内部的冲突凸显时，团队可能会倒退到发展过程的早期阶段。

（1）形成阶段。团队在形成阶段的主要任务是：确立目标、集合人员和初步接触。新的团队环境会让成员有新奇、茫然、矛盾甚至恐惧的感觉，团队成员在交往中往往小心谨慎、礼貌、被动地接受领导、努力适应外部环境的变化。

（2）震荡阶段。在这一阶段，团队成员更主动地为各种团队角色展开竞争，人际冲突明显，沟通是这一阶段的重要任务。团队成员需要管理者和组织提供支持，充分沟通和发展信任。成员逐步适应新的环境，恐惧感消失；随着信任的增加，情绪变得平和；团队成员开始逐步具备团队归属感。在行为上，团队成员经常讨论团队目标和目标的达成方式，尝试建立团队行为规范和绩效标准。

（3）规范阶段。随着角色的建立和团队共同目标的达成，团队第一次形成真正的凝聚力。团队成员形成有利于团队互动的相似的心理模型，为团队进入执行阶段做好了准备。

（4）执行阶段。团队在这个阶段变得更加以任务为导向，团队成员已学会更加有效地协调和解决冲突，以及适时改进合作。高绩效的团队成员认同感强、协作密切、高度信任，并忠于团队目标。

（5）终止阶段。解体主要是因为团队任务的结束。在终止阶段，团队成员把注意力重新从任务转移到人际关系和社会情感上。

4. 如何解决团队冲突？尝试使用解决人与人之间的冲突和由需求产生的冲突的经典方法，谈谈你的体会。

（1）解决团队冲突有以下基本方法：

1）保持控制力；2）开诚布公、真诚、建设性地表达意见；3）积极聆听；4）站在对方的立场考虑问题；5）着手解决问题。

（2）解决人与人之间的冲突时，可以采取以下六个步骤：

第一步：介绍。描述你看到的事情或问题。

第二步：描述你的担心。言简意赅地表达你观察到的对方的行为举止和两个表明你所担心的原因的例子，不要陷入细节。注意表达的准确性且与事实相关，避免猜测和评价。

第三步：表达你的感受或解释其影响。告诉对方你的感受或者解释一下这种担心如何影响你的表现以及你与其他人的关系。

第四步：让对方回应。积极地聆听，比如复述或反馈，这样就可以检查你的理解是否正确。

第五步：找到解决之法。这是成功的关键，一般可以采用三步：建立一个目标；共同制定实现目标的方法；评估这些方法的价值，制定工作协议。

第六步：最后总结和制定下一步计划。

（3）解决与工作相关的、以需求为基础的冲突时，可以采取以下五个步骤：

第一步：确定问题的类型。首先用一句话确定问题所在，让人们清楚中心议题；其次，清楚差异所在，弄明白究竟是观点、方法、目标、作风，还是其他。

第二步：确定每个人的需要。包括事件中的组员、其他部门、领导层以及顾客等的需要，发现这些需要的相同或相互补充之处。

第三步：列出解决问题的方法。利用自由讨论的方法产生满足每个人需要的方法。

第四步：评估用于满足需要的方法。根据多条标准寻找解决问题最有效的方案，花更多时间来寻找和评估解决问题的方法，而非复述问题。

第五步：确认和贯彻一致的协议。重述你获得的一致意见，确保其含义清楚并被所有人理解，然后讨论怎样实施——谁将做什么，什么时候做，如何做等，定期检查执行进展并作记录。

5. 试论管理者应该如何进行团队激励。

马蒂·布隆斯坦在《管理团队》一书中提出，管理个人或团队，最重要的事情就是赏识并奖励正确的行为。管理者应该学会如何制定激励团队的计划，特别是建立一种能够把员工表现好坏与经济性奖励挂钩的计划。

（1）明确团队激励的目标，与团队成员沟通以便他们了解整个计划的目标。

（2）制定团队激励计划标准。需要注意的是：提供具有吸引力的奖励；为奖励制定预算；制定评价表现好坏的标准，尤其考虑与绩效及团队合作相关的标准；衡量结果；建立员工表现与报酬之间的联系；确定一个最低的和最高的报酬限额，让员工明确如何通过努力达到甚至超越既定奖励；频繁地奖励，两次奖励间隔的时间过长，激励效果就会减小；计划应当是正向的激励；激励计划应当简单易行。

（3）制定奖励团队个体成员的激励计划。奖励团队个体成员的薪酬应当以个体的技能为标准。这种对团队成员个人的奖励机制主要奖励创造、掌握和应用新技术并帮助团队实现目标的团队成员。需要注意的是：明确实现团队任务和目标所需技能的范围；明确每一个成员的技能所处的不同水平；确定薪酬水平；制定评估机制，评估团队成员所具有的技能及技能水平；对创新技能的应用设定时间间隔，奖励的时间间隔根据技能的复杂程度来决定；保证薪酬制度的运作，如支持交叉候补培训，定期评估薪酬计划并进行调整，引进新技能等。

（4）采取其他激励措施。比如，组织一些娱乐活动，根据团队成员的兴趣爱好选择社交性外出娱乐活动；团队成员聚餐或聚会；带薪休假；学习性质的交流；表扬信；小礼品；表彰大会；时事通讯；赞美优秀者等。

6. 团队设计包括哪些内容？团队设计与团队效能有何关系？

在进行团队设计时，需要考虑的三个主要因素是任务特征、团队规模和团队构成。这些因素直接或间接地通过团队进程影响团队效能。

（1）任务特征。当团队的任务组织合理、有执行的目标，并在团队集体的知识和技能范围内时，团队的工作会更有效。相互依存性是一个至关重要的任务特性，是指团队成员在共同努力完成团队任务的过程中相互作用、相互影响、相互负责的程度。当团队成员拥有共同的工作目标时，更容易被高度依存关系激励，对团队的满意度也更高。

（2）团队规模。团队最佳规模取决于任务的规模、对技能和知识的要求、时间压力、信任和社会惰性的平衡等。一般来说，最有效的团队规模不超过十人。当团队人数增加时，人员沟通和合作的问题会呈几何级数增加，团队凝聚力和相互信任就会下降，社会惰性也会增加。面临时间压力时，如果团队规模过大，也会导致在相互协调时出现麻烦。

（3）团队构成。这是关于团队应该如何组织成员的变量，主要包括团队成员的能力构成、人格特征、多样性、灵活性和工作偏好等。

1）能力构成。团队要有效运作，需要三种具有不同类型技能的成员：具有技术专长的人；具有解决问题和决策技能的人；具有善于聆听、提供反馈、解决冲突和其他人际关系技能的人。

2）人格特征。人格特征对团队成员个体行为有着显著的影响。研究发现，在大五人格模型中的外倾性、随和性、责任心、经验开放性和情绪稳定性方面得分高的团队，管理层对团队绩效的评估分数也倾向于更高。

3）多样性。团队的多样性是指团队成员在人格、性别、年龄、受教育程度、技能、经验等方面存在的差异性。研究表明，异质性团队更可能拥有多种能力和资源，工作效率也会更高，尤其是那些需要认知能力、创造能力才能完成的工作，但同时，多样性会造成团队更高的冲突水平。

4）灵活性。如果团队由灵活性强的个体构成，成员之间可以相互替代完成任务，那么团队对任何单个个体的依赖性就会降低，团队的灵活性大大增强，从而使得团队的效能提高。

5）工作偏好。并非所有的人都喜欢团队工作的方式。有的人喜欢独立性强的工作，当要求这些人成为团队成员时，团队的士气和成员的工作满意度就会受到消极的影响。

总之，只有团队设计时考虑到以上因素，才能够有效地激发团队成员的潜能，达到最高的团队效能。

第 9 章

信息沟通

知识点回顾

沟通包括信息的传递和信息的理解两个方面。信息沟通的四个主要功能是控制、激励、表达情绪和传递信息。信息沟通的重要性表现为：它是管理活动的瓶颈，有助于协同工作，有利于分享信息，有利于表达情感。

从**信息沟通的过程模型**可以看出，在沟通者把信息转移到接收者的过程中共有六个环节：确定概念、编码、传递、接收、译码和应用。影响信息沟通过程的因素有很多，主要包括三种：障碍、沟通者和接收者。

信息沟通可分为多种类型。根据信息流动的方向，沟通可以分为下行沟通、上行沟通，也可以分为横向沟通和斜向沟通。下行沟通最普遍，上行沟通也较常见，横向沟通和斜向沟通是上述两种沟通形式的补充。根据反馈信息的多少，沟通可以分为单向沟通和双向沟通。管理者应注意在不同的情境中选择恰当的沟通形式。根据传递信息的工具不同，沟通主要可以分为书面沟通和口头沟通。两者各有利弊，应当因地制宜地选择使用。非语言沟通包括的方面很多，主要有三种：面部表情、身体语言和环境因素。

在沟通的过程中，信息总是沿着一定的通道传递的，按照沟通渠道的正式与否，沟通可以分为正式沟通和非正式沟通两类。正式沟通的效果直接影响到一个组织的工作效率，正式沟通常用的形式有四种：开会、面谈、打电话和演讲。非正式沟通也有其积极作用，可以满足员工情感方面的需要，了解员工真正的心理倾向与需求，弥补正式沟通存在的不足，减轻管理者的沟通压力。优秀的管理者不但要善于运用正式沟通，而且要善于运用非正式沟通。

沟通网络。组织中几乎所有的人都处在网络中，网络有助于管理者获得许多信息，也有助于管理者和员工处理好人际关系。组织中的正式网络主要有六种：轮型、环型、链型、全渠道型、Y 型和倒 Y 型。各种网络在解决问题的速度、信息精确度、组织化、领导者的权力、士气和对工作变化的弹性等方面存在较大差别。非正式网络普遍存在于组织中，主要有四种：单串型、饶舌型、集合型和随机型。管理者应该了解本组织内部的各种非正式网络，必要时，可以利用或抑制各种非正式网络。

网络化对于员工的心理和行为有许多重要的作用，管理者应该了解网络化的作用，发挥网络化的积极作用，消除网络化的消极影响。电子化信息沟通的积极作用和消极影响同时存在，管理者要正确认识和把握。

管理层沟通对于组织能否达到目标具有重要作用，管理沟通中的问题可以从以下五个方面寻找来源：信息来源、编码与译码、接收者、反馈和组织因素等。管理者应根据问题的类型采取相应的对策。

复习题

一、填空题

1. 信息沟通的四个主要功能是：________、激励、________和________。

2. 根据信息沟通过程模型，在沟通者把信息转移到接收者的过程中共有六个环节：________、编码、传递、________、________和应用。

3. 通过编码，沟通者要决定信息________；沟通者在传递信息时要选择适当的________，采用适当的方法。

4. 影响信息沟通过程的因素有很多，主要包括三种：障碍、________和________。

5. 沟通者是影响沟通的一个重要因素，主要涉及以下三个方面：缺乏沟通动机、________和不注重________。

6. 虽然横向沟通、斜向沟通会破坏________，但由于横向沟通与斜向沟通都能够缩短________，因此在组织中还是广泛存在。

7. 非正式沟通是指以________为基础，与组织内部规章制度无关的信息沟通。

8. 电子化信息沟通是指以________为主体、以各种电子设备为辅助工具的一种现代化信息沟通。

9. 管理沟通中存在各种问题，信息来源涉及沟通者的问题，主要的问题类型是________，沟通者假设接收者不需要理解这些信息，就故意扣留了一些信息。

10. 信息沟通的一个明显特点是该过程至少涉及两个人：________和________；信息沟通的另一个特点是一定要有信息的存在，并有一个________

的过程。

11. 编码是指把要传递的内容转变成适当的________，例如语言、文字、表情、图片、模型等。

12. 书面沟通是指以________作为传递信息工具的沟通，口头沟通是指以________作为传递信息工具的沟通。

13. 非语言沟通包括的方面很多，主要有三种：________、身体语言和________。

14. 在组织中，正式网络有以下六种类型：轮型、________、链型、全渠道型、________和倒 Y 型。

15. 在各种类型的正式网络中，最能鼓舞士气、对工作变化的弹性最大、传递的信息也最精确的是________。解决问题的速度最快、领导者的地位显著但士气很低的是________。

16. 在各种类型的正式网络中，组织化稳定且迅速的是________，组织化慢但稳定的是________。

17. 在组织中，非正式网络主要有________、饶舌型、________和随机型四种类型。

18. 广泛使用电子化信息沟通后，也会产生一些消极影响，例如减少了________，缺乏个性，________，损失大量信息。

19. 管理层沟通是指在一个组织的________内的信息沟通，也称管理中的沟通。

二、不定项选择题

1. 信息沟通在组织中是非常重要的，它的重要性体现在（　　）。

A. 信息沟通是管理活动的瓶颈　　B. 信息沟通有助于协同工作

C. 沟通信息有利于分享信息　　D. 信息沟通有利于表达情感

2. 接收者是影响信息沟通的一个重要因素，主要涉及(　　)等方面。

A. 对信息不感兴趣　　B. 对沟通者不认同

C. 不主动反馈信息　　D. 缺乏接收技能

3. 根据传递信息的工具不同，信息沟通主要可以分为（　　）。

A. 书面沟通　　B. 上行沟通

C. 下行沟通　　D. 口头沟通

4. 非正式沟通的积极作用是（　　）。

A. 满足员工情感方面的需要

B. 了解员工真正的心理倾向与需求

C. 弥补正式沟通存在的不足

D. 减轻管理者的沟通压力

5. 广泛使用电子化信息沟通后，可能会产生的消极影响包括（　　）。

A. 减少了人际沟通　　B. 缺乏个性

C. 信息泛滥　　D. 损失大量信息

6. 管理层沟通对于一个组织能否达到目标十分重要，它的重要性体现在（　　）。

A. 管理层沟通是管理者与员工沟通的前提

B. 管理者决策需要管理层沟通

C. 管理者的影响范围明显大于一般员工

D. 信息损失最可能出现在管理层

E. 管理者本身需要沟通

7. 在管理层沟通中，选择性过滤信息常常会引起沟通障碍，为了避免这种现象出现，沟通者应该做到（　　）。

A. 理解过滤问题为何会发生　　B. 信息超载

C. 相信接收者能正确地运用信息　　D. 给予接收者足够的有关信息

8. 编码与译码问题主要发生在传递信息或者使用符号方面，这类问题主要有（　　）。

A. 缺乏共同经验　　B. 语义不同

C. 术语理解不同　　D. 媒介问题

三、名词解释

1. 信息沟通
2. 下行沟通和上行沟通
3. 横向沟通和斜向沟通
4. 正式网络
5. 正式沟通
6. 非正式网络

四、简答题

1. 简述沟通的过程。
2. 在管理中，你将如何有效地运用上行沟通和下行沟通？
3. 在组织中，双向沟通和单向沟通分别有何作用？何时使用双向沟通？何时使用单向沟通？
4. 简述书面沟通和口头沟通的优缺点。
5. 管理者应该如何把握和运用组织中的非正式沟通？
6. 组织中的正式网络有哪些类型？请加以比较。
7. 举例说明组织中存在的非正式网络以及它们扮演的特殊角色。
8. 管理中的沟通问题有哪些？如何克服管理中的沟通问题？
9. 结合工作实践，谈谈如何改进沟通中的组织因素。

案例分析

2011 年 11 月，全球最大的女性内衣制造企业香港黛丽斯集团下属的深圳黛丽斯内衣有限公司（以下简称深圳黛丽斯）一名女主管因为下属一句“听不懂”让员工“去跳楼，去死吧”引发集体停工事件。

一句“听不懂”引起轩然大波

11月16日，该公司香港籍女主管邓某在车间吩咐车位工人最近一批新货物的加工规定，但后来又改口说应该用另外一种加工方法，在场的四川籍女工廖某因邓某讲的是广东话，她就随便说了一句“听不懂”，结果引来双方言语上的争执。

在场员工反映：“在双方发生争执期间，邓某用恶毒、贬损的语言辱骂女工廖某，还让廖某去跳楼，去死吧！”廖某听到邓某所说的这番话后气得浑身发抖，长期饱受邓某欺压、凌辱、谩骂的廖某做出了令所有在厂女工惊讶的举动，她随后将车间用电总开关拉下，造成全车间短暂停电20多秒钟。

在众多女工告知其行为将导致的后果并在众员工的劝导下，廖某马上意识到自己的行为过激，随即将用电开关合上。半个小时后，越想越气的女工廖某挣脱了众人的阻拦，最终爬上该工业厂房的六楼楼顶边缘扬言要跳楼自杀，众工友看此情形合力拦阻。

此时在旁的邓某冷眼旁观且嘲笑道：“你们不要拦她，她不会跳下去的！”员工们表示，听到邓某说出如此对员工生命不尊重和冷血无情的话，大家无不心寒。

接到报警后，包括公安、街道办、劳动监察等多个部门立即赶往事发现场处置。经政府部门工作人员的耐心劝导，廖某终于放弃了轻生的念头，最终避免了一起悲剧的发生。廖某返回地面时，由于情绪过于激动而晕倒在地。

该事件导致400多名员工最终决定采取集体停工的方式抗议，维护自己的权益。400余人停工事件最终以公司给每人补发1 000元“奖金”和廖某协议离职为代价而平息。

资料来源：http：//right. workercn. cn/c/2011/11/24/111124135436409532064. html.

【分析与思考】

1. 深圳黛丽斯的主管和下属在沟通中存在哪些问题？
2. 如何才能使企业经营中的沟通更加有效？

【分析提示】

1. 组织中的沟通是信息的发送者将信息编码并通过一个或者多个渠道发送给信息接收者。沟通的过程涉及确定概念、编码、传递、接收、译码和应用。沟通包括意义的传递与理解两个方面。深圳黛丽斯的主管和下属在沟通中没有正确处理沟通的过程，因而引发了一系列问题。

（1）沟通信息编码的问题。深圳黛丽斯的主管对新货物加工规定的信息进行了不当的编码，因为她和下属的方言不同，她却忽略了这一问题，容易造成信息传递过程中出现偏差。

（2）信息传递渠道的问题。深圳黛丽斯的主管只是通过口头方式传递货物加工的要求，虽然较为快捷，但是传递渠道容易受到其他因素影响，出现问题时，也很难找到相关责任人。

（3）信息解码的问题。主管和下属因为方言不同，给信息解码带来了阻碍。

（4）信息反馈的问题。主管和下属在信息沟通的反馈中虽然进行了双向反馈，但是对改进信息的沟通的质量没有帮助。主管对下属的反馈采取敌对的态度，使得一个简单的任务下达沟通升级为危机事件。

2. 为了改善企业中沟通的质量，除了要使沟通双方明确沟通的目的，更要注意在沟通过程中编码、渠道选择、解码、反馈中可能出现的偏差。企业应该为信息沟通创造顺畅的渠道，塑造良好的信息沟通氛围，避免因信息沟通的不畅为企业带来不必要的损失。

扩展阅读案例

关心下属业务引发的误解

案例涉及人员：

主管：营销部主管马林

下属：营销员小刘

案例情境：

小刘刚办完一个业务回到公司，就被主管马林叫到了他的办公室。

“小刘啊，今天业务办得顺利吗？”

“非常顺利，马主管，”小刘兴奋地说，“我花了很多时间向客户解释我们公司产品的性能，让他们了解到我们的产品是最合适他们使用的，并且在别家再也拿不到这么合理的价钱了，因此很顺利就把公司的机器推销出去100台。”

“不错，”马林赞许地说，“但是，你完全了解客户的情况了吗，会不会出现反复的情况呢？你知道我们部的业绩是和推销出的产品数量密切相关的，如果他们再把货退回来，对于我们的士气打击会很大，你对于那家公司的情况真的完全调查清楚了吗？”

“调查清楚了，”小刘兴奋的表情消失了，取而代之的是失望的表情，“我是先在网上了解到他们需要供货的消息，又向朋友了解了他们公司的情况，然后才打电话到他们公司去联系的，而且我是经过你批准才出去的呀！”

“别激动嘛，小刘，”马林讪讪地说，“我只是出于对你的关心才多问几句的。”

“关心？”小刘不满道，“你是对我不放心才对吧！”

资料来源：http：//www.chinahrd.net/article/2004/05-18/166589-1.html.

【分析与思考】

1. 是什么原因导致双方沟通中出现了问题?
2. 如果你是主管，你将如何与下属进行业务沟通?

情境模拟

与上级沟通往往是下级最头疼的一件事，因为下级一般惧怕上级，或者对上级的安排不满，或者唯恐沟通有误影响到自己的晋升。其实在与上级的沟通中，只要学会换位思考，很多问题就能迎刃而解。

情境1

会议室里，张强正和经理争吵不休。今天是3日，按照惯例正在召开部门月度工作布置会议。

“这个指标我完成不了，经理你每天坐在办公室里，根本不知道我们在一线的辛苦。现在市场竞争这么激烈，新客户很难开发。现在你要求这个月的业绩增长30%，这根本就不现实。”张强对于经理布置的本月工作任务很不满。

“为什么你完成不了呢?”经理问道。

“我人手不够。我带的三个业务员中，钱可刚毕业没什么经验，老周和赵明不错，可赵明这个月18日就要离职了。没有兵你让我怎么打仗?”张强觉得这个理由很充分。

“就这个原因吗? 这是你的问题。怎么带新人，怎么降低老员工离职带来的业绩影响，是你这个做主管应该考虑的事情。”经理说。

“我的问题? 那经理你做什么? 难道部门任务都是我们的事情?”张强不服。

“如果你觉得做不了，可以选择辞职。”

“辞职就辞职，照这样下去根本就没法做了。”

“好，你可以离开会议室了，等会议结束后把辞职报告交给我。”

情境2

公司为了奖励市场部的员工，制定了一项海南旅游计划，名额限定为10人。可是13名员工都想去，作为部门经理，李锐非常为难，觉得需要再向上级领导申请3个名额。他走进朱总的办公室，说：“朱总，我们部门13个人都想去海南，可只有10个名额，剩余的3个人会有意见，能不能再给3个名额?”朱总说：“筛选一下不就完了吗? 公司能拿出10个名额已花费不少了，你们怎么不多为公司考虑? 你们啊，就是得寸进尺，不让你们去旅游就好了，谁也没意见。我看这样吧，你们3个做部门经理的，姿态高一点，明年再去，这不就解决了吗?”

资料来源：商振：《5分钟让上司接受你的建议》，载《人力资本》，2007(11)。

【分析与思考】

1. 张强在沟通中存在的问题有哪些？

2. 张强应怎样给经理提出建议？试进行情境模拟。

3. 李锐在沟通中存在的主要问题有哪些？试进行情境模拟。

【分析提示】

1. 首先，张强选择了错误的建议时机。工作布置会议不是工作讨论会议，布置会议召开时，决议已经形成，此时提建议就是推翻原有的决议。没有人喜欢别人说自己错了，上级更不喜欢下属说自己的决策是错误的。而且工作会议场合是公众场合，在这样的场合指责上级错了，无疑是当众给了他一个耳光。上级在这样的情况下很难接受建议，甚至连听建议的心思都没有，他唯一想到的事情是如何维护自己的权威。

其次，张强选择了错误的开场白。张强的第一句话就是：“这个指标我完成 经理你每天坐在办公室里，根本不知道我们在一线的辛苦。”这不亚于给 理当头一棒。在张强心里，自己的经理根本就是个废物、蠢材！经理问他 什么你完成不了呢？”并不是真的关心张强有什么困难，而是要张强说出理 ，而后反驳这个理由，以证明是张强错了，错的不是他的建议，而是他关于经理是废物、蠢材的观点。

再次，张强选择了错误的建议方式。张强是以口头形式提出建议的，这个形式很不好，容易因语气、语调、身体语言等影响语言内容本身的信息传播。说话人无意的一个动作可能会干扰语言信息的传播，接收者可能会进行错误的“解码”，从而产生歧义。即便上级是个开明的领导，可以承认自己的错误，在当时也无法形成新的决议，此外，在新决议形成之前，还可能因新的变故而导致建议最终依然没有被接受。

最后，张强选择了错误的建议内容。其实张强根本就没有提建议，只提了意见。分析张强的话，他只说了“工作难”、“人手不足”等问题，却没有给出解决问题的方案，因此经理说张强“这是你的问题”并没有错。经理关心的不是有什么困难，他只关心结果，他能做的就是为解决困难提供条件和支持。张强说了一些问题，但偏偏没有说解决这些困难需要经理做什么。

2. 张强向经理提建议时应注意：

（1）选择好建议时机。不要在决议形成后再去向经理提建议，而应该在决策讨论时或决策未公开前提建议，这样就避免了推翻决策有损经理面子的情形。

（2）不要在公开场合建议。有其他人在场时，经理依然会顾及面子；在没有其他人在场的情况下，张强提建议被经理理解为挑战权威的可能性会小一些。

（3）以书面的形式提出建议。制作一份类似申请书的书面材料，留出专门的批示处“请经理批示”。将建议变成申请，经理会觉得仍是由他在做决策，不会觉得被下属压制。同时，由于是书面材料，避免了口头表达可能产生的歧义。

而且，由于有专门的批示处，这样无论经理是否同意，建议一定会得到反馈，张强可以根据反馈意见修改方案。

(4) 组织好内容。张强应该转换问题的焦点，把业绩能不能完成转化为自己需要什么样的条件。例如向经理要求更多的人手，因为目前人手不够。这样的建议内容通过书面的形式递交给经理，经理首先不会认为张强是有意逃避工作责任。虽然经理不一定同意增派人手，但已经知道张强那边的人手不够，而且现在的新市场开发工作遇到了一定的困难，这样他自然会重新考虑确定张强的业绩指标。

(5) 给自己的要求以足够的支撑。提出足够的论据，如通过数字和图例直观地反映出近几个月的业绩增长幅度、业务员的业务量等。

张强提出建议的情境模拟

张强根据自己的团队现状写好《关于申请增派业务员的报告》，来到经理办公室，“经理，我这有份申请报告，麻烦您批示一下。”说着，将写好的报告递上去。

经理拿过来看了一眼标题，明白张强想要增派人手。报告的开头是目前张强所负责业务组的情况分析。几个表格很清晰地反映出目前该业务组人手不够的实际情况，同时几个业绩报表也反映出近几个月的业绩增长情况。

张强走后，经理拿出已经做好的业绩分配表，想了想刚才张强的报告，觉得这个月给张强制定“业绩增长30%”的目标似乎很难实现，决定再斟酌斟酌。

3日那天，经理在部门月度工作布置会上宣布：“张强的业务组这个月的业绩增长目标是10%。”经理解释说：“其他组的目标比张强业务组的指标要高一些，因为张强组里的赵明18日就要离职了，而钱可现在还需要锻炼和学习，所以就酌情少派了一些任务。不过人力资源部已经开始招聘新人，等人手配齐后，就不会有这种情况了。”

3. 李锐在沟通过程中出现问题的最主要原因是只顾表达自己的意志和愿望，忽视了对方的表象及心理反应。在沟通过程中，切不可以自我为中心，更忌讳出言不逊，不尊重对方，对上级也是一样。李锐在没有了解上级意图的情况下，就将自己工作中遇到的难以分配名额的难题一股脑儿推给对方，他更多的是站在自己的角度抱怨上级不该让自己不好做人，而上级的反应当然是自卫，反过来责怪下级能力太差。李锐应该换一个角度，站在上级的立场上询问公司出台方案的原因，然后从对对方有利的角度思考解决问题的办法，而不是一味地推卸责任。

李锐提出建议的情境模拟

李锐：“朱总，今天大家听说了旅游计划，非常高兴，非常感兴趣，觉得公司越来越重视员工了。领导不忘员工，真是让员工感动。朱总，这真是公司给大家的一个惊喜。”

朱总：“这一年公司效益不错，是大家的功劳。考虑到大家辛苦一年，年终时有必要组织这个活动。一是让大家轻松轻松，二是让大家放松后更好地工作，三是增加公司的凝聚力。只要大家高兴，我们的目的就达到了。”

李锐：“也许是计划太好了，大家都在争这10个名额。”

朱总：“当时决定10个名额是因为觉得你们部门有几个人工作不够积极。你们评选一下，不够格的就不安排了，就算是对他们的一个提醒吧。”

李锐：“其实我也同意领导的想法，有几个人的态度与其他人比起来是不够积极，不过他们可能有一些生活中的原因，这与我们部门经理对他们缺乏了解、没有及时调整都有关系。责任在我，如果不让他们去，对他们的打击会不会太大？如果这种消极因素传播开来，影响不好吧。公司花了这么多钱，要是因为这3个名额降低了效果就太可惜了。我知道公司每一笔开支都要精打细算。如果公司能拿出3个名额的费用，让他们有所感悟，促进他们来年改进，那么他们给公司带来的更大的利益要远远大于这部分支出的费用。不知道我说的有没有道理？公司如果能再考虑一下，让他们去，我会尽力与其他两位部门经理沟通好，在这次旅途中每个人帮带一个人，帮助他们放下包袱，树立有益于公司的积极工作态度。朱总，您能不能考虑一下我的建议？”

复习题参考答案

一、填空题

1. 控制；表达情绪；传递信息
2. 确定概念；接收；译码
3. 传递方式；沟通渠道
4. 沟通者；接收者
5. 缺乏沟通技能；反馈信息
6. 统一指挥原则；沟通距离
7. 社会关系
8. 计算机
9. 过滤信息
10. 沟通者；接收者；转移信息
11. 信息符号
12. 文字；言语
13. 面部表情；环境因素
14. 环型；Y型
15. 全渠道型网络；轮型网络
16. 轮型网络；链型网络
17. 单串型；集合型
18. 人际沟通；信息泛滥
19. 管理群体

二、不定项选择题

1. ABCD 2. ABCD 3. AD 4. ABCD 5. ABCD 6. ABCDE 7. ACD 8. ABCD

三、名词解释

1. 信息沟通是指人与人之间转移和理解信息的过程，简称沟通。沟通包括信息的传递和信息的理解两个方面。信息沟通的特点是：（1）沟通过程至少涉及两个人，即沟通者和接收者；（2）一定要有信息的存在，并有一个转移信息的过程。

2. 根据信息纵向流动的方向，可以把沟通分为下行沟通和上行沟通。下行沟通是指在组织中信息从较高层级流向较低层级的一种沟通。下行沟通不仅是使管理层的信息流向操作层的一种沟通，而且常常发生在管理层之间。上行沟通是指在组织中信息从较低层级流向较高层级的一种沟通。在组织中，一般来说，下行沟通最普遍，上行沟通也较常见。

3. 横向沟通是指在组织中信息在同一层级之间相互流动的一种信息沟通。斜向沟通是指在组织中信息在不同部门、不同层级之间流动的一种信息沟通。在组织中，一般来说，下行沟通最普遍，上行沟通也较常见，横向沟通和斜向沟通是上述两种沟通形式的补充。

4. 正式网络是指通过正式信息沟通渠道建立的联系。正式网络在组织中最常见，在信息沟通中发挥主渠道作用。根据不同组织的不同管理模式，管理者可以选用不同的正式网络。正式网络主要有轮型、环型、链型、全渠道型、Y型、倒Y型等六种类型。

5. 正式沟通是指由组织内部明文规定的一类信息沟通。它与组织结构息息相关，主要包括：按正式组织系统发布的命令、指示、文件；组织召开的正式会议；组织颁布的制度、规章、手册、简报、公告、通知；组织内部上下级之间和同事之间因工作需要而进行的正式接触。正式沟通的效果直接影响到一个组织的工作效率，在企业中直接影响到经济效益。正式沟通常用的形式有四种：开会、面谈、打电话和演讲。

6. 非正式网络是指通过非正式信息沟通渠道建立的联系。非正式网络在组织中普遍存在。管理者应该了解本组织内部的各种非正式网络，必要时，可以利用或抑制各种非正式网络。非正式网络的类型主要有单串型、饶舌型、集合型、随机型四种。

四、简答题

1. 简述沟通的过程。

要进行有效的沟通，首先应确定概念，即沟通者要清晰地意识到自己要传递什么样的信息；其次，沟通者要通过编码，把要传递的内容转变成适当的信息符号，沟通者要决定信息传递的方式来组织信息符号；最后，沟通者在传递信息时要选择适当的沟通渠道并采用适当的方法，保证沟通渠道畅通无阻，尽可能减少噪音的干扰。这样，沟通者发出的信息才可能引起接收者的注意并被其接收。

从接收者的角度看，接收者的主观能动性体现在他们寻找正确的渠道、提高自己信息接收的能力、尽可能完整地接收传递过来的信息等方面。接收者收到信息后需要将信息转换成自己理解的内容，这个过程称为译码。最后是应用，指接收者对信息应有所反应。

2. 在管理中，你将如何有效地运用上行沟通和下行沟通？

在组织的正式群体中，下行沟通最常见。例如作指示、作报告、下达文件、口头警告、表扬先进、电话通知等。运用下行沟通需要注意以下几点：

（1）建立沟通者与接收者之间的信任。如果没有信任，沟通者就会缺乏沟通动机，而接收者就会缺乏接收信息的兴趣，进而导致信息沟通中断、信息损失、信息歪曲等一系列负面影响。

（2）培养积极的沟通态度。要乐于并善于及时与下级进行沟通。

（3）做好沟通准备工作。准备工作可以是详细的书面材料，也可以是沟通者头脑中成熟的构思、观点、意见。

（4）提高沟通者的技能。下行沟通的沟通者应该熟练掌握下列沟通技能：激发接收者接收信息的兴趣、选择适当的沟通渠道、讲话简明扼要又风趣幽默、文章用词精炼又明白易懂、善于了解反馈信息等。

同样，在组织中上行沟通也必不可少。通过上行沟通，管理者可以知道下级员工的需求和愿望，也可以知道下行沟通的效果以及各种指示的结果，还可以了解许多有利于决策的建议、意见、观点等。运用上行沟通需要注意以下几点：

（1）高层管理者要鼓励上行沟通。高层管理者不要想当然地认为自己是了解下属需要的，并对自己决策的正确性过于自信，而应重视下级的意见和建议，安排上行沟通的渠道，重视上行沟通的信息。

（2）避免各级管理者过滤上行沟通信息的现象。改变管理者报喜不报忧的现象，在整个组织内部倡导积极的信息流动，激发员工上行沟通的动机。

3. 在组织中，双向沟通和单向沟通分别有何作用？何时使用双向沟通？何时使用单向沟通？

双向沟通是指反馈信息较多的一种信息沟通，例如讨论会、面谈等。在双向沟通中，沟通者可以检查接收者是否接收到了信息，是否理解了信息；接收者也可以了解接收的信息是否完整，可以要求沟通者进一步传递信息。

单向沟通是指反馈信息较少的一种信息沟通，例如电话通知、书面指示等。

单向沟通与双向沟通分别有其优缺点以及适用的范围：

（1）适用双向沟通的情境主要有：1）要求接收者接收的信息准确无误时；2）重视人际关系时；3）处理陌生问题时；4）进行重大决策时；5）沟通者有足够权威时；6）沟通者相当自信时。

（2）适用单向沟通的情境主要有：1）强调工作速度时；2）强调工作秩序时；3）执行例行公事时；4）应对大群体的信息沟通时；5）沟通者缺乏足够的

权威时；6）沟通者较缺乏自信时。

应该指出，在现代组织中，管理者越来越重视双向沟通的作用，主要是因为双向沟通更有利于改善人际关系，更能激发员工的主人翁精神，更有助于企业的发展。

4. 简述书面沟通和口头沟通的优缺点。

书面沟通的优点主要有：信息可以长期保存，信息内容可以非常详尽，信息的权威性较高；其缺点是：不利于双向沟通，不利于促进沟通双方的关系，灵活性较差，沟通效率较低，应用较复杂。

口头沟通的优点是：比较灵活、速度快、简便易行，沟通双方可以实现双向沟通；其缺点是：信息难以保存，信息正确性较差，信息内容比较简单，信息的权威性较低。

因此，管理者要有效地进行沟通，一定要考虑沟通的目的、组织的环境，以及两种沟通的优缺点，然后因地制宜地作出选择。

5. 管理者应该如何把握和运用组织中的非正式沟通？

非正式沟通是指以社会关系为基础，与组织内部规章制度无关的信息沟通。非正式沟通可能会干扰正式沟通，也可能引起群体内相互猜疑、争吵与矛盾，但非正式沟通也有积极作用，比如，可以满足员工情感方面的需要；了解员工真正的心理倾向与需求；弥补正式沟通存在的不足；减轻管理者的沟通压力等。另外，组织中非正式沟通与正式沟通几乎同时并存，因此彻底根除非正式沟通不可能，也无必要。管理者应该正视它的作用，正确地运用它，才能使之发挥有利于达成组织目标的效能。运用非正式沟通时要注意以下六点：

（1）不要把小道消息视为谣言。要善于分析小道消息中的真实成分，要注意沟通者的语言，理解小道消息的深层含义。

（2）要重视传递速度快、传播面广的小道消息，一定要深究其原因。

（3）要善于发现非正式沟通中的关键人物。在必要时，可以通过这些人物来澄清事实，或协助传递信息。

（4）在制定重大决策时，应考虑非正式沟通对于决策的影响，预防非正式沟通的负面影响，利用非正式沟通推进决策。

（5）不能滥用非正式沟通。在组织中，管理者应该坚持以正式沟通为主的方针。

（6）适时公布一些正式消息，使小道消息淡化。

6. 组织中的正式网络有哪些类型？请加以比较。

六种类型的正式网络在解决问题的速度、组织化、领导者的权力、士气、对工作变化的弹性等方面均有优点。管理者应该在管理中根据需要和组织结构选用适当的网络，一旦选用了某种网络，一定要尽可能发挥其长处，克服其短处。

相比之下，全渠道型网络最能鼓舞士气，对工作变化的弹性也最大，而且传递的信息最精确。但是，其解决问题速度最慢、组织化也最慢，而且不产生领导者。轮型网络解决问题的速度最快，领导者的地位显著，组织化迅速又稳定，但士气很低。轮型网络通常用于解决紧急问题，尤其是需要马上建立领导者权威时。Y型与倒Y型可能会存在瓶颈，出现信息过滤现象。环型网络常用在委员会和小型工作群体中。链型网络在企业中较常见，不过只有下行沟通和上行沟通两种形式，对工作变化的适应弹性最小，不利于士气的提升。

7. 举例说明组织中存在的非正式网络以及它们扮演的特殊角色。

非正式网络是指通过非正式信息沟通渠道建立的联系。非正式网络在组织中普遍存在。在组织中，非正式网络主要有以下四种类型：

（1）单串型。表示信息在非正式通道中依次传递。

（2）饶舌型。非正式通道中存在一个关键人物，信息由他传递给其他各位。

（3）集合型。表示信息先传递给几位特定的人物，然后又由他们再传递给其他人。

（4）随机型。信息随机传递，每个人都可能是信息沟通者与接收者。传递时无规律可循。

在非正式网络中，有对外联络员，他们负责与外部环境进行信息沟通，通过他们与其他网络建立“桥”来实现相互沟通；有守门员，只有通过他才能与该网络其他成员沟通；还有孤独者，他不与外界产生任何联系。

8. 管理中的沟通问题有哪些？如何克服管理中的沟通问题？

管理中的沟通是指在一个组织的管理群体内的信息沟通。管理中的沟通潜在的问题主要有：

（1）从信息来源即沟通者角度看，主要表现为沟通者选择性过滤信息进而引起沟通障碍。

（2）从编码与译码层面来看，问题主要发生在传递信息或者使用符号方面，如编码者与译码者缺乏共同经验、语义不同、术语理解不同，以及媒介问题。

（3）从接收者角度看，问题主要表现为沟通受到接收者的选择性注意、价值判断、对信息来源缺乏信任、信息超载等的影响。

（4）反馈不足，沟通者无从了解接收者是否已经收到或理解了信息。

克服管理中的沟通问题，应注意以下方面：

（1）沟通者之所以选择性过滤信息，常常是因为：沟通者通常不站在接收者的立场考虑问题；沟通者通过限制接收者的信息通道来保护自己的权利；沟通者怀疑接收者对某些信息不感兴趣。因此，沟通者必须决定要求接收者理解什么信息，应该给予接收者足够的有关信息，要相信接收者能正确地运用信息，但又要注意不要使信息超载。

（2）编码与译码出现问题往往是因为沟通者与接收者缺乏共同经验、对语义以及术语（俚语）的理解不同。因此，增加沟通双方接触的机会，增加彼此的共识是解决这一问题的关键。在共识达成之前，最通常的预防方法是多问、多反馈，以使沟通有效进行。

（3）解决媒介问题最有效的方法是沟通者事前先了解接收者擅长的沟通渠

道，然后用相应的渠道传递信息。

(4) 从接收者角度看，接收者应该有意识地避免自己的选择性注意与价值判断影响沟通的有效进行，当然，增强沟通双方的彼此信任也非常重要。同时也要避免信息过载导致重要信息遗漏。

(5) 加强反馈。沟通者必须努力获得反馈，而接收者也必须经常反馈。尤其是在进行重要信息沟通时，一定要及时反馈。反馈的方法主要有以下几种：重复原来的信息、回答自己理解的信息、用表情或身体语言来反馈。

9. 结合工作实践，谈谈如何改进沟通中的组织因素。

在管理中的沟通问题方面，涉及组织因素的主要有五种问题：噪声、地位差异、时间压力、信息超载和网络结构。我们可以从两方面来改进沟通中的组织因素：

(1) 提高管理者的沟通技能，包括传递信息与接收信息的技能。1）作为沟通者，管理者应能够根据情况有效地发布信息，适当地使用符号，善于使用媒介，并注重沟通中的反馈。2）作为信息接收者，管理者应该仔细地聆听完整的信息，或阅读全部文件，不要只获取一部分信息；在沟通之前要清楚符号的含义；了解沟通者可能使用的媒介，掌握多种媒介沟通技术；经常重复接收到的信息，确保信息正确。

(2) 采取有效的沟通手段，以改进信息沟通。1）减少噪声。噪声是指一切干扰传递信息的其他信息，是有效地进行组织沟通的主要障碍。在组织中，产生噪声的一种普遍形式是“谣言葡萄藤”，管理者可以通过控制“谣言葡萄藤”的成长，以及改变其性质来减少噪声。2）改变组织结构，减少组织结构层级，使组织扁平化，以减少由于管理层级太多导致上行沟通和下行沟通中的信息损失。同时，管理者要鼓励正确地沟通信息，这将大大增强信息沟通的效果。3）开发平行的信息沟通系统，简化复杂的正式信息沟通系统。复杂的系统产生了大量管理者和决策者不需要的信息，并且容易导致管理者只利用正式渠道中的信息，忽视非正式渠道中的信息。

第10章

领　导

知识点回顾

领导可以表示领导者，一般是指具有职权、责任和义务来完成组织目标的个人；也可以表示领导力，一般是指影响群体为实现目标而努力的能力和素质；还可以表示一项管理职能——领导，体现在管理者与别人一起或者通过别人去完成组织目标的过程中。领导可以划分为正式领导和非正式领导、变革型领导和事务型领导等。

权力是指个体（或群体）A对个体（或群体）B的行为发生影响的潜在能力。权力可以分为合法权力、奖励权力、强制权力、专家权力和参照权力等。在不同条件下使用不同类型的权力会产生不同的结果。运用权力要遵循一定的原则并根据情境有选择性地使用。权威与权力之间存在一定的关系。

领导理论的研究大致经历了特质理论、行为理论、情境理论和变革型领导理论等发展阶段。

特质理论又称“伟人论”，该理论认为，有效领导者与无效领导者的主要区别在于前者具有一定数量的品质与特征。早期的研究集中在生理差异方面，后期的研究重点放在心理差异方面，其中比较有代表性的是斯托蒂尔的特质论以及格林斯利和佳雷特的特质论。实证研究表明，高效领导者具有如下特质：高支配欲、高活力、高自信心、内控制点、高稳定性、诚信、高智商和高情商、灵活性、高敏感性等。

行为理论的主要观点是：决定领导是否有效的主要因素是领导者的行为而非特质。其代表性理论有连续体理论、三种领导行为理论、领导行为四分图、管理方格图等。

情境理论认为，有效领导不仅取决于领导者本身，而且与被领导者、情境有密切的联系。情境理论的代表理论包括：赫塞-布兰查德情境领导模型、费德勒的有效领导的权变模式、罗伯特·豪斯的目标—路径理论模型等。

变革型领导理论在研究领导有效性方面的贡献非常突出，成为领导理论新的热点和重点之一。变革型领导具有领导魅力、感召力、智能激发和个性化关怀四种特质。交易型领导与变革型领导的区别在于能否激起追随者心中的激情。

领导艺术主要包括时间管理的艺术、讲话的艺术、授权的艺术和处理人际关系的艺术。

复习题

一、填空题

1. 著名领导学家孔茨认为，管理是一种________，是一种对人们施加影响的________和________，从而使人们心甘情愿地为组织目标努力。

2. 正式领导是指通过________、________、________等正式程序取得正式职位的个体。

3. 正式领导的主要职责是完成组织目标，而非正式领导主要在组织内部的________方面起作用。

4. ________是指个体（或群体）A 对个体（或群体）B 的行为发生影响的潜在能力。

5. 根据权力分类模型可以看出，权力主要可以分为两大类：________和________。

6. 权威是指他人对某一个体作出积极评价的一种现象，主要的表现形式是他人对其________、________、________和________。

7. 为了最大限度地发挥领导潜力，________促使个体必须成为一名领导者，努力培养自己的技能，并享受这种过程。

8. 连续体理论认为，在________和________这两个极端之间，有许多各种各样的领导行为，这些领导行为可以看做一个连续体。

9. 根据管理方格图，有五种典型的管理行为：________、中间型管理、俱乐部型管理、________、________。

10. ________认为：有效的领导不仅取决于领导者本身，而且与被领导者、情境有密切的联系。其基本思想可用公式来表示：________。

11. 赫塞-布兰查德情境领导模型也称________，该理论认为，成功的领导是通过选择恰当的________来实现的，选择的过程根据下属的________水平而定。

12. 路径—目标理论由________开发，该领导模型吸收了期望理论中的关键要素。目前，该理论已经成为在理解领导方面最受推崇的观点之一。

13. 目标—路径理论认为，一位领导者可以根据不同的情境表现出任何一种领导风格。该理论确定了四种领导者，即________、________、________、________。

14. 领导理论的研究大致经历了________、________、________和变革型领导理论等发展阶段。

15. 领导既是一门科学，也是一门艺术。领导艺术是指领导者在自身知识、技能、态度等基础上形成的对________、________、________的有效应用。

16. 变革型领导是通过让员工意识到________的重要意义和责任，激发下属的________或扩展下属的需要和愿望，使下属为团队、组织和更大的政治利益而超越________的领导者。

17. 伯恩斯认为传统的领导可以被认为是一种________，领导者以资源________和被领导者对领导者的________作为交换条件。

18. 权力和影响力的主要区别在于控制方面，影响力在控制方面的作用________，而权力在控制方面的作用________。可以这样认为：权力是影响力的一种________形式。

二、不定项选择题

1. 从狭义的角度讲，领导是指（　　）。

A. 从事这一过程的个体

B. 影响组织成员共同为实现组织目标而努力的一种能力

C. 实现组织目标的一个行为过程

D. 一种权力关系

2. 非正式领导在组织中主要发挥的作用是（　　）。

A. 满足成员的心理需求

B. 为了部分成员的利益，与正式领导交涉

C. 促进非正式沟通，弥补正式领导所发出的信息在数量和质量上的不足

D. 代表组织与外部环境发生联系

3. 通过让员工意识到所承担任务的重要意义和责任，激发下属的高层次需求或扩展下属的需要和愿望，使下属为团队、组织和更大的政治利益而超越个人利益的领导者，属于（　　）。

A. 契约式领导　　B. 交易型领导

C. 事务型领导　　D. 变革型领导

4. 职务权力与（　　）有较密切的关系。

A. 参照权力　　B. 奖惩权力

C. 强制权力　　D. 合法权力

5. 在组织中，根据不同的情境选择运用不同的权力。领导者应该尽可能拥有更多的权力。在一般情况下，首先选择（　　）。

A. 参照权力　　B. 奖惩权力

C. 强制权力　　　　　　　　　D. 合法权力

6. 下列关于权威的说法中不正确的是（　　）。

A. 增加影响力，权威与影响力有很大的关系，权威高的人影响力就大

B. 满足员工的心理需求，广大员工希望有一个或一群权威高的领导者带领他们前进

C. 拉长心理距离，领导者越有权威，他与被领导者之间的心理距离越远

D. 团结员工，更好地为实现组织目标而努力工作

7. 1966 年，费德勒提出“有效领导的权变模式”。该模式的三个主要情境变量是（　　）。

A. 领导者—成员关系　　　　　B. 领导风格

C. 职位权力　　　　　　　　　D. 任务结构

8. 下列对于费德勒模型的评价中正确的是（　　）。

A. 模型没有得到大量实证的支持，所以费德勒模型的总体效度不高

B. 模型假设“个体的领导风格固定不变”并不符合实际情况，有效的领导者完全可以改变自己的领导风格以适应具体情境的需要

C. 模型中的情境变量在实践中衡量起来比较简单，同时衡量的准确性比较容易实现

D. 充分的研究证据表明，有效的领导风格需要反映情境因素，所以该模型是比较完善的

9. 变革型领导经常投身于拯救经历危机或将面临崩溃的组织中，2002 年海尼斯等人提出变革的过程，正确的变革顺序是（　　）。

A. 实施变革—激发共同憧憬—领导转变—为变革制定令人信服的方案

B. 为变革制定令人信服的方案—领导转变—激发共同憧憬—实施变革

C. 为变革制定令人信服的方案—激发共同憧憬—实施变革—领导转变

D. 为变革制定令人信服的方案—激发共同憧憬—领导转变—实施变革

三、名词解释

1. 权威

2. 路径—目标理论

3. 特质理论

4. 变革型领导

四、简答题

1. 正式领导有哪些主要职责？

2. 非正式领导的作用如何？

3. 在一个组织中，并不是领导者有权力，权力由于不同情境而有许多种类，请列举权力的几种类型。

4. 简述管理方格图中五种典型的管理行为。

5. 高效领导者有哪些特质？请具体说明。

6. 领导行为理论的主要内容是什么？有哪些主要类型？

7. 如何理解三种领导行为理论？在管理中，如何运用这三种领导方式？

8. 简述领导行为四分图的内容和意义。

9. 在管理中，如何运用管理方格图？

10. 领导情境理论的主要观点是什么？有哪些主要类型？

11. 简述费德勒的模型及其意义。

12. 赫塞-布兰查德情境领导模型的主要内容是什么？如何在实践中运用该模型？

13. 目标—路径理论模型的主要观点是什么？模型中的主要情境因素是什么？请举例说明如何运用该模型。

14. 变革型领导理论和交易型领导理论的主要观点是什么？

15. 如何管理变革过程？

16. 试列举时间管理的艺术。

17. 讲话要注重哪些艺术？

18. 授权的艺术有哪些？

案例分析

从基层提拔上来的周经理是某大型国有企业一重要部门的负责人，其领导行为方式的优点有：

(1) 钻研工作，业务素质较高；

(2) 工作作风正派，遵纪守法，严格执行企业规章制度；

(3) 要求下属做到的事情，自己基本能够做到；

(4) 敬业精神较强，几乎天天主动加班加点工作；

(5) 与上级领导的关系较好；

(6) 不折不扣地执行上级的命令，令行禁止；

(7) 下属个人有困难，能够真诚帮助解决。

其领导行为方式的缺点有：

(1) 脾气暴躁，说话像吵架；

(2) 要面子，知错不改；

(3) 不民主，听不进下属的任何不同意见，布置工作就是下命令，下属必须执行；

(4) 自身文凭低，怀疑文凭高的下属有不服从的意识；

(5) 怀疑每一位员工对工作不热情，对企业不忠诚；

(6) 不分场合，对男性和女性员工采用相同的批评方式；

(7) 怀疑员工为讨好上级越级汇报工作。

在该企业进行干部竞聘上岗时，上级领导和人事部门觉得周经理虽然仍具有老共产党员的突出优点，但是已不适宜继续担任部门领导职务，最后决定将周经理提职调离部门领导岗位，担任以技术工作为主的较高领导职务——技术开发部的副总监。

资料来源：《现代企业领导人必须掌握领导科学》，http：//www.chinavalue.net/Article/Archive/2008/2/29/101546.html，2008-02-29。

【分析与思考】

1. 使用情境理论解释周经理调离领导岗位的原因。
2. 如果你是周经理的上级，会做出什么样的决策？

【分析提示】

现代市场经济对企业领导者提出了更高的要求，领导者除了具备工作业务素质之外，还必须具备领导科学知识，掌握科学的领导方法和领导艺术，否则难以胜任领导工作。领导科学的情境理论认为，领导者的领导行为效果不仅取决于领导者本人的素质和能力，而且取决于许多客观因素，如被领导者的特点、领导的环境等。领导行为是很多因素的函数，是诸多因素起作用并相互影响的过程。领导科学的情境理论观点可用下述公式表示：

$$E=f(L\cdot F\cdot S)$$

式中，E代表领导的有效性；L代表领导者；F代表被领导者；S代表情境。上述公式表明，领导的有效性受到领导者、被领导者、情境三个要素的影响。现代领导科学认为没有一种“最好”的领导行为，要根据时间、地点、条件作出不同的选择。领导者的任务就在于学会各种领导方式，以便“一把钥匙开一把锁”，针对不同的被领导者、不同的情境采取相应的领导方式。而学会运用各种领导方式的关键在于提高领导者的判断能力，用以判定领导者面临的情况。

现代西方领导科学理论都要求领导者采用不同的领导方式维持组织内部的凝聚力，对组织成员要给予精神和物质奖励，增进相互沟通，影响并激励组织成员与领导者一起完成组织目标。领导的目的是增强组织成员对组织的信心，激励被领导者完成组织目标。

根据领导科学的情境理论，领导的行为方式和领导方法需要随着被领导者不同而改变。周经理依仗自己与上级具有良好的私人关系，不与下属员工交流沟通，对员工采用下命令强制执行的领导方式，这样不仅无法树立领导权威，而且会导致被领导员工的反感，最终危及领导者自身的威信和领导地位。周经理从基层直接被提拔到上级机关担任重要部门的负责人，在基层工作时，工人学历层次普遍较低、一般干部的自我约束力不是很强，周经理对基层员工习惯于命令式领导。周经理在基层当领导时只要以身作则，严格要求基层工人和一般干部，基层工人和一般干部就会按领导的指令行事。周经理调到集团公司后，被领导者都是高学历、高职称、高素质的员工，此时周经理需要改变领导行为方式，明确组织目标，划清员工职责，激励员工志气，激发员工勇气，发挥员工的创造精神，改变成员的精神状态，加强与员工的信息交流互动。只有根据被领导者的不同而改变自身的领导方式，周经理才能被下属员工接受。

在集团公司工作，周经理从来没有以积极主动的态度与被领导者沟通，没有起到凝聚组织成员力量的作用。周经理担任重要部门领导者多年，不了解下属员工的不同人格特质，不熟悉员工的特性，没有认识到每位员工本身的能力、需要和动机，没有针对不同的被领导者采用不同的领导方法。他对不同的员工采用千篇一律的领导方法，其批评方式也未根据员工的男女性别加以区分，批评不分场合，脾气暴躁，说话像吵架，知错不改，听不进任何不同意见，怀疑所有员工（除了他自己），认为他们对工作三心二意，对企业不忠。这种领导者与被领导者相互猜忌、互不信任的工作环境，迫使员工集体反抗，最后导致员工集体上告，要求上级领导和人事部门将周经理调走。

根据领导科学的情境理论，领导者的行为方式和领导方法要随着领导环境的改变而改变。领导者要为员工创造宽松、愉悦、上下一心、人际关系良好的工作环境，创造被领导者接受领导意图和指令的良好环境。这是一种人文环境，是领导者发挥主体意识才能创造的良好的人际关系环境，是检验领导者能力的重要标志。建立良好的人际关系，领导者首先要正确理解“人和”，创造一种团队内部和谐融洽的气氛；要适当地保持沉默，经过冷静思考后再作出决策；在发布命令时要言简意赅，给员工留下自由发挥和想象的空间；要让员工在执行领导命令时充分发挥主观能动性；要对员工进行协调引导，建立相互监督和制约的环境机制。领导者要放下架子，虚心与被领导者进行坦率和真诚的互动交流，这样才能建立和谐融洽的人际关系环境。良好的人际关系环境，能够让员工心情舒畅地执行领导指令，更好地实现领导者的意图，提高员工的工作效率，实现组织的既定目标。

扩展阅读案例

3M 中国有限公司启动“加速领导力发展计划”培育领导团队

当前，瞬息万变的商业环境和优秀管理人才的稀缺性给所有公司带来了更严峻的挑战。如何保持对人才的吸引力，培养契合企业文化的领导层，全面推进领导力发展战略，是所有企业的必修课。

领导学大师约翰·阿代尔指出：“任何寻求开发领导者的组织，应该思考而且要从战略上思考‘有效领导力的基本框架’。企业要永续经营，关键是要在团队、运营、战略三个层次上都有卓越的领导。团队的、业务的、战略的领导者要结成组织的领导团队，一起协调地合作。”根据这一原理，3M 中国有限公司经过多年的探索和实践，构建和实施了本土化“加速领导力发展计划”（accelerate leadership development program)，在上述三个层次上为企业培养胜任的领导团队，并提供相应的平台实现领导团队的协调合作。该计划由四部分组成：(1) 初级：领导的绩效和责任；(2) 中级：领导力原理在业务管理中的运用；(3) 高级：3M-德鲁克学院；(4) 组织学习：领导力论坛。

初级：领导的绩效和责任

绩效和责任是3M领导力的基石。绩效是公司生存和发展的理由，因此，作为公司的代理人，每位领导对绩效的理解必须从个人绩效延伸至团队绩效和组织绩效；将责任理解为超越一般职责的终极责任，也就是说，不仅对过程负责，而且对结果负责。

为了保证新上任的领导者理解和实现上述领导观，为今后的领导生涯打下坚实的基础，3M中国有限公司开发了一个长达六个月的新领导培训项目，具体由以下五个模块组成：

(1) 课前阅读：提供参考书《第一个90天：新领导的制胜策略》。通过课前阅读，使学员对新领导如何开始工作有一定的理论认识，从而可以带着思考和问题去参加课堂培训。

(2) 课堂讲座和案例分析：公司提供的课堂培训包括标准教材学习、讲座和案例分析。在课堂上，将对新领导进行公司的领导文化、公司运作流程、规章制度等知识的传授和强化，并运用相关的案例强化其知识和技能。

(3) 在线学习和测试：经过课堂培训，新领导对相关内容有了提纲挈领式的了解。为便于新领导进一步全面掌握应知和应会的知识和技能，电子在线学习系统提供了一个有效的辅助平台。该系统还有一个非常有效的功能就是进行在线测试，以帮助和督促新领导完成其必须学习的课程并了解自己的学习成果，培训部门据此对培训成果进行知识掌握水平上的有效的评估。

(4) 业务流程培训：主要由新领导和他的直接主管完成，主要内容是对新领导的职能流程（涉及任务、目标、关键绩效指标的制定等）进行培训。新领导将担任某一短期项目的领导，直接主管的角色类似于教练，帮助新领导设定短期目标，提供必要的指导。新领导在项目的实施过程中应发挥主观能动性。

(5) 工作小组及汇报：在新领导培训项目的第六个月，每一期学员被分成几个小组，每个小组得到某一管理案例，在规定的时间内对案例进行分析、讨论，并提出解决方案。这一环节是为期六个月的培训项目的验收环节，有关高层领导以及所有新领导的直接主管被邀请出席，为新领导颁发证书。

通过这五大模块的学习，新领导能够从以下八个方面对领导的绩效和责任加以理解和把握：领导是公司的代理人；公司的使命、愿景和价值观；永不妥协的商业道德；3M领导力素质；3M人力资源政策；如何保护公司品牌；如何面对公众和媒体；环境、健康和安全责任。

中级：领导力原理在业务管理中的运用

在理论界和商业教育中，关于“管理”和“领导”孰重孰轻的争论至今尚无定论。3M中国有限公司在阐述领导力原理时，以“行动为中心的领导力”假设为出发点，综合管理学的内容，提出了自己的领导力原理：用愿景领导人（leading people by vision）；用程序管理事（managing thing by process）；用测量监督进程（following process by measurement），简称 L-M-F 模型。

这一原理有以下三方面的实践意义：

(1) 领导职责三合一，易懂易学。领导者要同时领导人、管理事、监督进程，三者缺一不可。这进一步说明了领导能力不是先天的，而是后天可以习得的。

(2) 领导一词强调的是现在做什么，而不是指领导是什么。形象地说，领导是"做"出来的，而不是"坐"出来的。这是对以行动为中心的领导力理论的有效诠释，使其在实践中得到运用。

(3) 将执行力细化成具体的行为。有关执行力的书籍和培训可谓丰富多彩，但又莫衷一是，管理者即使博览群书或参加各类培训，仍然可能不知从何处着手。L-M-F 模型将执行力细化成行为：领导、管理和监督，并且对每一行为的对象和方法分别具体化，最终进入可操作的执行层面。

彼得·德鲁克指出，作为营利性组织的公司，其生存和发展的唯一目的只能是创造客户。因此，通过提供产品或服务形成某种业务去满足且超越客户需求是所有领导者的绩效目标和职责，而不是只局限于销售和市场部门。基于这一理念，3M 中国有限公司为所有领导提供了有关领导力原理在业务管理中的运用的培训，使领导力在创造客户价值链的每一环节都能有效发挥作用，并贯穿公司的业务流程。

3M 领导力在业务运作中的运用渗透到内外环境分析、使命/愿景/价值观陈述、业务战略制定、目标设定、流程设计、组织架构、人力资源、变革管理和结果测量及评估等方面。

通过这一培训，参加者应该能够在业务管理中胜任两种角色：

(1)"建筑师"：在开发和领导一项全新的业务时，能够构建该业务的框架并运作。

(2)"全科医生"：对现有业务进行全面诊断，找出"病灶"，对症下药，使业务能够良性地可持续发展。

高级：3M-德鲁克学院

3M-德鲁克学院是公司的"中央党校"。学员来自公司内部的高潜力领导者，是公司未来的接班人。在这里，他们接受公司商业哲学和企业战略层次的培训。

德鲁克学院为期 4 个月的培训包括 12 天的课堂讲座和 3 次小组行动学习。课堂讲座的主题包括战略思维、企业家精神、内涵式增长（创新）、外延式增长（并购）、变革管理等，这些内容丰富了领导在商业哲学和方法论层次方面的知识和技能，使企业管理在思想上得到统一和提高，实现了向组织战略层面的跨越。

小组行动学习不同于案例分析，不是分析讨论已经发生过的事件，纸上谈兵，而是由公司高层管理提出现实的管理问题，提供相应的资源，要求学员小组运用课堂学到的知识在规定时间内提出解决方案。例如，在学习企业并购模块时，行动小组得到了一个课题——如何对某一具体业务的候选并购对象进行筛选，以确定最佳目标？学习小组成员来自不同的部门，首先要学习建立有效工作小组，确定整体目标、角色及任务、工作流程以及小组互动原则，让每个成员在行动中体验到领导力在团队建设中的运用。在推动项目的进程中，小组成员要对相关人员包括涉及的高层领导进行访谈，了解项目的重要性及战略地位，从而增强小组的责任感。在最后的方案制定过程中，小组被要求对于每一条建议提供德鲁克的理论根据，如并购对象的战略和企业文化与3M的匹配等原则。学习小组的方案汇报被安排在公司最高层正式会议上，行动学习小组成员集体出席并对管理层提出的问题进行答辩，管理层在评价小组工作并对成果给予认可的同时，作出采纳建议或对某一建议进一步研究的承诺。

小组行动学习通过对现实的项目进行分析研究体现了四大优越性：一是理论学习成果得以快速有效地转化；二是研究和解决现实管理问题增强了学员的责任感和成就感；三是学员通过项目小组成员互动提升了团队精神和领导能力；四是管理层对项目的承诺往往会得到意想不到的回报，有时新的战略或战术甚至会由此直接产生。即使不能直接产生新的战略或战术，项目小组从不同的角度对问题进行分析也有利于管理层拓宽思路，为最终决策提供有益的信息。

组织学习：领导力论坛

随着3M中国有限公司的业务和规模快速扩大，公司的领导群体相应壮大，从2002年的73名领导者快速增长到2008年的550名领导者。这些领导者分布在全国21个办事处、6个工厂和上海总部，这使基层、中层、高层领导者以及高级技术职能专家之间的面对面沟通交流变得越发困难，团队精神和归属感成为领导力发展的制约因素之一。3M领导力论坛正是基于这一严峻现实应运而生的。论坛每年按季度举办4期，主要议程和目的为：

(1) 传递来自总经理的信息：及时有效地沟通3M中国和3M全球的业务和战略，使所有领导者面对现实，从更高的层次理解、执行和管理相应层次的业务。

(2) 公司财务绩效沟通：增强实现绩效目标的紧迫感和责任感，使增长战略在执行中可以量化和管理。

(3) 公司人力资源沟通：树立和不断强化人是公司第一资源的理念，每位领导者要面对激励竞争的人才市场，主动承担起人力资源规划、管理和开发的责任。

(4) 优秀团队领导力分享：激励优秀团队，树立标杆并作为其他团队的榜样。使优秀团队的领导者的领导力在特定场合得到展现，是公司领导者继任计划的重要一部分。

(5) 与公司高级管理团队对话：一线管理人员可以针对公司管理中的任何问题面对面地向高层管理团队提出，得到高层管理团队的回答；高层管理团队也可借此机会倾听来自各地区和各部门的建议。

(6) 领导者之间自由地面对面沟通：有利于在非正式的轻松氛围下建立良

好的社会关系，提高领导者对团队和公司的归属感。

领导力论坛作为全公司领导者的盛会，聚集了所有的领导者，成为领导力学习、分享和借鉴的有效平台，是组织学习行之有效的手段之一。作为中国深圳特区的第一家外商投资企业，3M 中国有限公司一直致力于培养中国本土的创新管理精英。经过多年的精耕细作，在目前的中高层管理人员中，超过 95%为中国本土人才；现任的高层管理者在 3M 中国有限公司的平均服务年限为 17 年。3M 中国有限公司的“加速领导力发展计划”对于此项成绩的取得发挥了不可替代的作用。随着业务全球化进程的加快，3M 中国有限公司本土领导者已开始进入国际管理者行列，成为其他海外兄弟公司甚至美国总公司的管理者。“加速领导力发展计划”必将面临挑战以及更多的机会。

资料来源：顾增旺：《3M 中国“加速领导力发展计划”培育领导团队》，载《培训》，2008（10）；任长江：《培养最佳管理者——美国 3M 公司的领导力开发》，载《企业管理》，2005（2）。

【分析与思考】

1. 你如何理解领导的含义？
2. 试分析本案例带给我们的关于领导力培养的启示。

复习题参考答案

一、填空题

1. 影响力；艺术；过程
2. 选举；任命；聘用
3. 社会心理
4. 权力
5. 职务权力和个人权力
6. 赞扬；尊敬；信任；服从
7. 支配欲
8. 注重任务；支持下级
9. 贫乏型管理；团队型管理；任务型管理
10. 情境理论；$E=f(L\cdot F\cdot S)$
11. 领导的生命周期理论；领导方式；成熟度
12. 罗伯特·豪斯
13. 指示型领导者；支持型领导者；参与型领导者；成就取向型领导者
14. 特质理论；行为理论；情境理论
15. 领导科学；领导理论；领导原则
16. 所承担任务；高层次需求；个人利益

17. 契约式领导；奖励；服从

18. 较弱；较强；极端

二、不定项选择题

1. A 2. ABC 3. D 4. BCD 5. A 6. C 7. ACD 8. B 9. D

三、名词解释

1. 权威是指他人对某一个体作出积极评价的一种现象，主要的表现形式是他人对其赞扬、尊敬、信任和服从。权威感是指个体对自己所拥有权威高低的自我主观感受。

2. 路径—目标理论由罗伯特·豪斯开发，该领导模型吸收了期望理论中的关键要素。该理论指出，领导者的工作是帮助下属达到他们的目标，领导者需要提供必要的指导和支持，确保下属个体的目标与群体或组织的总体目标保持一致。该理论相信，有效的领导者通过指明道路与途径可以帮助下属实现他们的工作目标，并帮助下属清理道路上的各种障碍和危险，使下属实现目标的道路更顺畅。

3. 特质理论又称伟人论。该理论认为，有效领导者与无效领导者的主要差别在于前者拥有一定数量的品质与特征。伟人论确定了高效领导者所具有的各种特质，研究人员检测了个性、能力以及与社会和工作相关的性格特点等。

4. 变革型领导是指通过让员工意识到所承担任务的重要意义和责任，激发下属的高层次需求或扩展下属的需要和愿望，使下属为团队、组织和更大的政治利益而超越个人利益的领导者。

四、简答题

1. 正式领导有哪些主要职责？

正式领导是指通过选举、任命、聘用等正式程序取得正式职位的个体。

由于所在组织的性质、规模、结构不同，以及在组织内部所处的层级不同，正式领导的职责也会有所不同。一般来说，正式领导有以下一些主要职责：

（1）预测组织和环境的长远变化，制定组织的憧憬目标和战略规划；

（2）根据憧憬目标和战略规划，制定组织的战术计划；

（3）根据战略规划和战术规划，筹集必需的各种资源，比如人才、资金、信息和物资等；

（4）将各种资源以合理、高效的原则组织、运转起来；

（5）建立组织内部的各种规章制度；

（6）收集组织运转的信息，并向各运转部门做出反馈，使各部门正常运转；

（7）代表组织与外部环境发生联系。

2. 非正式领导的作用如何？

非正式领导是指没有通过正式程序取得正式职位但实际上在发挥领导作用的个体。非正式领导主要在组织内部的社会心理方面起作用：

（1）满足成员的心理需求，如归属感、安全感、交往需求、友谊等；

（2）为了部分成员的利益，与正式领导交涉；

(3) 促进非正式沟通，弥补正式领导所发出的信息在数量和质量上的不足；

(4) 在紧急关头，当正式领导由于种种原因不能发挥作用时，担负起正式领导的部分职能。

3. 在一个组织中，并不是领导者就有权力，权力由于不同情境而有许多种类，请列举权力的几种类型。

权力是指个体（或群体）A 对个体（或群体）B 的行为发生影响的潜在能力。权力的类型主要有：

(1) 合法权力，是指个体由于在组织中的职务而获得的权力。

(2) 奖励权力，是指个体由于能给予他人希望得到的东西而获得的权力。他人希望的东西不仅可以是物质方面的，也可以是精神方面的（如与人交往、被人接纳、荣誉等）。因此，管理者的表扬权、有用信息控制权也是奖励权的基础。

(3) 强制权力，是指个体由于拥有使他人生理或心理受到伤害的能力而获得的权力。例如，降工资、扣奖金、当众训斥下属、忽视下属的工作表现、把下属调到他不喜欢的部门或地区去、对下级该晋升而不晋升、开除下属等。

(4) 专家权力，是指个体由于控制了他人希望得到的信息而获得的权力。

(5) 参照权力。当个体受到其他人的喜爱和模仿时，他就获得了一种参照权力。

在组织中，要根据不同的情境选择运用不同的权力，一般情况下，首先选择参照权力，其次选用专家权力，再次选用合法权力，然后选用奖励权力，最后选用强制权力。

4. 简述管理方格图中五种典型的管理行为。

管理方格图如图 10—1 所示。基于此图，可以概括出五种典型的管理行为。

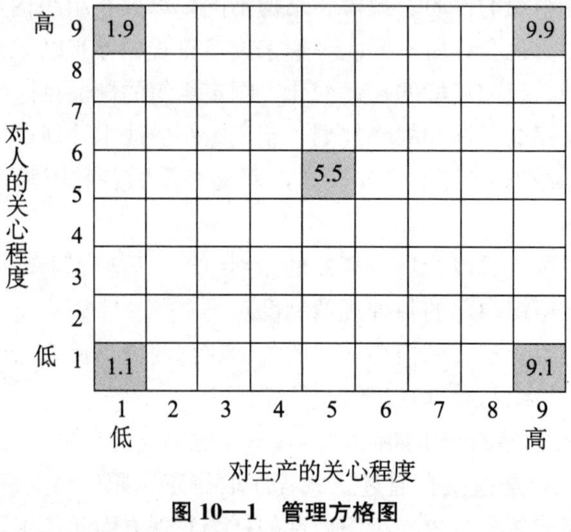

图 10—1 管理方格图

(1) 1.1 型，又称贫乏型管理。管理者对员工和生产几乎都不关心，他只以最小的努力来完成必须做的事情。当群体成员的素质都很高，都很自觉地为组织目标努力工作时，这种管理行为是有效的，否则，很容易导致失败。

(2) 9.1型，又称任务型管理。管理者集中全部力量关心是否完成了工作任务、工作绩效提高多少，完全不关心员工的心理需求。在短时间内，这种管理行为可能取得一定的效果，但时间一长，由于没有员工士气的支持，工作效率会一落千丈。

(3) 1.9型，又称俱乐部型管理。管理者把主要精力放在满足员工的需求方面，提高员工的福利待遇，或开展各种活动以得到员工的支持和拥护；极少注意健全规章制度、实行监督与控制。这类管理者往往深受员工的欢迎，而不受上级的支持，由于绩效上不去而不能持久。在员工素质较高的企业中可以局部运用。

(4) 9.9型，又称团队型管理。管理者对员工和生产都十分关心。他们对组织的目标和员工个人的目标都相当重视，既重视企业的规章制度、反馈系统、绩效评估，又重视企业文化、员工需求、协调人际关系。因此，往往有很高昂的团队精神，工作任务完成得很好，员工士气也很旺盛，企业有很强的凝聚力。

(5) 5.5型，又称中间型管理。管理者对员工的关心和对生产的关心都处在中间状态。管理者一方面注重计划、指挥、控制；一方面注重引导、激励、鼓舞。两者之间保持平衡，有相当的工作效率和一定程度的士气。在许多企业中，这种类型的管理相当常见，绩效可能过得去，但缺乏创新精神。应该向9.9型转化，这样可以产生更有效的领导。

5. 高效领导者有哪些特质？请具体说明。

实证研究支持的有效的领导力特质有以下几种：

(1) 高支配欲。支配欲是指成功领导者希望能够成为支配者，承担主要的管理职责。支配欲特质可以影响与高效领导者相关的所有特质。

(2) 高活力。高活力是指管理者努力工作以实现目标，毅力较强，能够承受各种压力。

(3) 高自信心。自信心是指个体在判断、决策、思考和显示能力方面充满自信。领导者对自己的能力非常自信，才能培养下属员工的自信心。

(4) 内控倾向。控制倾向是指介于控制命运方面的外控型与内控型信仰之间的倾向。外控型的人认为他们无法控制自己的命运，而且行为与绩效之间没有太大关系，他们的绩效水平通常比较低；内控型的人认为他们可以控制自己的命运，而且他们的行为能够直接影响绩效水平。

(5) 高稳定性。稳定性是指个体可以在情绪方面控制自己的一种能力。稳定性高者通常表现得非常积极。

(6) 诚信。诚信是指个体具有一贯的诚实和道德的行为。它可以提高人的可信任度，是影响能力的基础之一。

(7) 高智商和高情商。智商是指个体进行深入思考、解决问题和作出决策的认知能力；情商是与其他人共事的能力，包括自我认知、社会认知、自我管理和关系管理等四个维度。

（8）高灵活性。灵活性是指个体调整适应不同情境的能力。

（9）高敏感性。敏感性是指个体对他人的敏感程度。敏感性可使个体更了解组织内部所有成员的基本情况，更理解他们对问题的基本立场，知道怎样与他们沟通、如何影响他人等。

6. 领导行为理论的主要内容是什么？有哪些主要类型？

领导行为理论的主要观点是：决定领导是否有效的主要因素是领导者的行为而非特质。大多数领导行为理论都是通过关注任务和关注下级两个维度来探讨不同的领导方式的。其主要代表理论有连续体理论、三种领导行为理论、领导行为四分图、管理方格图等。

7. 如何理解三种领导行为理论？在管理中，如何运用这三种领导方式？

研究表明，由于领导者的行为不一样，可以有三种领导方式：

（1）专制型领导。其行为特点是：1）所有的事情均由领导者来做决策；2）所有的操作都根据领导者的指示来办，因此，当情况发生变化又无上级指示时，下级会犹豫不决；3）一般由领导者指派每个成员的具体任务与工作伙伴；4）领导者会根据下属绩效亲自奖励或惩罚每个成员；5）领导者除了示范，几乎不参与群体活动。

（2）民主型领导。其行为特点是：1）事情由群体讨论决定，领导者予以支持与鼓励；2）在讨论阶段已预见到活动的前景，群体拟定实现目标的大致步骤，在需要作出改变时，领导者提出多种备用方案，供群体成员选择；3）群体成员可以自由组合，任务的分工由群体讨论决定；4）在进行奖励或惩罚时，领导者的态度是"客观的"和"重视事实的"；5）领导者在精神上作为群体的一名正式成员，但是不太参与具体的工作。

（3）放任型领导。其行为特点是：1）个体或群体有决策自由，领导者极少过问；2）领导者提供各种资料，并明确表示，只要有需要就尽量增加相关信息，领导者极少参与讨论；3）领导者很少参与任务的确定和人员的配备，一般由群体成员自己决定；4）除非被问及，否则很少主动评价成员的活动；5）游离于群体之外，很少参加群体活动。

研究指出，专制型领导的群体，完成的工作量最大；民主型领导的群体，完成的工作质量最佳；放任型领导的群体，绩效最差。在一般群体中，可能民主型领导的效果较好。但在某些群体中，如紧急情境中的群体、刚建立的群体或成员素质普遍低下的群体，可能专制型领导的效果较好。在某些群体中，如果成员素质普遍较高，可能放任型领导的效果较好。

8. 简述领导行为四分图的内容和意义。

1945 年，美国俄亥俄州立大学工商研究所对 1 000 多种描述领导行为的因素进行了详细的研究，最后概括出关心人和抓组织这两大类行为。

关心人是指以人际关系为中心，重视建立相互信任的气氛、尊重下级的意见、关心下级的情感和需求。抓组织是指以工作为中心，重视实现组织目标，领导者既规定了自己的任务，也规定了下级的任务，其中包括进行组织设计、确立工作目标、制定计划和工作程序、明确职责和关系、建立信息沟通渠道、制定规章制度等。

根据关心人与抓生产两个维度，形成了领导行为四分图（见图 10—2）。

关心人		抓组织：低	抓组织：高
	高	二型：低组织高关心人	三型：高组织高关心人
	低	一型：低组织低关心人	四型：高组织低关心人

图 10—2　领导行为四分图

领导行为四分图是一种经典的领导行为理论，是其他理论的一个重要基础。研究指出：

（1）在下列情境中运用关心人的领导方式较有效：1）任务是例行的，任务本身对员工不能起到很好的激励作用；2）下级必须学习一些新鲜事物；3）下级希望参与决策；4）上级与下级的地位很接近；5）下级认为参与决策是受鼓励的，而且会影响自己的工作绩效。

（2）在下列情境中运用抓组织的领导方式比较有效：1）工作任务本身具有激励作用；2）任务是新的；3）领导者的手下超过 12 人，即管理幅度较大；4）由于领导者以外的原因，对工作有很多要求；5）需要迅速作出决策。

9. 在管理中，如何运用管理方格图？

根据管理方格图，有五种典型的管理行为：（1）1.1 型，又称贫乏型管理。（2）9.1 型，又称任务型管理。（3）1.9 型，又称俱乐部型管理。（4）9.9型，又称团队型管理。（5）5.5 型，又称中间型管理。

在企业创业之初，管理者需要集中全部精力关心工作任务完成状况与工作绩效高低，暂时不关心员工的心理需求，使用 9.1 型管理。企业逐渐走上正轨后，管理方式要向 9.9 型转变，管理者对员工和生产都应十分关心。对组织的目标和员工个人的目标都应相当重视，既重视企业的规章制度、反馈系统、绩效评估，又重视企业文化、员工需求、协调人际关系。只有这样，才会有很高昂的团队精神，工作任务完成得很好，员工士气也很旺盛，企业有很强的凝聚力。如果员工素质已达到较高水平，则管理可向 9.1 型转变，管理者把主要精力放在满足员工的需求方面，可以提高员工的福利待遇，或开展各种活动以得到员工的支持和拥护，不过多注意健全规章制度、实行监督与控制。当群体成员的素质都很高，都很自觉地为组织目标努力工作时，则可使用 1.1 型管理。

在 5.5 型管理中，管理者对员工的关心和对生产的关心都处在中间状态。管理者一方面注重计划、指挥、控制，一方面注重引导、激励、鼓舞，两者之间保持平衡，有相当的工作效率和一定程度的士气。在许多企业中，这种类型的管理相当常见，绩效可能过得去，但缺乏创新精神。应该向 9.9 型转化，这样可以产生更有效的领导。

10. 领导情境理论的主要观点是什么？有哪些主要类型？

领导情境理论认为，有效的领导不仅取决于领导者本身，而且与被领导者、情境有密切的联系。其基本思想可用下列公式来表示：$E=f(L\cdot F\cdot S)$，式中，E代表领导的有效性；L代表领导者；F代表被领导者；S代表情境。

情境理论模型有以下三种主要类型：

（1）赫塞-布兰查德情境领导模型，也称领导的生命周期理论；

（2）费德勒的模型，又称“有效领导的权变模式”；

（3）目标—路径理论模型。

11. 简述费德勒的模型及其意义。

1966年，费德勒提出“有效领导的权变模式”。该模型的基本内容是：

（1）领导风格与情境变量要相匹配。权变模型指出，有效的群体绩效取决于领导者风格与领导者能够控制和影响情境变量的程度这两个方面的恰当匹配。个体的领导风格分为任务取向和关系取向两种。费德勒在“最难共事者问卷”调查结果的基础上，判断出人们最基本的领导风格。费德勒研究还揭示了确定情境因素的三个权变维度，即领导者—成员关系、任务结构和职位权力。根据这三个权变变量对领导情境进行评估，他得到了八种可能的情境，并通过实证得出结论：任务取向的领导者在非常有利的情境下和非常不利的情境下效果更好，关系取向的领导者则在中间情境下表现得更好。

（2）个体的领导风格固定不变，提高领导者的有效性只有两条途径可选：一是选择适应情境的领导者。比如，如果群体所处的情境被评估为十分不利，而目前的领导者又是以关系为取向的，那么，选择一个任务取向的领导者替换该领导可以提高群体绩效。二是改变情境以适应领导者。比如，可以通过重建任务结构、提高或者降低领导者的岗位权力而达到改变情境以适应现有领导者风格的目的，从而提高群体绩效的目标。

12. 赫塞-布兰查德情境领导模型的主要内容是什么？如何在实践中运用该模型？

赫塞-布兰查德情境领导模型，也称领导的生命周期理论。该理论指出，成功的领导是通过选择恰当的领导方式来实现的，选择的过程根据下属的成熟度水平而定。当被领导者从“不成熟”成长为“成熟”时，领导者的领导方式应作适当调整。

下属的成熟度主要是指个体能够并愿意完成某项具体任务的程度，可分为四个层次：$M1$，无能力且无意愿完成某项具体任务；$M2$，无能力，但是有意愿完成某项任务；$M3$，有能力，但是无意愿完成某项任务；$M4$，有能力，并且有意愿完成某项任务。

针对不同的下属成熟度，领导方式主要可分为以下类型：

（1）告知型（$Q1$）。又称高任务低关系型，主要适用于低成熟度的下属（$M1$）。在这种情况下，下属既不能够也不愿意承担工作的职责，领导者下指示即可提高工作效率。

（2）推销型（$Q2$）。又称高任务高关系型，主要适用于下属成熟度较低的情况（$M2$）。在这种情况下，下属愿意承担工作的责任，但是他们缺乏完成任务的必要技能。领导者应以双向沟通的方式提高员工的工作技能，同时，从心理上支持员工承担工作责任，鼓舞员工努力工作的激情。

(3) 参与型（$Q3$）。又称高关系低任务型，主要适用于较高成熟度的下属（$M3$）。在这种情况下，下属具有完成具体任务的能力，但是不乐意领导者对他们有过多的指示和约束。他们一般已成为业务骨干或基层管理者，希望参与决策，但是，有时还缺乏自信心和安全感。因此，下属也希望领导者与他们多沟通，聆听他们的想法，相互交流信息，讨论问题。领导者在领导这类下属时，要支持他们的参与，经常保持沟通，保持良好的人际关系，千万不要在工作方面横加干涉，这样才能保持下属高昂的士气。

(4) 授权型（$Q4$）。又称低关系低任务型，主要适用于高成熟度的下属（$M4$）。在这种情况下，下属具备完成任务的能力并且愿意承担工作职责。他们或者是中层管理者，或者是资深白领。领导者不用对他们严加管理，而应该让他们放开手脚，自行决定何时、何地、以何种方式完成任务。领导者只需要稍加监督、了解一些反馈信息即可。

13. 目标—路径理论模型的主要观点是什么？模型中的主要情境因素是什么？请举例说明如何运用该模型。

(1) 路径—目标理论由罗伯特·豪斯开发，该领导模型吸收了期望理论中的关键要素。该理论指出，领导者的工作是帮助下属达到他们的目标，领导者需要提供必要的指导和支持，确保下属个体的目标与群体或组织的总体目标保持一致。该理论相信，有效的领导者通过指明道路与途径可以帮助下属实现他们的工作目标，并帮助下属清理道路上的各种障碍和危险，使下属实现目标的道路更顺畅。

目标—路径理论认为，领导者可以根据不同的情境表现出任何一种领导风格。豪斯确定了四种风格的领导者：

1）指示型领导者。他们让下属知道对他的期望是什么，以及完成工作的时间安排，并对如何完成任务给出具体指示。

2）支持型领导者。他们十分友善，表现出对下属各种需要的关怀。

3）参与型领导者。他们与下属共同磋商，并在决策之前充分考虑下属的建议。

4）成就取向型领导者。他们设置富有挑战性的任务目标，并期望下属发挥出最佳水平。

(2) 目标—路径模型中的主要情境变量有：

1）环境变量。包括在下属控制范围之外的环境因素，比如任务结构、正式职权系统、工作群体等。

2）个体特征。包括下属个人特征的一部分内容，比如控制点、过去的经验、知觉能力等。

其中，环境因素决定了需要什么样的领导行为类型，下属的个人特点决定了个体对于环境和领导行为如何解释。当环境因素与领导行为不一致，或者领导者的行为与下属的特点不一致时，领导效果均不佳。

（3）目标—路径模型的运用：

1）采用指示型领导风格的情境：与高结构化及设计规范的任务相比，当任务不明或压力过大时，指示型领导者会带来更高的满意度；当工作群体内部存在实质的冲突时，指示型领导者会带来更高的员工满意度；外控型下属对指示型领导风格更满意。

2）采用支持型领导风格的情境：当下属从事结构化任务时，支持型领导者会导致高工作绩效和高满意度；组织中的正式职权关系越明确、越官僚化，领导者越应展现支持型领导行为，减少指示型领导行为。

3）采用参与型领导风格的情境：内控型下属对参与型领导风格更满意。

4）采用成就型领导风格的情境：当任务结构不明时，成就取向型领导风格将会提高下属的预期水平，使他们相信通过努力可以提高绩效水平。对于高智商或经验丰富的下属来说，指示型领导可能被视为多余的。

14. 变革型领导理论和交易型领导理论的主要观点是什么？

（1）变革型领导理论的主要观点。20世纪80年代，美国政治社会学家詹姆斯·麦格雷戈·伯恩斯提出了变革型领导的概念。变革型领导是指通过让员工意识到所承担任务的重要意义和责任，激发下属的高层次需求或扩展下属的需求和愿望，使下属为团队、组织和更大的政治利益而超越个人利益的领导者。

变革型领导者的特质包括：1）领导魅力，是指能使他人产生信任、崇拜和跟随的一些行为。它包括领导者成为下属行为的典范，得到下属的认同、尊重和信任。2）感召力，是指领导者向下属表达对他们的高期望值，激励他们加入团队，并成为团队中共享梦想的一员。3）智能激发，是指鼓励下属创新，挑战自我，包括向下属灌输新观念，启发下属发表新见解，鼓励下属用新手段、新方法解决工作中遇到的问题。4）个性化关怀，是指关心每一个下属，重视个人需要、能力和愿望，耐心细致地倾听，以及根据每一个下属的不同情况和需要有区别地培养和指导每一个下属。

（2）交易型领导理论的主要观点。20世纪80年代，霍兰德提出了交易型领导的定义。他指出，领导行为发生在特定情境之下时，领导者与被领导者是相互满足的交易关系，即领导者用明确的任务及角色的需求来引导与激励部属完成组织目标。

伯恩斯认为，传统的领导可以被认为是一种契约式领导，领导者以资源奖励和被领导者对领导者的服从作为交换条件。因此，传统领导也称为交易型领导，它与变革型领导的区别在于是否激起追随者心中的激情。

但是，我们不能认为变革型领导与交易型领导是截然对立的两种领导风格。变革型领导是以交易型领导为基础形成的。变革型领导之所以更具有领导魅力，是因为他试图灌输的不仅是运用已有的观念来解决问题，而且是采用新的观点和视角来解决问题，从而使得这种变革型领导比交易型领导更能够带来下属的满意感和高绩效水平。

15. 如何管理变革过程?

(1) 在第一阶段，领导者要为变革制定令人信服的方案。在方案制定过程中，要提高对环境变化和威胁的敏感性；发起变革和挑战现状；寻找机会和冒险。

(2) 第二阶段的主要任务是激发共同憧憬。在这个阶段，要鼓励每个人思考全新的光明前途；让其他人明白憧憬，并朝着憧憬努力行动；从意识形态而不仅仅是经济利益角度来表达新的憧憬。

(3) 在第三阶段要实现领导转变。要不断向经理灌输实施变革的紧迫感；授权、支持、培养并增强下属的能力；帮助下属理解变革的需要；提高下属的自信和乐观精神；避开“迅速固定”的诱惑；认识到抵制变革的情感因素，并公开处理。

(4) 在第四阶段要实施变革。要注意用“伟大的态度”来增强下属的能力；帮助下属借助新憧憬发现自我成就；帮助下属超越自身利益，寻求集体利益；改变奖励系统和评价程序；实施团队建设干预，进行人员变更；任命一个特殊任务小组来监控改革过程；鼓励高层领导和经理以身作则。

16. 试列举时间管理的艺术。

(1) 设立目标：明确自己的长期目标；根据长期目标，制定中期目标和短期目标；根据短期目标，制定行动计划；经常对照目标与行动计划；立即行动。

(2) 树立正确的时间观念：时间就是生命、财富、资源；时间永远稀缺；一切的损失归根结底都是时间的损失。

(3) 有效地控制时间：每天用80%的时间做20%最重要的工作；制定24小时时间运用表，以15分钟为一个时段；尽可能使几件事同时运转；随身携带记录卡片或记录纸，便于记录重要思想；工作程序有条不紊等。

(4) 提高工作效率：在头脑清醒时干最重要的事；给自己定下时间限制；每天列出要干的工作；防止无关电话、不速之客的干扰；文件分类归档；提高自己的工作技能；少犯同样的错误；每天抽出一段时间考虑一下接下来的计划，并总结前一段的得失；避免重复性的劳动，把时间集中于解决创造性的问题；善于授权。

(5) 节省时间：尽可能利用各种工具（例如电脑、复印机、收音机、录音笔、电话、传真等）节省时间；善于快速学习；充分利用网络资源；讲话、写文章应言简意赅；有效地休息。

17. 讲话要注重哪些艺术?

(1) 掌握讲话的基本技巧：真诚待人，尊重对方；用词精炼，抓住中心；幽默风趣，委婉含蓄；抑扬顿挫，突出重点；生动具体，借用例子和图表。

(2) 选择讲话的方式：根据不同的对象、场合与时机，选择不同的讲话方式；结合讲话的目的，恰当运用表情与体态语。

(3) 做好讲话的准备：考虑对方行为的动机；考虑自己讲话的目的；预测

对方的反应；寻找双方共同的关心点；组织好自己的讲话素材；调整好自己的精神状态。

（4）学会提问与回答：因人而异提出不同的问题；尽量用敬语，礼貌提问；综合运用开放式提问和封闭式提问；讲究回答的技巧。

（5）善于演讲：明确演讲主题；运用鼓动性词语；态度积极、鲜明；逻辑推理严密；充分利用手势、眼神和表情；准备好开头和结尾；精确掌握时间；善于运用寓言、掌故、事实等。

（6）善于聆听：双眼正视对方，面带笑容；以点头和复述的方式肯定对方；听清对方陈述的真正含义。

18. 授权的艺术有哪些？

（1）首先明确是否要授权：认识到授权比不授权更节省金钱和时间，更有利于本人工作，更有利于培养下级。

（2）选择被授权者：选择有能力、有潜力、有动力完成任务的下级。

（3）确定授权事项：确定授权的时间、条件、方式并予以实施。

（4）检查被授权者的工作进展：确定适当的检查时间间隔；通过信息反馈渠道了解工作进程；给予被授权者必要的支持。

第 11 章

权力与政治

知识点回顾

权力是个体（或群体）A 对个体（或群体）B 的行为发生影响的潜在能力。权力是一种潜在的依赖关系。权力可以分为职务权力和个人权力。职务权力可以分为强制权力、奖励权力和合法权力。个人权力可以分为专家权力和参照权力。

权力是依赖程度的函数，依赖的产生取决于个体目标实现时所需资源的供给状况。个体或群体拥有的资源越重要、越稀缺、越具有不可替代性，需要这种资源的人对该个体或群体的依赖程度就越高。

影响力是领导力概念的核心，其对象包括下级、同事和上级等。硬影响力策略主要建立在职务权力的基础上，常见的有无声的权威、独断、信息控制、结盟和诉诸上级等；软影响力策略主要建立在个人权力的基础上，常见的有奉承和印象管理、说服以及交换等。使用不同的影响力策略需要考虑多种因素。

获得和运用权力的方法有很多，管理者应当懂得如何控制权术在组织中的泛滥。比如，在组织中形成开诚布公的组织气氛；建立科学、客观的绩效评估体系；最高管理层不鼓励权术行为；定期进行工作轮换；健全正式的沟通渠道等。

政治行为首先需要以个体运用权力的欲望为前提，然后需要建立在一个人使用自己权力的基础上，但这并不是组织正式角色的要求。它通过影响决策目标、准则和过程，达到影响组织利益分配的目的。政治行为可以分为合法性政治行为和非法性政治行为两类。

员工感觉到的政治行为可能会导致工作满意度降低、焦虑增加、离职增加和绩效降低等消极后果。当人们把政治行为视为一种威胁时，常常会采取自我防卫行为来回避参与活动、责备和可能的变革。

政治行为是否道德可以从行为的效果、个人权利的保障和分配是否公平三个标准来判断。同时满足三个标准的权力行为是道德的。管理者可以采取多种措施克服政治行为给组织道德带来的负面影响，比如，保持沟通渠道公开，塑造道德化、非政治行为的角色模型，当心只依照自己利益行动的游戏者，保护个人的私有利益，以及常问“这公平吗”等。

复习题

一、填空题

1. 权力是指个体（或群体）A 对个体（或群体）B 的行为发生影响的________。

2. 职务权力又称________，是以个体在组织中所处的位置为基础的，可以来自该位置所蕴涵的强制、奖惩能力以及该职位的权威性。因此，职务权力可以分为________、________和________。

3. 影响资源供给状况的因素有资源的________、________和________。

4. 在组织中，________是协调人们的努力和行动来实现组织目标的一个非常重要的过程，是领导力概念的核心，对象包括________、________和________等。

5. 研究表明，________策略更容易产生顺从和承诺的结果；________策略则很可能导致顺从甚至反抗的结果。

6. 政治行为首先需要以________的欲望为前提，然后需要建立在一个人使用自己的权力的基础上，但这并不是________的要求。它通过影响________、________和________，达到影响组织利益分配的目的。

7. 组织政治行为是由________和________进行的有目的的影响行为组成的，其目的就是在冲突发生或可采取行动的时候来增加和保护自己的利益。

8. 当人们把政治行为视为一种威胁的时候，他们常常会采取________行为来回避参与活动、责备和可能的变革。

9. 印象管理是指个体试图________他人对自己形成的印象的过程。印象管理有助于个体得到对自己有利的利益分配。

10. ________，即个体获得和运用权力的一系列行为。

11. 根据产生的根源，影响力可以分为________策略和________策略两种。

12. 硬影响力策略主要建立在________的基础上，软影响力策略主要建立在________的基础上。

13. ________如果被滥用，比如在组织中传播谣言、小道消息盛行，必然会降低组织成员之间的信任和凝聚力，甚至导致核心员工的流失。

14. 诱发政治行为的因素很多，可以分为________和________两类。

二、不定项选择题

1. 根据权力的来源，权力可以划分为职务权力和个人权力两大类。下列权力中属于个人权力的是（　　）。

A. 专家权力　　B. 参照权力

C. 强制权力　　D. 奖励权力

2. 下列权力中与员工满意度和忠诚度负相关的是（　　）。

A. 专家权力　　B. 参照权力

C. 强制权力　　D. 奖励权力

3. 影响力是协调人们的努力和行动来实现组织目标的一个非常重要的过程，是领导力概念的（　　）。

A. 基础　　B. 实质

C. 核心　　D. 根本

4. 下列选项中不属于影响力策略导致被影响者产生的反应的是（　　）。

A. 反抗　　B. 顺从

C. 承诺　　D. 跟风

5. 拥有专家权力的人使用（　　）策略可能更容易产生影响力。

A. 无声权威　　B. 说服

C. 印象管理　　D. 奉承

6. 下列选项中能够获得权力的是（　　）。

A. 等待危机　　B. 阻碍上级成功

C. 传播消息　　D. 人舍我取，人取我舍

7. 下列选项中属于合法性政治行为的是（　　）。

A. 暗中破坏

B. 消极怠工或坚持原则来阻碍组织的政策或决策

C. 象征意义的抵抗行为

D. 一批员工同时请病假

8. 罗宾斯总结学者们的研究，将引发政治行为的因素概括为个体因素和组织因素两类，其中属于组织因素的是（　　）。

A. 高度的绩效压力　　B. 对组织的投资

C. 角色模糊　　D. 高马基雅维利主义

9. 当人们把政治行为视为一种威胁的时候，他们常常会采取自我防卫行为来回避参与活动、责备和可能的变革。下列选项中属于回避活动的是（　　）。

A. 推诿责任　　B. 减震缓冲

C. 阻止变化　　D. 明哲保身

10. 满足下列（　　）标准时，权力行为才会被认为是道德的。

A. 照顾到一部分人的利益

B. 尊重所有当事人的权利

C. 平等、公平地对待所有的当事人

D. 能够给组织内部和外部的人员都带来好的结果

三、名词解释

1. 权力

2. 影响力

3. 印象管理

4. 权术

5. 组织气氛

6. 政治行为

四、简答题

1. 根据权力的来源，权力可以划分为职务权力和个人权力两大类。职务权力和个人权力又可以分为哪几类？

2. 常见的影响力策略有哪几种？分别简要介绍。

3. 常见的印象管理技术有哪几种？

4. 影响影响力策略使用的因素有哪些？会产生什么样的结果？

5. 获得权力的方法很多，列举常见的几种方法。

6. 管理者应该如何控制权术泛滥？

7. 政治行为产生的基本假定是什么？

8. 面对政治行为带来的负面影响，管理者应该采取什么样的措施？

案例分析

公司的绩效考核历来就是政治斗争的焦点，在职场中闯荡多年且一直从事行政工作的邵先生深知这一点。但让他没想到的是，他到明天集团后面临的主要问题不是如何开展绩效考核，而是如何先争取到负责年底绩效考核的权力。

明天集团以房地产为主营业务。集团的老板在几年前上海房产市场低迷时收购了一幢办公楼，为了实现对这栋办公楼的管理，集团在旗下注册成立了物业公司。明天集团的组织结构采用标准的股权治理机构，设有董事会、监事会，下设总经理负责日常运营。但遗憾的是，董事会成员均由老板亲属担任，监事会也只外聘了监事长一人。公司现在的组织框架如图 11—1 所示。

邵先生的角色是集团的行政总监。在他空降到集团之前，公司并没有该职务，公司的行政工作由办公室的张主任负责。这位张主任事不关己不开口，平时最爱装糊涂，对老板的话言听计从。他既没有过错，也没有功绩。而老板对他的工作似乎并不满意，后来终于决定重新招聘行政总监主抓行政和日常管理工作。在他看来，这样做也许可以让张主任知难而退，至少两个人工作上的相互制衡有利于激发竞争，提高工作效率。

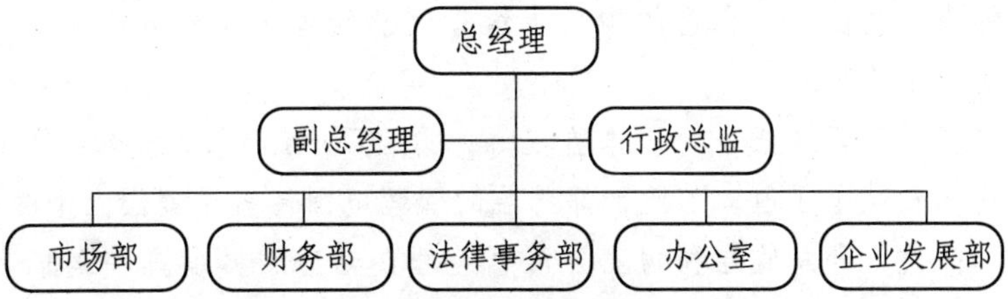

图 11—1　明天集团的组织结构

邵总监刚进入公司就感觉到了工作的难度。由于没有明确的授权和明确的工作职责，公司上下包括邵总监和张主任自己都对两个职位的高低做了一番比较。随后，双方展开了对部门内员工的争夺战，他们频频与自己部门的员工谈话，了解他们的思想。邵总监更是借着原人事经理辞职之机重新招聘了一位人事经理并将他培养成了自己的亲信。他深知，人事经理是部门内最重要的岗位。在这一轮较量中，他占了上风。

多年从事行政工作的经验告诉邵总监：如果没有工作业绩，一切都如同在沙滩上建筑自己的堡垒。年底将至，邵总监适时提出一套各部门考核方案。这套方案深得老板的欢心，因为方案的考核指标能充分体现老板对各部门工作的印象和好恶，比如，一直不受老板赏识的市场部的考核指标中就包括平时的纪律表现，而其他部门没有这项指标，这使得整天在外做市场调查的市场部此项指标很难得到高分；财务部也遇到了同样的问题：公司频繁更换财务经理使得财务部的很多工作都出现脱节的情况，尤其是在其他部门提出某些要求时，财务部的反应更是滞后，而对财务部的考核指标又尤其强调部门间的相互配合。于是，一场由老板搭台、邵总监执导的大戏拉开了序幕。

考核采用了各部门相互评分的形式，每个部门都有自己的代表参加，但这些代表由人事部门指定。

考核很快有了结果，并且符合老板在心目中对各部门的评价。但由于年底的考核直接与年终奖金挂钩，因此考核结果引起了轩然大波。财务部的部门经理和主抓市场部的集团副总经理伍总直接找到老板表达不满，结果是财务部经理辞职，伍总也被斥责对市场部管理不当。针对此事，老板在总经理办公会上公开表明了自己的想法，他在肯定行政部门工作的同时指出："在年初没有制定考核目标和考核计划的前提下进行年终绩效考核，的确难以做到客观，所以大家不必把考核结果太放在心上。"绩效考核是年终绩效奖金的发放标准，既然绩效考核的结果不能作为依据，年终员工的绩效奖金也因此被取消了。绩效考核事件就这样收尾了。

不过，完成了绩效考核的邵总监获得了老板的赏识和信任，在老板的要求和授权下，公司又发动了一场"定岗定编"运动，其目的是使公司的每个员工都明确自己的职责和权力。在这次定岗定编运动中，邵总监的地位得到正式的确认，集团的副总经理伍总则变成了集团下属项目公司市场部的市场总监。公司内部传言，伍总因为得罪了邵总监而被一撸到底；也有人说，其实不关邵总监的事，是伍总和自己的顶头上级集团总经理一贯不和，才招致如此大祸。伍总对此不置可否。

获得了正式任命的邵总监权力比以前更大。老板把整个集团的日常管理工作的职责赋予了他。从此，邵总监的管理范围涵盖了集团上下的每一个角落。

一次，邵总监在和物业公司总经理谈话时得知其即将辞职，于是向老板推荐了办公室张主任担任物业经理一职。邵总监说，张主任的能力很强，也很细心，很适合管理物业公司的保安和保洁人员。于是，张主任的任命文件就由邵总监起草。

变成物业公司经理的张主任仍然坚信自己还会回到总部坐回自己原来的位子。因为物业公司的办公室和集团总部在一幢办公楼内，张主任也许是怕别人忘了他的存在，几乎每天都在总部办公室露一下面。大家不解为何张主任的信念如此坚定，有消息灵通人士作如下解释：张主任得到了集团总经理的支持和许诺。也有人感到奇怪：在上次定岗定编一事上，邵总监不是和集团总经理站在一条战线上把伍总给“挤”走了吗？他们应该是一伙的呀？针对这一疑惑，有洞察世事者答曰：邵总监为人过于凌厉且权力欲过强，对公司内部的管理引起了各部门经理的不满，同时也触及了集团总经理的地位，所以总经理为了维护各部门的利益和稳固自己的地位，必欲除之。

资料来源：刘莹辰：《明天集团的公司政治》，http：//www.chinahrd.net/zhi_sk/jt_page.asp?articleid=108116，2006-08-07。

【分析与思考】

1. 组织的政治行为可能带来的消极结果有哪些？
2. 结合案例说明诱发政治行为的因素。
3. 如果你是该企业的老总，将如何对待公司内部的政治行为？

【分析提示】

1. 组织的政治行为可能会导致的消极后果包括：（1）工作满意度降低。（2）焦虑增加。员工担心如果自己不采取政治行为，自己的利益可能就会被那些积极的政治行为者侵吞，这种状况使得他不得不对自己参加政治活动或者在政治领域中进行竞争感到有额外的压力。（3）离职增加。过多的政治行为会让员工感觉到不公平、压力增大、焦虑增加等，当员工感觉到组织中的政治行为多到自己无法应对的时候，就会选择离开组织。（4）绩效降低。由感觉到的政治行为带来的工作满意度降低、焦虑增加、被迫参与政治行为、不公平感的增强等都会分散员工的工作精力、降低工作的动力，从而使得个体绩效降低。

在本案例中，邵总监和张主任的争权夺利行为已经严重影响了组织内良好的沟通氛围，破坏了员工间真诚相待、合作共赢的良好气氛，使得人人自危，不能专注于如何把工作做好，而是致力于如何进行资源与权力的争夺，长此以往，将不利于企业绩效的提升。

2. 诱发企业内组织政治行为的因素有：

（1）个体因素。研究发现，个体的一些人格因素、需要特点等可以有效预测政治行为。如高自我监控者、内控型者、高马基雅维利主义者、对成功的期望较高者、感到有较多其他工作机会者更容易采取组织政治行为。

在本案例中，邵总监具有很强的控制愿望和权力的需要，属于高马基雅维利主义者，相信目的重于手段，所以往往为了更多的自我利益而采取政治行为。而过去采取非法性政治行为获得成功的经历也使他更加致力于通过政治行为获得自己的利益。

（2）组织因素。特定的情境和组织文化促使了政治行为的产生，如资源的重新分配、存在晋升机会、组织内缺乏信任、角色模糊、绩效评估体系不明确、零和的报酬分配体系、高度的绩效压力、自私自利的高层管理者等都会促使组织政治行为的产生。

在本案例中，由于行政总监和办公室主任的角色模糊，正式角色的边界不清晰，致使人们更容易不知不觉地被卷入政治行为中。晋升决策一直是组织中导致政治行为产生的最普遍原因之一，晋升或者发展机会鼓励组织成员为了有限的资源展开竞争，并试图对决策结果产生积极的影响。另外，高层管理者的政治行为会给下属形成一种榜样和暗示：这些人采取政治行为获得了成功并且得到了想要的回报。于是，在组织中，政治行为就会被看做可以接受的，致使下属员工也会尝试使用政治行为来为自己谋利。绩效评估标准越主观、强调的指标越单一、评估的时间期限越长，员工越有可能参与到政治行为中以获得对自己有利的结果。

3. 作为公司老总，为避免公司的政治行为可能带来的负面效应，应在公司营造良好的组织氛围，采取以下几方面的措施：

（1）保持沟通渠道公开。公开的沟通渠道可以避免信息控制、角色模糊等带来政治行为，并可以增加组织成员之间的信任，从而有效减少不道德的政治行为。

（2）塑造道德化、非政治行为的角色模型。组织应该大力提倡、鼓励和宣传道德的行为，树立非政治行为的角色模型，为组织成员理解和遵从道德化的行为树立榜样。

（3）及时发现与惩罚只依照自己利益行动的游戏者。对于利用政治行为为自己谋利的员工，组织应该及时发现、公开惩罚这种行为，避免这种通过不道德行为为自己成功谋利的现象给其他员工造成不良的暗示。

（4）保护个人的私有利益。管理者在发现大量不道德的政治行为时首先要思考的问题是：这种行为产生的原因究竟是个别人的道德问题，还是组织的规章制度不明确、不公平导致员工在自身利益受到侵害而又得不到合理保护时被迫采取行为？组织应该有明确的制度保障个人的私有利益公平、安全。

（5）常问“这公平吗”。管理者应唤醒自己的道德意识。组织之所以形成政治行为泛滥的文化和局面，原因就在于管理者的行为被员工认为是不道德的政治行为，从而导致上行下效。

扩展阅读案例

A集团是一家拥有全球儿童电子学习产品知名品牌，在香港、伦敦两地上市的跨国科技集团。集团的年销售额超过13亿美元（其中9亿美元为电子学习产品销售额，4亿美元为电话产品销售额），全球雇用员工2万余名。A集团的权力结构为：集团董事长黄先生，首席执行官罗先生，董事会成员林先生（集团发起人之一，提出“toy”市场定位，在欧美获得巨大成功），中国部经理李博士，李博士直接向首席执行官罗先生汇报。

由于A集团长期将企业发展的战略市场放在欧洲和北美（占欧美电子学习产品市场份额的80%），因此在国内毫无知名度。21世纪初，中国市场呈现蓬勃发展之势，而在欧美市场，随着跳蛙等公司的高速发展，A集团感受到前所未有的竞争压力，跳蛙等公司凭借新颖的产品和恰当的市场推广手段，不断蚕食A集团在美国的市场份额。此时，对A集团高层领导而言，世界上最大的新兴市场——中国市场的吸引力是不言而喻的，因而，进军中国市场是A集团的必然选择。

2002年7月1日，A集团高层宣布进军中国市场，拉开了“内销”大陆市场的序幕。集团同时宣布由业内资深经理人李博士担任中国区总经理……2002年8月28日，集团耗资70多万元，委托专门的调研公司及中国市场部的销售人员对北京、上海、珠三角、成都等典型市场进行为期一个月的市场调查。根据调查结果，李博士对A集团的电子学习产品进行了重新定位，即由原来的“toy”（好玩、便宜）改为“learning”（学习），使之符合中国人的消费观念。2003年4月2日，A集团携带即将进入中国市场的16款产品参加国内最具影响的广州儿童用品、玩具博览会，引起轰动，各地经销商将A集团展区围得水泄不通。2003年5月，《南方都市报》专门刊登了有关李博士的经营理念的文章，对李博士的中国市场定位予以肯定。A集团的中国化战略进展顺利，一切都顺理成章。

但是，2003年5月31日，知名职业经理人李博士宣布辞职。几天后，由其组建的中国市场部员工集体辞职。原来，集团公司发起人林董事（原“toy”定位提出者）与黄董事长素有矛盾，而首席执行官罗总深得黄董事长的信任，李博士又直接向罗总汇报，林董事对李博士对产品进行重新定位非常不满，认为自己的威信受到了挑战；他在董事会上极力主张中国公司应向亚太地区总经理汇报。2003年3月，集团向中国公司派来一位亚太地区总经理（香港人，对内地市场一无所知，听不懂也不会讲普通话），李博士直接向其汇报。此人到来后，利用小恩小惠拉拢李博士手下的员工为己所用，使李博士的指令在企业内部很难执行。为此，李博士专门请教了林董事，林董事回答说："我很赞成你的观点，但现在总负责的是新派去的总经理。"最终，李博士只好选择了辞职。

李博士辞职后，公司从总部派来新的销售总监，由于其对内地市场一无所知，不能听说普通话，因此无法与多数员工进行沟通，更不能与经销商沟通。他对于中国内地市场的运作既没有自己的思路，又不接受员工的意见。他认为下属提建议是在讽刺他不懂运作，会导致部门内部溜须拍马之风盛行。总经理和销售总监总是怀疑员工偷懒，于是给每位业务人员配备了一支录音笔，要求员工记录每日的工作日程。比如，一名员工到了某百货公司，就要打开录音笔记录现在是几点几分，其在某百货公司即将与谁洽谈采购合作。然后要开着录音笔偷录采购的全部谈话过程，之后则继续汇报下一步工作动向并录音。总之，业务人员无论走到哪儿，都要录音记录，回公司后交给销售部经理检查。后来公司觉得这种方式实在麻烦，便成立了电脑部，配备4～5名程序员专门开发了电脑汇报系统。该系统要求业务人员输入的报表有月总计划、月详细计划（每日每小时计划干什么）、月销售计划、提货计划、回款计划、周总计划、周明细计划（每日每时干什么）、周回款计划、周销售计划、日工作记录（无论打电话还是做其他事情，都要以小时为单位做记录）。与计划配套的各种总结有月工作总结、月销售总结、回款总结、周工作总结、周销售总结、周回款总结、日总结。业务人员出差时根据销售总监的要求每天通过手机短信汇报工作行程等，出差后要完成出差工作总结。管理程序非常烦琐，严重挫伤了员工的工作积极性。

2003年6月1日，A集团电子学习产品在广州友谊商店上柜，拉开了在珠三角上市的序幕。2003年8月2日，A集团全国招商会议在东莞某五星级酒店隆重召开。2003年11月，河南等地部分代理商因为产品销量不佳开始要求终止合作、退货还款。

2004年5月，A集团被迫退出作为内地旗舰店的广州友谊商店。2004年7月，全国四大区域首席代表中三位负责主要市场的代表宣布离职。2004年底，A集团的中国化战略宣告彻底失败。据不完全统计，其全部损失至少在1亿美元以上，更严重的是，A集团在几年之内将很难再进入中国市场，这意味着失去了进入中国市场的机会。

公司在董事会上总结了导致A集团中国化战略惨败的原因：

第一，职业经理人团队有先天缺陷。A集团新派来的中国区总经理及销售总监两人不具备带领团队、运作品牌的能力。

第二，销售战略和策略混乱，销售管理存在严重问题。

第三，未建立市场反馈机制，对市场信息漠不关心。

第四，部门运营效率低下、人浮于事，造成巨大资源浪费。

第五，产品产销不对路，产品线及新品开发流程存在问题。

第六，市场宣传推广不力，促销策略混乱、无计划。

【分析与思考】

1. 你认为 A 公司在中国市场失败的真正原因是什么？
2. 什么是组织政治行为？它可能给企业带来的消极后果是什么？
3. 如何有效减少组织政治行为对企业发展的消极影响？

延伸阅读

组织政治行为与管理者的职业生涯发展

组织是由具有不同价值观、目标和利益的个人及群体构成的，组织内部各种资源的稀缺性和有限性，决定了个体与群体之间在资源分配上的潜在冲突。再加上组织分配标准的模糊性和决策环境的不确定性，导致组织成员在资源分配中为了谋求个人利益或群体利益的最大化，往往不择手段地竞争。这就为组织政治行为的存在和发展留下了巨大的空间。

管理者的职业生涯是指管理者一生中管理职位的升迁路线。职业生涯管理是指为了达成个人目标而采取的一系列旨在开发自身工作潜力、拓展工作领域的措施。一个人一旦通过选择或选拔进入组织中特定的管理岗位，他的管理者职业生涯就开始了。通常，有的人可能一生都在一个固定的管理岗位上从事一项固定的管理工作，也可能经历若干管理岗位、若干职业甚至若干不同的行业。不管属于哪种情况，管理者职业的特点和要求决定了管理者职业生涯的成功与组织政治行为之间的紧密联系。

众所周知，组织中的管理者角色就是对组织目标负责的人，管理者职业生涯的成功必须建立在组织成员与组织整体成功的基础上。只有通过协调组织内部各方面的利益和工作，保证组织目标的有效实现，管理者的职业生涯才能顺利发展。在这个漫长的过程中，管理者总是试图在不断变化的个人、组织与社会环境中找到恰当的机会发挥自己的影响力，采取各种措施处理好各方面的利益冲突，以谋求在事业上取得进展。换句话说，管理者个人目标的实现依赖于组织其他成员利益和组织利益的满足。要实现三者的统一，仅仅依靠组织的合法权力和正式的角色行为无疑是不现实的，当管理者通过各种努力获得管理权并将自身的影响力付诸实施时，就意味着他们将不可避免地卷入组织政治行为。

组织政治行为可以表现为合法的形式，即在不违背组织规范的约束，坚持正常的程序或途径的条件下采取的非正式管理角色的行为，如组织政治联盟、制造舆论加速政策的推行、施加个人影响力提拔下属、运用私交建立与上级的非正式沟通渠道等；也有不合法的政治行为，即与组织规范存在显在或潜在冲突、违背或影响组织的整体利益的行为，如恶意中伤竞争对手、抵制有损个人利益的改革、为竞争对手制造工作阻力、联合罢工以达到小集团目的等。

从管理者的职业生涯发展过程来看，一方面，政治手段高明的管理者能够更有效地运用和增强他们的影响力，使自己得到更有效而迅速的提升，获得更多更好的职业发展机会。另一方面，有大量管理者却因不谙此道而在职业生涯中屡受打击，升迁无望。导致这种情况出现的原因有两个：一是管理者不理解组织政治行为的意义，不懂得在管理工作中有效运用合法的组织政治行为策略为自身的发展和利益服务；二是管理者在工作中滥用或误用非法的组织政治行为策略，导致组织成员对其支持下降、信心不足，甚至受到严厉的制度惩罚，失去管理者的合法身份。因此，有必要探讨成功的管理者在进行职业生涯管理的过程中有哪些常见的合法的并且有效的组织政治行为策略，以便更好地促进管理者开发自身的潜能，帮助管理者在成功地发展自己事业的同时提高组织整体的效益。

管理者的组织政治行为策略与合法的政治化策略

政治化策略是指那些能够使管理者更加精通组织政治行为的方法和手段。有助于管理者职业生涯发展的合法的政治行为包括：

- 制造有利的舆论，将自己的私利尽量与组织利益结合。因为那种明显的牟取私利的行为必然会受到指责，管理者会因此失去影响力，最终为组织所抛弃。
- 树立自身的良好形象。管理者的形象是否与组织倡导的形象一致常常是影响其管理生涯成功的重要因素。在管理业绩良好的前提下，管理者的形象与组织倡导的形象保持一致，与职业生涯的成功具有正相关的关系。由于绩效评估涉及大量主观判断成分，因此，“实际做了什么”和“别人认为你做了什么”之间存在差别，管理者需要让别人了解自己的绩效。特别是当工作本身不受人关注或无人关心时，管理者就需要通过建立非正式沟通渠道或扩大交往圈子来引起他人的注意。
- 控制组织的资源，是获得权力的最佳方法。管理者控制的组织资源越多，他在组织决策中的地位越高，对他人的影响力也就越大。个人的知识和专业技能是管理者可以合法开发和控制的有效个人资源，可以使管理者在组织中更有价值，拥有更多的机会和更多的支持者。因此，不断提升自己是管理生涯成功的关键。一个有志于不断获得升迁的主管人员，不能只将眼光放在通过职位权力的扩大来实现自己的管理生涯规划上，而应更多地注重通过自己的努力学习来获得一种自然影响力，只有这样，才能使自己对于组织而言更有价值，也才可能得到职业保障和晋升。
- 争取最关键的工作，即对于企业发展至关重要、上级领导最看重的工作。随着组织的不断发展，业务市场会不断扩大。管理者可以根据自己的实际能力争取承担类似关键工作的机会，也可以考虑将自己对这一工作的构思和计划展示给与之相关的人，一旦得到积极的反馈，就可以进一步设法实现这种构思和计划。这种努力除了有助于管理者扩大自己在组织中的影响力，还有助于得到更多的晋升机会。

● 结成权力联盟。权力结构是指组织中由正式组织结构所确定的职权关系以及由此而形成的资源配置状况。在特定的组织中，当某人拥有他人需要的某种资源，且是这一资源的唯一控制者时，他便因此而使其他人依赖于他，从而获得了对其他人的控制权力。有意识地与有权势的人结成联盟，可以使自己更快更多地得到核心信息，得到更多表现自己的机会。这样，当有机会晋升时，就可以获得有权势的人的支持，达到成功升迁的目的。

● 回避危险人物。组织里有一些地位不稳固的“危险角色”或“边缘角色”的能力、绩效和忠诚度受到怀疑。如果与这些人保持密切关系，管理者自身的形象和绩效也会受到影响，在选择“一个人的支持”和“大多数人的支持”上，管理者的立场应该非常鲜明。

策略的运用能够有效提升面试的成功率。在管理者职业生涯管理过程中常见的印象管理策略包括：

● 从众策略。即在自己能力有限的情况下，有选择性地支持或赞同某些“重要人物”的观点，以便自己得到他人的接纳和认可。

● 施惠策略。即通过帮助他人、为他人谋取利益获得他人的感谢和好感。

●“担担子”策略。当组织处于困境时，管理者主动承担不良后果的责任，以获取相关人员的信任和谅解。

● 选择性沟通策略。一种是对有利事件广泛宣传，以帮助扩大对自己形象的正面影响；一种是对困境的原因和对策进行分析解释，以降低他人对事态严重程度的估计，减轻不良事件对自身形象的负面影响。

● 赞美策略。能够敏锐捕捉他人的优点并适当赞美和宣扬，可以让管理者受欢迎，更容易得到他人的接受。

资料来源：张丹：《组织政治行为视角中的管理者职业生涯管理》，载《商业时代》，2006(4)。

复习题参考答案

一、填空题

1. 潜在能力
2. 正式权力；强制权力；奖励权力；合法权力
3. 重要性；稀缺性；不可替代性
4. 影响力；下级；同事；上级
5. 软影响力；硬影响力
6. 个体运用权力；组织正式角色；决策目标；准则；过程
7. 团队；个体
8. 自我防卫

9. 控制

10. 权术

11. 硬影响力；软影响力

12. 职务权力；个人权力

13. 权术

14. 个体因素；组织因素

二、不定项选择题

1. AB 2. C 3. C 4. D 5. B 6. ACD 7. B 8. AC 9. A 10. BCD

三、名词解释

1. 权力是指个体（或群体）A 对个体（或群体）B 的行为发生影响的潜在能力。权力是一种潜在的依赖关系，不一定非要通过外在的表现来证明它的效果。个体可以拥有权力，但是可以选择不使用这种权力。权力可以存在但不被使用，因此，它是一种潜在能力。

2. 影响力是指试图改变他人态度或行为的具体行动。在组织中，影响力是协调人们的努力和行动来实现组织目标的一个非常重要的过程，是领导力概念的核心，其对象包括下级、同事和上级等。

3. 印象管理是指个体试图控制他人对自己形成的印象的过程。印象管理有助于个体得到对自己有利的利益分配。常用的印象管理技术包括从众、借口、自我推销、道歉、吹捧、施惠、拉关系等。

4. 权术是指个体获得权力和运用权力的一系列行为。在组织行为学中，该定义是中性的，与影响力相同。

5. 组织气氛是指由组织成员共同的心理感受或者相似的认知所形成的一种心理气氛。

6. 政治行为是指不是由组织正式角色要求的，但又影响或试图影响组织中利益分配的活动。政治行为首先需要以个体运用权力的欲望为前提，然后需要建立在一个人使用自己权力的基础上，但并不是组织正式角色的要求。它通过影响决策目标、准则和过程，达到影响组织利益分配的目的。

四、简答题

1. 根据权力的来源，权力可以划分为职务权力和个人权力两大类。职务权力和个人权力又可以分为哪几类？

职务权力可以分为强制权力、奖励权力和合法权力；个体权力可以分为专家权力和参照权力。

2. 常见的影响力策略有哪几种？分别简要介绍。

根据产生的根源，影响力策略可以分为硬影响力策略和软影响力策略两种。硬影响力策略主要建立在职务权力的基础上，常见的有无声的权威、独断、信息控制、结盟和诉诸上级等；软影响力策略主要建立在个人权力的基础上，常见的有奉承和印象管理、说服以及交换等。

3. 常见的印象管理技术有哪几种？

常见的印象管理技术包括从众、借口、道歉、自我推销、吹捧、施惠、拉关系等。

4. 影响影响力策略使用的因素有哪些？会产生什么样的结果？

影响影响力策略使用的因素包括：影响力实施者的权力基础；影响实施者与被影响者的关系；文化和价值观的差异。

影响力策略会使得被影响者产生三种反应：反抗、顺从和承诺。研究表明，软影响力策略更容易产生顺从和承诺的结果；硬影响力策略则很可能导致顺从甚至反抗的结果。

5. 获得权力的方法很多，列举常见的几种方法。

获得权力的常见的方法有：努力工作，获得优异的绩效；工作轮换；协助上级成功；提携下级；找一位推荐者；显示忠心；人舍我取，人取我舍；汇报情况；与掌权者联盟；控制信息；收集和使用 IOU；等待危机；登门槛；攻击和指责他人；传播消息。

6. 管理者应该如何控制权术泛滥？

控制权术泛滥的方式有：形成开诚布公的组织气氛；建立科学、客观的绩效评估体系；最高管理层不鼓励权术行为；定期进行工作轮换；健全正式的沟通渠道。

7. 政治行为产生的基本假定是什么？

诺德指出，政治行为的产生建立在对组织中权力的四个基本假定上：

（1）组织由相互竞争资源、能量和影响的联合体组成；

（2）各种联合体寻求保护自己的利益和影响的地位；

（3）权力不平等的分配本身就具有反人性化的效果；

（4）组织中权力的运用是更大的社会系统中权力运用的一个非常重要的方面。

8. 面对政治行为带来的负面影响，管理者应该采取什么样的措施？

管理者可以采取以下措施来应对政治行为带来的负面影响：保持沟通渠道公开；塑造道德化、非政治行为的角色模型；当心只依照自己利益行动的游戏者；保护个人的私有利益；常问“这公平吗”。

第 12 章

冲突与谈判

知识点回顾

冲突是指个体由于互不相容的目标、认识或情感而引起的相互作用的一种紧张状态。它具有客体的多样性、起因的多样性和客观性三个特点。冲突和竞争存在密切的关系。发生冲突有各种各样的原因，人的本性、争夺有限的资源、角色不同、价值观与利益的差异、职责不清、争权夺利、组织变革、组织的心理气氛等都可以引起冲突。

冲突既有积极的作用，也有消极的影响。冲突可能会促进改革、建立新的和谐关系、激发完成任务的干劲、宣泄员工的不满情绪、了解真实的信息、促使组织更换领导者、促进制度的完善、满足员工追求卓越的心理、有利于阐明观点与立场以及产生新的目标；冲突的消极影响也很明显，可能会引起消极的情绪状态、造成组织的巨大损失、使一部分人才流失、破坏组织结构和秩序以及导致员工人际关系恶化。

冲突的传统管理方法有妥协、第三者仲裁、拖延、和平共处、宣传、转移目标、重组、压制等，有些方法现在依然有效。

根据谈判的特点，谈判可以分为**分配谈判**和**综合谈判**，两者各有特点。谈判一般包括五个阶段：准备与计划、界定基本原则、阐述与辩论、讨价还价与解决问题、结束与实施。根据每个阶段的特点，谈判人员应该抓住谈判重点。

常用的**谈判策略**有要价与还价策略、红脸—白脸策略、引入第三方策略和双赢策略等。谈判者要学会熟练运用各种策略为己方争取更多的利益。

复习题

一、填空题

1. 冲突是一种客观存在的、不可避免的、正常的社会现象，是组织________和________的必不可少的一部分。

2. 管理心理学家杜布林把冲突分为两个维度，一个维度是有害和有益，另一个维度是个体和实质。其中，个体的冲突主要涉及人的________与________，而实质的冲突主要涉及________与________。

3. 双趋型冲突是指个体要从两个以上都可能带来________后果的备选方案中作出选择时产生的冲突。

4. 研究指出，企业中的个体或群体与其他个体或群体的心理距离________时，最容易产生冲突。

5. 在组织中，管理者对处理冲突已有一定的经验，我们称之为________。

6. 在管理中，如果出现无冲突现象，将不利于正确决策，也不利于获取正确的信息，是企业发展的一大障碍。无冲突现象是指企业表面看不见任何冲突的一种________现象。

7. 综合谈判是指建立在至少可以寻找一种方法使谈判双方实现________的假设之上的谈判类型。综合谈判优于分配谈判之处在于谈判结果让双方都非常开心，不会因为一方在谈判中感觉自己失败而心怀怨恨。综合谈判更能够促进双方的________关系。

8. 当谈判陷入僵局的时候，寻求第三方帮助是解决问题的常用方法。谈判第三方可以承担________、________、________和________四种基本角色。

9. 冲突是指个体由于互不相容的目标、认识或情感而引起的相互作用的一种________。

10. 冲突的结果可以是________的，竞争的结果一般是________的。

11. 协作型冲突是指一种既________又________的冲突，冲突双方都想尽量扩大双方共同成果。

12. 组织内部冲突的类型包括________、________、________。

13. 分配谈判是指对于一份固定利益谁应该得多少进行________的一种谈判。分配谈判是一种________谈判，一方得到要以另一方失去为代价。

14. 谈判实践中，一般由________首先草拟日程，然后与对方进行沟通和磋商并最终确定日程。

二、不定项选择题

1. 下列关于冲突的说法中不正确的是（　　）。

A. 冲突是客观存在的

B. 冲突是不可避免的

C. 冲突是不正常的社会现象

D. 冲突是组织心理和行为必不可少的一部分

2. 下列关于冲突与竞争的关系的说法中不正确的是（　　）。

A. 竞争中可以没有冲突　　B. 竞争必定会产生冲突

C. 冲突的结果可以是双赢的　　D. 竞争的结果一般是零和的

3. 销售部经理对总经理有满肚子的牢骚，但又不敢当面发作。当他知道有一位重要客户是总经理介绍来的，就故意怠慢这位客户，结果到手的合同飞了，企业蒙受了损失。上述行为属于（　　）。

A. 有益—个体型　　B. 有害—实质型

C. 有益—实质型　　D. 有害—个体型

4. 工人小李想从国有企业流动到合资企业，可能到后者工作工资会高一点，但在前者工作更有职业安全感。这时，小李可能会产生（　　）。

A. 双趋型冲突　　B. 双避型冲突

C. 趋避型冲突　　D. 实质型冲突

5. 下列选项中属于群体之间冲突的是（　　）。

A. 防御型冲突　　B. 强势型冲突

C. 直线—参谋型冲突　　D. 弱势型冲突

6. 冲突产生的原因可能是（　　）。

A. 人的本性　　B. 角色不同

C. 职责不清　　D. 组织变革

7. 下列选项中属于冲突的积极作用的是（　　）。

A. 宣泄员工的不满情绪　　B. 使一部分人才流失

C. 促使组织更换领导者　　D. 破坏组织结构和秩序

8. 工程部和发展部互相埋怨对方占用的资金太多，以至于本部门的经费不够。总经理告诉他们，只要争取到下一位有实力的客户，经费问题就可以迎刃而解，这使工程部和发展部都把努力的目标对准如何获得下一位有实力的客户，消除了彼此的冲突。在解决上述冲突时，总经理运用的方法是（　　）。

A. 第三者仲裁　　B. 拖延

C. 和平共处　　D. 转移目标

9. 下列选项中属于无冲突现象的表现形式的是（　　）

A. 员工对组织漠不关心　　B. 领导者一呼百应

C. 小集团盛行　　D. 过分强调团结一致

10. 谈判第三方可以承担的角色有（　　）。

A. 调停人　　B. 仲裁人

C. 拍板者　　D. 顾问

三、名词解释

1. 冲突

2. 竞争

3. 心理气氛
4. 心理距离
5. 第三者仲裁
6. 无冲突现象
7. 分配谈判

四、简答题

1. 什么是冲突？冲突和竞争有什么关系？
2. 传统的冲突管理方法有哪些？
3. 谈判的准备和计划阶段需要注意什么？
4. 请举例说明八种让价策略。
5. 常见的要价与还价策略有哪些？
6. 什么是双赢？如何在谈判中实现双赢？
7. 报价的策略和技巧是什么？

案例分析

亚通网络公司是一家专门从事通信产品生产和电脑网络服务的中日合资企业。公司自1991年7月成立以来发展迅速，销售额每年增长50%以上。与此同时，公司内部存在不少冲突，影响着公司绩效的继续提高。

作为合资企业，尽管日方管理人员带来了许多先进的管理方法，但是日本式的管理模式未必完全适合中国员工。例如，在日本，加班加点不仅司空见惯，而且没有报酬。亚通公司经常让中国员工长时间加班，引起了大家的不满，一些优秀员工还因此离开了亚通公司。

亚通公司的组织结构是直线职能制，部门之间的协调非常困难。例如，销售部经常抱怨研发部开发的产品偏离顾客的需求，生产部的效率太低，使自己错过了销售时机；生产部则抱怨研发部开发的产品不符合生产标准，销售部的订单无法达到成本要求。

研发部胡经理虽然技术水平首屈一指，但是心胸狭窄，总怕他人超越自己，因此常常压制其他工程师。这使得研发部人心涣散，士气低落。

资料来源：《冲突管理案例：亚通网络公司》，http：//www.pinggu.org/bbs/b96i372658p23.html，2008-10-16。

【分析与思考】

1. 亚通公司的冲突有哪些？导致冲突的原因是什么？
2. 如何解决亚通公司存在的冲突？

【分析提示】

调查表明，企业经理要花费20%的时间来处理冲突，冲突管理能力因此被认为是管理者事业成功的关键因素之一。冲突是指个体由于互不相容的目标、认识或情感而引起的相互作用的一种紧张状态。冲突发生的原因有：双方存在不同的利益；双方均认为对方会损害自己的利益；察觉到对方正在采取不利于自己的行为或预测到对方将会采取类似的行为。

在组织内部，冲突的层次可以分为五种：个体内部冲突、个体之间冲突（人际冲突）、群体内部冲突、群体之间冲突（群际冲突）、组织内部冲突。本案例中涉及的冲突包括人际冲突、群际冲突和组织内部冲突。

首先，我们来看一下亚通公司的管理层与中国员工之间的冲突，这属于纵向的组织内部冲突。产生这种冲突的原因比较复杂，可能涉及权力分配问题、组织设计问题、个人利益问题或信息沟通问题。在案例中，产生冲突的原因可能有：（1）权力与地位：管理层运用行政权力要求员工加班，但没有提供任何报酬作为补偿；而员工没有充分的权力维护自身的利益；（2）价值观不同：中国员工的价值观与日本员工不同，如果企业要求员工长时间加班，又没有相应的报酬，一般很难调动员工的积极性，久而久之就会削弱员工的工作动机强度；（3）资源缺乏：要求员工加班，通常需要提供合理的加班费作为补偿；而主管们希望把人力成本维持在一个较低的水平。

冲突的结果是，没有能力外逃的员工就会表现出工作动机不强、工作效率低下，有能力的明星员工则想方设法跳槽到更好的工作环境中。如果这种情况长时间没有得到控制和改善，企业人才将丧失殆尽。如果管理者仅能把所谓的“优秀”的管理方法照搬过来，而不能因地制宜地灵活运用，就会断送企业的前程。管理层应该根据具体的情况合理地设计报酬系统，重新激发员工的积极性，并在人力成本与员工绩效之间取得一个动态平衡。

其次，企业中存在各部门之间的冲突。这种冲突存在于同一组织处于不同层级的各部门之间，称为横向冲突，也是一种群际冲突。由于亚通公司采用的组织结构是直线职能型，因此出现这种类型的冲突不足为奇。直线职能型组织结构的优点是：分工细密，任务明确，职责清晰；同时具备直线制的集中统一指挥的优点和职能制的专业管理的长处；结构稳定性高。缺点是：中央集权，下级缺乏必要的自主权；各职能部门之间的横向联系较少，容易产生脱节矛盾；各参谋部门与指挥部门之间的目标不易统一；信息传递路线较长，反馈较慢；环境适应性低。

产生部门间冲突的原因主要有：（1）任务相互依赖：由于各部门之间存在任务依赖性，而组织结构的先天缺陷却削弱了各部门之间必要的沟通，因此导致任务的不协调。（2）目标不相容：各部门有着自己的绩效目标，例如，销售部希望增加产品线的广度以适应多样化的市场需求，生产部则希望希望减少产品线的广度以节省成本，即销售部的目标是顾客满意，生产部门的目标是生产效率。

解决部门间冲突的办法有：企业可以通过信息管理系统来促进信息的流通，让各部门及时得到有用的数据，ERP项目可以充分利用信息技术来增强企业的信息管理能力。不过，应该认识到冲突最根本的原因是目标不相容，各部门虽同属于一个企业，但未能看到企业的统一目标，而只是看到各自的绩效目标。企业可以实施关联性绩效评估，把具有依赖性的部门的绩效关联起来。如果某些部门只顾实现自身绩效，而不顾与之关联的部门的绩效，就不能达到整体平衡，无法实现整体最优绩效。这样，即使部门自己的绩效达到最优，也不会获得高绩效评级。当然，如果主管自身的整体观念不强，实施的效果还是会令人失望的。企业可以考虑对主管进行适当的培训。

最后，我们来看看胡经理与其下属之间的冲突。这种冲突存在于两个或两个以上的个体之间，称为人际冲突。产生这种冲突的原因也有很多，在本案例中主要有：

（1）人格特质：优秀的员工未必能成为优秀的经理，这与当事人是否拥有独特的优势相关，也与他们当经理的动机相关。

（2）缺乏信任：人与人之间越是相互猜疑，越会产生冲突；越是信任对方，越能互相合作。胡经理心胸狭窄，总是疑心别人超越自己，抢了自己的饭碗。这会极大地影响团队的凝聚力，导致团队效率低下。

（3）归因失误：当个体的利益受到他人的侵害时，他就会弄清对方为什么如此行动。如果确认对方是故意的，就会产生冲突和敌意；如果确认对方不是故意的，冲突发生的概率就会降低。没有（良性）竞争就没有进步，如果错误地把良性的竞争归因为恶性的竞争，就会出现各种误会和冲突。归因行为在很大程度上依赖于人格特质与行为动机，归因失误会导致信任程度减弱。胡经理的担心其实是不必要的。

在上述三方面原因中，人格特质是最关键的，如果胡经理真的不适合作为一名管理者，让他处在这个位置上肯定会出现问题。所以，企业只好考虑撤换胡经理，但胡经理技术很强，是企业的明星员工，如果处理不当，有可能把胡经理赶到竞争对手那里。合理地解决替换胡经理所引起的问题有多种方法，企业可以试探他的工作动机，把握他的人格特质，设计合适的报酬机制来重新吸引并激励胡经理。

延伸阅读

哈佛经典商战谈判的法则（节选）

一、适时反击

反击能否成功，要看反击的时间掌握得是否准确。反击只有在对方以“恐怖战术”来要挟你时方能使用，所以，它也可以说是一种以退为进的防卫战。

其次要注意的是，使用反击法时，如果对方不认为你是个言行一致的人，效果就会大打折扣。所以，在使用反击法之前，你必须先行了解，在谈判对手眼中，你是不是个言行一致、说到做到的人。

二、攻击要塞

谈判，尤其是有关公务的谈判，参加者通常不止一人。在这种“以一对多”或“以多对多”的谈判中，最适合采用的就是“攻击要塞”战术。

当谈判对手不止一人时，实际上握有最后决定权的不过是其中一人而已。在此，我们姑且称此人为“对方首脑”，称其余的谈判副将们为“对方组员”。对方首脑是我们在谈判中需要特别留意的人物，但也不可因此而忽略了对方组员的存在。

谈判时，有时你无论怎么努力也无法说服对方首脑，在这种情况下，就应该转移目标，向对方组员展开攻势，让对方组员了解你的主张，依靠他们来影响对方首脑。其过程也许较一般谈判辛苦，但是，不论做任何事，最重要的就是持之以恒，再接再厉，直至获得最后的成功。

使用“攻击要塞”战术时，关键在于“有变化地反复说明”。很显然，对方首脑已经不止一次听过你的主张，现在如果要再以同样的说辞对对方组员展开游说，对方首脑自然会感觉兴味索然，而对方组员也会对你一成不变的陈述方式不感兴趣。所以，说明的目的虽然相同，但是在反复说明的过程中，要特别留意其中的变化，以免收到负面效果。另外应注意的是，纵然你已经认真地说服了对方组员，也无法保证对方组员会像你认真地说服他们般去说服自己的首脑。要是对方组员不肯这么做，即使你用尽了全力，“攻击要塞”战术也难以奏效。

三、“白脸”和“红脸”

有一次，传奇人物——亿万富翁休斯想购买大批飞机。他计划购买34架，而且必须买到其中的11架。起先，休斯亲自出马与飞机制造厂商洽谈，但怎么谈都谈不拢，最后搞得这位大富翁勃然大怒，拂袖而去。不过，休斯仍旧不死心，找了一位代理人帮他出面继续谈判。休斯告诉代理人，只要能买到他最中意的那11架飞机，他便满意了。而谈判的结果是，这位代理人居然把34架飞机全部买到手了。休斯十分佩服代理人的本事，便问他是怎么做到的。代理人回答：“很简单，每次谈判一陷入僵局，我便问他们‘你们到底是希望和我谈，还是希望再请休斯本人出面来谈?’经我这么一问，对方只好乖乖地说：‘算了算了，一切就照你的意思办吧!’”

要使用“白脸”和“红脸”的战术，就需要两名谈判者，但两名谈判者不可以一同出席第一回合的谈判。第一位谈判者唱的是“红脸”，他的责任是激起对方“这个人不好惹”、“碰到这种谈判对手真是倒了八辈子霉”的反应。而第二位谈判者唱的是“白脸”，也就是扮演“和平天使”的角色，使对方产生“总算松了一口气”的感觉。就这样，二者交替出现，轮番上阵，直到谈判达到目的为止。

不过，这样的战术只能用在对方极欲从谈判中获得协议的场合。当对方有意通过谈判来寻求问题的解决办法时，是不会因对第一个谈判者的印象欠佳而中止谈判的。所以，在谈判前，你必须先设法控制对方对谈判所持的态度，如果对方是“可谈可不谈”的态度，那么“白脸”和“红脸”战术便派不上用场了。

另外，使用“白脸”和“红脸”战术时，以在对方的阵营中进行谈判为佳。不论第一位上阵的谈判者用什么方式向对方“挑战”，如果谈判是在对方的阵营中进行的，基于一种“反正这儿是我的地盘”的安全感，对方通常不会有过度情绪化的反应，因此，当第二名谈判者出现时，他们的态度自然也不至于过分恶劣。

四、“转折”为先

“不过……”是经常使用的一种说话技巧。有一位著名的电视节目主持人在访问某位特别来宾时，就巧妙地运用了这种技巧。“我想你一定不喜欢被问及有关私生活的情形，不过……”。这个“不过”实际上是一种警告，警告特别来宾“虽然你不喜欢，不过我还是要……”。在日常用语中，与“不过”同义的，还有“但是”、“然而”、“虽然如此”等，以这些转折词作为提出质问时的“前导”，既会使对方较容易作答，又不致引起其反感。“不过……”具有诱导对方回答问题的作用。前面所说的那位主持人接下来便这么问道：“不过，电视机前的观众都热切地希望能进一步了解有关你私生活的情况，所以……”。被如此一问，特别来宾即使不想回答，也难以拒绝了。

转折问句是一种缓动技巧，谈判时，当问题本身颇为复杂，叫人难以开口，却又非问不可时，通常需要使用缓动的技巧。说话的缓动技巧具有防止对方发怒、使谈判得以顺利进行的作用。当你发现眼前的谈判对手对你心存不满时，就不得不慎重处理、小心应对。而化干戈为玉帛的最好方式便是一开始便诚恳、开门见山地向对方进行解释，以消除其蓄积于心中的不满与怨气，让一切能重新开始。也许你可以这么说：“上一次土地买卖的事已经过去了，现在想来，我确实有些抱歉，不过……”要设法让对方明白你的歉意，消除其心中的怨气，以便谈判顺利地进行。这就是说话的缓动技巧。

五、文件战术

谈判时可以使用“文件战术”，携带大量与谈判有关的文件资料，以起到一种震慑作用，显示自己事先的准备工作做得非常充分，对谈判内容了解得十分深入。“文件战术”的效果多半产生在谈判之初，也就是双方隔着谈判桌刚坐下来时。此外，一旦采用了“文件战术”，就要有始有终，在每一次的谈判中都不要忘了把所有的文件资料带在身边，否则将会引起对方的怀疑。当觉得再也没有必要使用“文件战术”时，应解释不携带文件资料的理由，以免使对方心生疑窦。“文件战术”一般适用于在自己的地盘上谈判时。

六、期限效果

从统计数据中我们发现，有很多谈判，尤其较复杂的谈判，都是在谈判期限即将截止前才达成协议的。谈判若设有期限，那么，除非期限已到，否则谈判者是不会感觉到什么压力的。当谈判的期限日渐接近时，双方的不安与焦虑感便会日益增强，而这种不安与焦虑会在谈判终止日的某个时刻达到顶点——这也正是运用谈判技巧的最佳时机。

你的谈判对手或许会在有意无意中透露一个“截止谈判”的期限，譬如“我必须在一个小时内赶到机场”、“再过一个小时，我得去参加一个重要的会议”，这样的“自我设限”不正给了你可乘之机吗？在这种情况下，你只需慢慢地等待，等着那“最后一刻”的到来。当距离飞机起飞或开会的时间越来越近时，对方的紧张不安想必也越来越严重，甚至期望双方能一秒钟内达成协议。此时此刻，你就可以慢条斯理地提出种种要求：“怎么样啊？我觉得我的提议相当公平，就等你点个头了，只要你答应，不就可以放心地去办下一件事了？”由于时间紧迫，对方很可能便勉为其难地同意你的提议，不敢有任何异议。

以上列举的是谈判对手为自己设定了一个不利于己的期限的例子。这也是在提醒你，千万不要犯相同的错误。这种错误是绝对不应发生在一名谈判高手身上的。

七、调整议题

当年苏联的谈判专家是“换挡”的高手。在限制武器的谈判中，他们曾一再使出用以改变、转移论点的“换挡”技术。

就限制武器谈判来说，美、苏双方都急欲达成限制武器的协议，也就是说，不管谈判遭遇到何种困难，都必须坐在谈判桌前，继续讨论，直到有了结果为止。事实上，许多谈判都是如此。假设你代表资方，劳方接二连三提出工资问题、医疗问题，乃至休假问题——这就是一种随时改变议题的“换挡”技术，你或许会感到不满，穷于应付，然而，为了顾全大局，你无论如何都必须使谈判继续下去。

有时，谈判双方或单方会急欲获得某种程度的协议。譬如，你想买进对方所持有的某种颇具影响力的资产，那么，为了使“换挡”技术在谈判中发挥效果，最重要的一点就是不让对方察觉到你的意图。你可以顾左右而言他，可以装作漠不关心的样子，也可以声东击西。总之，如果对方察觉到了你购买欲极强的意图，必然会想尽办法来对付你，使你难遂所愿。对方如果有意终止谈判，便不可能眼睁睁地听任你采取随意改变话题的“换挡”技术，除非这个话题让他很感兴趣或者对谈判本身非常重要。当然，如果你的谈判对手是个经验不足或缺乏动力的人，就另当别论了。在谈判中，对方一旦退至防卫线上，你便向前迈进了一大步，取得了优势。

八、打破僵局

涉及多项讨论主题的谈判更要特别留意议题的重要性及优先顺序。譬如，在一场包含六项议题的谈判中，有四项为重要议题，另两项则不甚重要。假设四项重要议题中已有三项达成了协议，只剩下一项重要议题和两个小问题，那么，为了能一举解决这些议题，你可以这么告诉对方：“四个难题已解决了三个，剩下的一个如果也能一并解决的话，其他的小问题就好办了。让我们再继续努力，好好讨论讨论唯一的难题吧！如果就这么放弃，大家都会觉得遗憾呀！”听你这么一说，对方多半会点头，同意继续谈判。当第四个重要议题也得以解决时，你不妨再重复一遍上述的说法，使谈判得以圆满结束。

九、声东击西

这一策略在于把对方的注意力集中在我方不太感兴趣的问题上，使对方增加满足感。具体的运用方法是：如果我方认为对方最看重的是价格，而我方关心的是交货时间，那么我们进攻的方向可以是给付条件问题，这样就可以将对方从两个主要议题上引开。这种策略如果能够熟练运用，对方是很难反攻的。它可以成为影响谈判的积极因素，而不会带来任何风险。

十、金蝉脱壳

当谈判人员发觉他正被迫做出远非他能接受的让步时，会声明没有被授予达成这种协议的权力。这通常是谈判人员抵抗到最后时刻而亮出的一张“王牌”。此时，双方都很清楚，这是为了不使谈判破裂。

然而，如果用直截了当的方式表明“职权有限”，还是会带来风险的。因为为使谈判得以顺利进行，要求双方共同以适当的速度朝着预期的方向努力，共同交换条件，共同得到满足，共同做出让步。如果一方没有足够的权力，就会导致出现新的问题，此时，无论与对方的谈判人员达成什么样的谅解，都不会被他的老板认可。其结果是，一方会不得不做出进一步的让步。

某一方提出“职权有限”，对双方来说都是不利的。它破坏也干涉了另一方让步的速度和方式，减小了自己获取利益的可能性，使谈判更趋复杂化。

一方如果怕对方使出这一招，最好在谈判开始时就弄清楚这个问题。在谈判的目标、计划和进度已经明确，即将亮底牌之前，基于对谈判人员的个性的初步了解，可首先提出这样的问题：“你有最后决定的权力吗？”

谈判进入中期阶段后，如果某一方的权力确实有限，那么，另一方应该施加各种影响，争取在他的权力范围内成交。权力有限的一方应该利用电话、传真机和其他设施与老板取得联系，解决因“职权有限”带来的问题。

资料来源：《经典商战谈判技巧 20 法则》，http：//www.bokee.net/company/weblog_viewEntry/2893849.html，2009-04-16。

复习题参考答案

一、填空题

1. 心理；行为
2. 态度；情感；技术；管理
3. 积极
4. 中等
5. 传统管理
6. 反常
7. 双赢；长期合作

8. 调停人；仲裁人；和解人；顾问

9. 紧张状态

10. 双赢；零和

11. 合作；坚持原则

12. 纵向型冲突；横向型冲突；直线—参谋型冲突

13. 协商；零和

14. 东道主

二、不定项选择题

1. C　2. B　3. D　4. C　5. ABD　6. ABCD　7. AC　8. D　9. ABD　10. ABD

三、名词解释

1. 冲突是指个体由于互不相容的目标、认识或情感而引起的相互作用的一种紧张状态。

2. 竞争是指个体为了达到自己的目的，而使其他个体达不到目的的一种行为。

3. 心理气氛是指组织领导者倡导的长期形成的组织内部人与人之间的关系程度。

4. 心理距离是指个体或群体认为自己与其他个体或群体的差异有多少的一种心理状态。

5. 第三者仲裁是指由一位权威人士来判断冲突双方谁是谁非的一种方法。

6. 无冲突现象是指企业表面看不见任何冲突的一种反常现象。

7. 分配谈判是指对于一份固定利益谁应该得多少进行协商的一种谈判。分配谈判是一种零和谈判，一方得到要以另一方失去为代价。

四、简答题

1. 什么是冲突？冲突和竞争有什么关系？

冲突是指个体由于互不相容的目标、认识或情感而引起的相互作用的一种紧张状态。竞争是指个体为了达到自己的目的，而使其他个体达不到目的的一种行为。

冲突与竞争存在以下关系：（1）如果不涉及共同资源的争夺，竞争中可以没有冲突，但在对共同资源的争夺中，竞争往往会产生冲突。（2）冲突的结果可以是双赢的，竞争的结果一般是零和的，即总有一方赢一方输。

2. 传统的冲突管理方法有哪些？

传统的冲突管理方法有：

（1）妥协，指要求冲突双方各退一步，以达成双方都可以接受的目标的一种方法。

（2）第三者仲裁，指由一位权威人士来判断冲突双方谁是谁非的一种方法。

（3）拖延，指面对冲突不予以处理，等待其自然缓解或消除的一种方法。

（4）和平共处，指冲突双方求同存异，避免矛盾公开、加剧的一种方法。

（5）宣传。对于因态度不同造成对事物的看法不同进而导致的冲突，选用宣传方法是明智的。

（6）转移目标，指寻找一个外部竞争者，把冲突双方的注意力转移到第三者身上来缓解或消除冲突的一种方法。

（7）重组，指解散原有群体、重新建立新的群体的一种方法。

（8）压制，指由上级用行政命令来限制冲突的一种方法。

3. 谈判的准备和计划阶段需要注意什么？

谈判前的准备工作将在很大程度上决定谈判的成败。谈判前的准备和计划主要包括：

（1）人员准备。谈判班子的搭建是准备谈判的第一项工作。人员准备主要包括确定谈判班子的规模，确定人员的素质结构，进行人员配备，进行分工合作安排。

（2）情报收集。充分了解和掌握与谈判相关的信息是了解双方谈判意图、制定谈判计划、确定谈判策略的基础。信息情报包括与谈判相关的环境因素，与谈判对手相关的情报，潜在竞争者的情报，己方的情报。

（3）制定计划。谈判计划是指谈判前确定谈判的目标和实现目标的步骤。制定计划包括确定谈判主题和目标，确认谈判地点和时间，确定谈判的基本策略。

（4）物质准备。

（5）选择谈判方式。

（6）进行模拟谈判。

4. 请举例说明八种让价策略。

（1）一开始就亮出底牌，让出所有可让的利益达到以诚制胜的目的。

（2）前期不让，最后阶段让出所有利益。

（3）让步逐渐增多。

（4）让价幅度由高到低，逐渐减少。

（5）让价幅度由高到低，逐渐减少，但最后的让价幅度仍较大，让人以为还有很小的让步空间，耐心的买家往往会要求继续降价，谈判的成本很高。

（6）等额出让。

（7）让价先大后小，谈判初期表现出卖方已让出绝大部分可让之利的诚意。

（8）利益让完之后赔利相让，再讨回赔利部分。

5. 常见的要价与还价策略有哪些？

（1）留出让步的余地。留出余地不仅可以为自己在谈判中争取更大的好处，而且可以让对方有种赢得谈判的感觉，从而大大增加交易后的满意感。

（2）永远不要接受第一次报价。听到买方的报价高于或者哪怕略低于自己的预期时不要立刻答应成交。

（3）表现出意外和不情愿。不论作为卖方还是买方，当你得到对方的报价时，哪怕价格非常令人满意，你也应该表现得深感意外。对一桩买卖表现出不情愿也是让自己在谈判中处于优势地位的常用技巧。

（4）感知—感觉—发现。在没有了解对方意图的情况下就直接反驳对方很容易使谈判陷入僵局，使用“感知—感觉—发现”的表达方式可以委婉表达出自己的意见。

（5）发出指令，保持沉默。这将形成一种很强的震慑力。

（6）蚕食策略。逐步推进，获得容易让人接受的利益，比“狮子大开口”更有效。

6. 什么是双赢？如何在谈判中实现双赢？

双赢并不意味着双方都得到了同等的好处或者付出了同等的代价，而是双方都感觉到自己赢得了谈判。

运用双赢策略时，谈判的一方应该尽量使对方在谈判结束时感觉到自己赢得了谈判。这种赢不一定是实实在在的利益，可能仅仅是一种赢的感觉。这就要求谈判者学会熟练运用各种谈判策略；明白人们的需求通常是不同的，避免假设自己的需求就是对方的需求，然后将双方置于相互对抗的立场；避免把谈判的焦点集中到一个问题上，要在适当的时候引入新的谈判条件；不要过分贪婪，要让对方也有利可图，并且在谈判结束后，视情况给对方一些超出其预期的折扣或者特殊服务，增加对方的获胜感。

7. 报价的策略和技巧是什么？

（1）谁先报价：一般而言，如果自己先报价，报价前应该先降低对方的价格预期，然后再报价；如果你对对方的了解非常少，那么最好让对方先报价。

（2）报价方式：首先，如果我方为买方，对方报的开盘价就是谈判时价格的最高限；如果我方为卖方，对方报的开盘价就是谈判时价格的最低限。开盘价决定了人们对商品或服务的印象和评价，在作为卖方报价时，开出的价格一定要高，既给谈判留出空间，又可以避免对方大幅压价。其次，报价要能自圆其说。漫天要价会使很多谈判破裂，报价方要在给对方留出讨价还价余地的同时，对自己所报的高价格能够做出合理的解释。再次，报价时要坚定、明确、完整，不加任何解释和说明。明确、完整的报价以及坚定的态度会让对方感觉到这是我方的态度和期望。最后，解释报价的原则。当对方要求报价方解释其所报价格时，报价方要遵循 16 字原则：不问不答，有问必答，避虚就实，能言不书。

（3）报价策略。在国际商务谈判中，西欧式报价策略和日本式报价策略是最典型的两种。西欧式报价策略是指首先提出留有较大余地的价格，然后根据双方的实力对比和竞争状况，通过给予对方各种折扣、佣金以及支付条件等优惠来软化价格，最终达成交易目的。日本式报价是指首先将最低价格列在价格表上以引起买主的兴趣，由于这种最低价格是以对卖主最有利的结算条件为前提的，因此，现有交易条件下买方很难满足全部需求，如果买主主动要求改变交易条件，它就需要支付相应的高价格。

第 13 章

组织结构的基础

知识点回顾

组织是由一些功能相关的群体组成的有共同明确目标的人群集合体。现代组织必备的四大要素是人、财、物和信息。组织的各项活动往往是在一定的时间与空间内将四大要素进行配合的过程。

组织结构是对工作任务进行正式分解、组合和协调的方式。影响组织结构的结构变量包括工作专门化、部门化、命令链、管理幅度、集权与分权、正规化。影响组织结构的情境变量是用以描述影响和决定组织结构变量的组织背景，包括组织规模、技术、环境、目标与战略、组织文化等。

传统组织设计的理论基础是泰勒的科学管理学说，主要强调下级服从上级，以工作和物为中心。传统的组织设计的基本原则包括统一指挥、等级明确、责权明确、管理幅度适当、专业分工明确等五个方面。

行为分析组织设计的理论基础是现代心理学，主要强调重视人的心理活动和人际关系，以人为中心。行为分析的组织设计的基本原则包括充分发挥人的主导作用，量才录用、因事择人，尽量考虑员工的兴趣爱好，管理幅度因人而异和重视员工的心理需求等。

现代组织设计越来越趋向于**小型化**、**扁平化**和**任务型群体化**等。

机械组织和有机组织是组织设计的两个极端模式，几乎所有的组织形式都介于这两种极端形式之间。组织设计要遵循一定的程序。

组织结构的目的是协调员工的行动以达到组织的目标。

根据部门化，**传统的组织结构**主要有七种：职能型、过程型、产品型、服务型、客户型、地区型与混合型。**新型的组织结构类型**有矩阵结构、团队结构、虚拟组织和无边界组织等。

复习题

一、填空题

1. 组织的各项活动往往是在一定的时间与空间内将四大要素（人、________、________和信息）进行配合的过程。

2. 构成组织的七大要素包括：规划、组织活动、________、________、协调活动、________、预算。

3. 管理者设计组织结构时主要考虑的六个关键因素是：工作专门化、部门化、________、管理幅度、________、正规化。

4. 部门化是对工作单元进行合并和协调的________。部门化常利用职能来进行相同工作单元的合并组合。

5. 职权是指在________中所固有的发布命令的权力，并且人们预期这种命令会被遵从和________。为完成自己的工作职责，每个管理者都被赋予了一定的职权。

6. 如果组织的高层管理者在决策时不考虑或者很少考虑下级管理者的意见，这个组织的________程度就较高；相反，如果底层管理者也可以参与决策过程，并且拥有一定的决策自主权，这个组织的________程度就较高。

7. 机械模式是指具有广泛的________、高度的________、统一的________以及高度的集权化的一种组织模式。在这类组织中，信息沟通一般是自上而下进行的，员工几乎没有参与决策的权力。

8. 传统的组织结构是金字塔形的，又称官僚结构或者行政结构等，是由________提出来的。

9. 矩阵结构是________和________两种形式的融合。两种部门化形式在优点和缺点上可以实现很好的互补。

10. 团队结构是指管理层运用________作为协调组织活动的核心方式时所形成的组织结构。团队结构打破了部门界限，拥有________。团队成员必须既是通才，又是专才。

11. 企业组织简称企业，是指一类通过生产、流通商品或提供服务，以获取________为主要目标的组织。企业的另一个重要目标是________。

12. 人又称________，是四大要素中________的要素。财又称________，一直是企业中占据重要地位的要素，是推动各项活动的________。

13. 程序组织的重点在于对工作中的某些________加以管理，专门处理某些环节上的________，并无明确的目标。

14. 组织结构决定了组织中的________，包括职权层级的数目和主管人员的________。

15. 工作专门化也称________，用来描述把组织中的工作任务进一步划分成独立工作单元的________。

16. 管理幅度是指管理者直接控制的下属的人数，与管理层级之间成________关系。

17. ________是隐藏在组织中的由员工共享的一套核心价值观、信念、认知和规范等。

18. 泰勒的科学管理学说是传统组织设计的________，主要强调下级服从上级，以________和物为中心。

19. 扁平化组织具有的优点有________、________、________。

20. 有机模式是一种正规化程度________、结构________、各方向信息沟通通畅、分权化程度________的一种组织模式。

二、不定项选择题

1. 现代组织中必备的四大要素中最主要的要素是（　　）。

A. 财　　B. 物
C. 信息　　D. 人

2. 这类组织的重点在于对工作中的某些程序加以管理，专门处理某些环节上的具体业务，并无明确的目标。这种组织属于（　　）。

A. 目标组织　　B. 程序组织
C. 管理人、物的组织　　D. 地区组织

3. 下列选项中回答了员工提出的“当我有问题时，我应找谁?”“我需要向谁负责?”等问题的是（　　）。

A. 命令链　　B. 统一指挥
C. 职权　　D. 部门化

4. 宽的管理幅度对于组织的影响是（　　）。

A. 降低管理成本，提高组织效率
B. 对下属监督过严从而妨碍下属工作的自主性
C. 使高级管理人员处于隔离状态
D. 降低垂直沟通的速度和准确性

5. 出现在不需要太多技能、依赖工作流程标准化来进行协调的官僚组织中的分权属于（　　）。

A. 纵向和横向的分权　　B. 有限横向分权
C. 选择性纵向和横向的分权　　D. 有限纵向分权

6. 行为分析的组织设计的基本原则包括（　　）。

A. 责权明确　　B. 管理幅度适当
C. 尽量考虑员工的兴趣爱好　　D. 重视员工的心理需求

7. 下列选项中属于有机模式的特点的是（　　）。

A. 交叉功能团队　　B. 高度分权化

C. 命令链清晰　　D. 高度部门化

8. 下列关于职能型组织结构图的说法中正确的是（　　）。

A. 是常用的组织结构图

B. 有助于沟通与协调

C. 职能型组织结构中缺乏一种与其他职能部门协调的自动机制

D. 不利于各职能部门人员技能的提高

9. 某进出口公司设有一名总经理、一名主管生产的副总经理、一名主管营销的副总经理和一名主管财务的副总经理，则该公司的组织结构是按（　　）。

A. 区域划分部门　　B. 职能划分部门

C. 顾客划分部门　　D. 生产工艺划分部门

10. 下列关于无边界组织的说法中错误的是（　　）。

A. 指组织在横向的、纵向的或外部的边界不受某种预先设定的组织结构或边界限制的组织设计类型

B. 杰克·韦尔奇在通用电气公司创造了该词汇，用来描述他理想中的公司形象

C. 无边界组织寻找的是增加命令链，拥有无限的控制跨度

D. 这种组织结构密切依赖于信息技术，所以被称为基于技术的组织

三、名词解释

1. 组织结构
2. 工作专门化
3. 命令链
4. 管理幅度
5. 有机模式
6. 虚拟组织

四、简答题

1. 什么是组织结构？组织结构的定义包括哪些关键要素？
2. 影响组织设计的结构变量有哪些？请分别加以说明。
3. 影响组织设计的情境变量有哪些？请分别加以说明。
4. 管理者应该如何运用行为分析的组织设计原则？
5. 组织设计的基本趋势是什么？
6. 机械组织模式和有机组织模式分别是什么？两者存在哪些区别？
7. 矩阵结构的设计原理是什么？它有哪些优缺点？
8. 什么是无边界组织？如何消除组织内外的界限？

案例分析

一、日成灵公司基本情况

（1）企业规模：这是一个约 270 人的中型 IT 企业，包括两个业务部门（分公司）及相关职能管理机构。其中，负责数字生产业务的生产人员约 180 人，管理人员和另一业务部门的人员约 90 人。

（2）业务：该公司主要有两块业务，一是专业软件的开发应用，二是数字生产服务。业务结构相对简单，也比较稳定。

这两块业务从产品的相似性、人员要求（前者需要高科技人才，后者只需要初高级技工）、业务性质（前者是开发型，后者是生产型）、组织模式（前者适用团队管理方式，后者适用流程管理方式）、产品用户（互不相干）等各个方面来看，都是完全不同的，几乎没有共性，也没有可共享的资源。

（3）管理团队：由六个人组成，即董事长兼首席执行官、总经理助理、首席运营官、技术总监、两个业务部门总经理。其中董事长是一个关注技术多于关注管理的人。

（4）办公场地：公司所有管理层、职能部门、软件开发业务部门及数字生产业务的管理部门在一个地点（以下简称总部），只有数字生产业务的生产基地设在距总部 10 多公里的另一个地点。

二、目前组织结构分析

日成灵公司目前设计的组织结构是典型的直线职能制组织结构。其中，办公室、人力资源部、财务部、公关部设置在总部，独立于业务部门，是公司的职能部门；软件开发和数字生产业务分别成立了独立核算的公司，是业务部门，也是公司的两个利润中心。

目前公司的主要问题存在于该公司的数字生产业务部门。因为远离总部又分属不同高层管理，公司总部的职能部门（行政、人事）等机构实际上无法发挥应有的作用，也根本不能满足生产的需要。比如，直接影响生产效率的现场生产人员只能由数字生产业务部门自己招聘，生产设备问题也只能靠加大库存、延长采购周期来解决等。这样做的结果就是，总部的人力资源优势不能得到发挥，而数字生产业务部门的人事助理进行招聘时又不具备总部的优势和全部职能，必然导致他们在人才建设、人员监督和管理等方面存在种种不足。这实际上也是一种机构重叠、资源浪费。

从整体上看，这种结构还有权责不对等之嫌，可能使经理人产生放大权力而减少责任的倾向。加上董事长是一个关注技术多于关注管理的人，会进一步加剧这种倾向。如果这样，必然降低管理效率，同时大大增加公司的管理成本。

公司还存在另一个问题：组织结构失衡。比如，数字生产业务部门的生产基地除了要管理较多员工，还要履行人事、行政、设备、生产、安全、生活等公司的大部分职能，但在编制上仍是一个部门。另外，该公司的管理部门和生产部门分别在两地办公，既造成信息沟通和交流不便、降低了管理效率，也加大了两地的交通成本等。

公司董事长对技术开发特别重视，可在组织的设计上却无法给予保证。公司将开发部分别设置在两个业务部门，而且分属于公司行政总监及技术总监两人领导。这可能产生两个不足，一是多头管理导致的管理效率下降，二是技术视野易受业务部门实际目标的影响而缺乏前瞻性。

资料来源：《一个公司组织结构分析的案例》，http：//hi. baidu. com/phamzy/plog/item 367420a 8832dc1bqca130c6b. html，2007－04－17。

【分析与思考】

1. 针对日成灵公司目前存在的问题，你认为该公司的组织结构应进行怎样的再设计？

2. 新的组织结构形式有什么优缺点？

3. 为保障组织改革的有效实施，你有哪些建议？

【分析提示】

1. 整个公司的组织结构再设计可采用矩阵制的组织设计。除财务部和公关部，将其他职能下放到两个业务部门，以构成两个完整的利润中心（成本中心），最终形成两个利润中心、一个研发中心和一个市场运作中心的集团构架。利润中心采取产品部门化的方式，不同产品业务部门形成单独的利润中心，拥有人力资源、采购、生产管理等职能部门。

（1）应撤销两个业务部门的开发部，将开发部作为公司的职能部门设置，直接受董事会领导，具体由技术总监负责。业务部门将不再关心开发设计工作，而只负责使用并提供需求反馈。

（2）市场机构：由于两个业务部门的产品是完全不同的，因此其销售网络、客户群也完全不同。如果采用直销策略，可以在两个业务部门内分别建立两套独立机构来销售各自的产品，但双方均应授权另一方为其代理。如果采用办事处或代理渠道的销售策略，则各地的办事处应该共用一套人马。这样，总部也势必对市场资源进行整合，建立独立于业务部门的市场机构。在这种情况下，两个业务部门就变成了公司的成本中心。

（3）对数字生产业务部门的组织结构进行重新规划。由于业务部门的生产区远离总部，其主要任务是保证产量、降低成本，因此有必要以生产需要为核心，对其各项职责进行重新评估和划分，将与生产相关的部门（比如行政管理、人力资源、采购工作、网站管理、设备维护、资源建设等部门）全部下放到生产区去，以形成一个完整的成本控制中心。监控这个中心的方法应该是借助目标考核（涉及成本、产量、质量等）、制度管理（比如定期上报的各种生产管理报表）而非机构。

2. 矩阵结构是职能部门化和产品部门化两种形式的融合。两种部门化形式各有优缺点，可以实现很好的互补。职能部门化把同类专业人员组织在一起，从而最大限度地降低所需人员的数量，在生产不同产品时可以实现具体资源的集中和共享。产品部门化则有利于专业人员之间的协调和按预算完成任务；与产品相关的各种活动有着清晰的职责范围。因此，当组织的各种活动比较复杂又相互依存时，矩阵结构也较两种部门化方法更加有效。其不足之处是：双重命令链的存在会增加组织争权夺利的倾向并给员工带来压力，导致组织陷入混乱。

3. 值得注意的是，这种改革很难完全通过内部力量来实施。公司原有的构架本来就形成于内部，有其深刻的现实原因和历史原因，现在要通过自我改革来打破目前的权力结构，调整每个人的利益和工作环境，所面临的巨大阻力是可想而知的。让那些习惯了享受机关和总部优越的办公条件的员工到加工基地去工作就是一件困难的事。如果改革的推动者没有强有力的控制手段，还可能引起组织动荡，导致组织面临失败的风险。因此，为保障组织改革的有效实施，必须借助某些外力或特殊事件，比如引进专业人才、外部资本，外部环境发生变化（比如为谋求上市需要对企业进行重组）等，这样才有可能取得比较好的效果。

扩展阅读案例

耐克的营销组织变革

现在，慢跑作为一种都市健身方式越来越流行，老人、孩子、男士、女士都热衷于此。每当看到大汗淋漓、兴致勃勃的健身者时，我们往往都会想到世界著名的耐克公司，当年耐克公司正是抓住美国人慢跑健身的热潮实现了大发展。

一、创新的耐克

耐克公司成立于1964年，由一位会计师菲尔·奈特和一位运动教练比尔·鲍尔曼共同创立，现已成为领导性的世界级品牌。当年奈特先生仅仅花35美元请一位学生设计了耐克的标识，如今那个著名的弯钩标识的价值已超过100亿美元。经过多年的发展，耐克已成为一个商业传奇，其成功之道人所共知，就是虚拟生产的商业模式——耐克以优良的产品设计和卓越的营销手法控制市场，而将生产环节外包。

很多企业都在模仿耐克的虚拟生产，可是成功者寥寥无几。为什么？应该说，并不是因为虚拟生产有什么难解的奥秘，而是因为谁都知道生产环节处在“微笑曲线”的最低端且利润最薄，都想朝曲线的高端发展，而设计和营销本身就是一个非常讲究创意的领域，要想一直保持竞争优势，企业就必须保持持续的、出类拔萃的创新能力。耐克的虚拟生产背后，正是两位创始人所推崇的创新精神。

有关耐克的家喻户晓的故事是：比尔·鲍尔曼先生从妻子的蛋奶烘饼烤模获得灵感，最终设计出一种新的运动鞋鞋底。今天，耐克公司的产品设计室仍被称作“创新厨房”（innovation kitchen）。创新厨房对绝大部分来访的客人甚至大多数耐克公司的员工来说都是禁区，公司用谐谑的口吻在大门的提示牌上写道：“厨房重地，闲人免进。”在这个以运动鞋为工作中心的智囊团里，设计师从各个领域寻找创作灵感，从爱尔兰风格的建筑到斯特拉迪瓦里家族制作的小提琴上的圆弧线，无所不包。办公室的一面墙壁上展示着耐克公司曾经制作的每一双乔丹系列篮球鞋，工作间里则堆满了新款运动鞋的设计草图。

更深刻的创新来自被称为耐克之父的菲尔·奈特，一个为世人所公认的营销大师。美国一位运动产业的咨询专家感慨地说：可以说，奈特先生以一己之力开创了一个新的产业。是他，使体育运动员成为明星、富豪，使运动服装成为时尚商品，使一个小企业成为国际性的大公司。

二、营销组织的变革

在过去的几年里，耐克大力扩张产品线，并增加了新的品牌。耐克的主力商品原来是篮球鞋，最近几年则推出了高尔夫运动用品系列，并聘请老虎伍兹为代言人，同时加强足球鞋的推广，以顺应足球运动人数增加的趋势。其足球运动用品系列的营业额已高达 10 亿美元，占据全球 25%的市场，在欧洲市场的占有率更是高达 35%。耐克先后并购了高级休闲鞋名牌 Colehaan、曲棍球名牌 Bauer、第一运动鞋名牌 Converse 和滑溜板名牌 Hurly，并放手让各名牌独立经营，取得了不俗的业绩。

根据 2007 年 6 月最新公布的公司财务年报，耐克公司的年营业收入达到 163 亿美元，增长 9%，净收入达 15 亿美元，增长 7%，每股净收益达到 2.93 美元，增长 11%，这又是一个创纪录的结果。但是作为一个股票公开上市的公众公司，增长是永远的压力，华尔街只关注你今后的增长点在哪里。耐克的董事长和首席执行官迈克·帕克（Mark Parker）充满自信：耐克现在正面临着前所未有的发展机遇，我们具有将关于消费者的洞察力转化为优势产品的独特能力，这正是耐克成为全球行业领袖的重要原因。

帕克的自信源于耐克的营销组织变革。2006 年 8 月，耐克品牌总裁查利·登森（Charlie Denson）宣布，耐克将进行营销组织和管理变革，以强化耐克品牌与新兴市场、核心产品以及消费者细分市场的联系。实施这一变革，使耐克从以品牌创新为支撑的产品驱动型商业模式，逐步转变为以消费者为中心的组织形式，通过对关键细分市场的全球品类管理，实现有效益的快速增长。登森认为，这是一个消费者掌握权力的时代，任何一个公司都必须转向以消费者为中心。这种以消费者为中心的模式已经开始发挥作用，比如，在耐克的专卖店现在已经有耐克+iPod 的销售组合，以满足追求时尚的青年消费者。

耐克为此加强了四个地区运营中心，新设立了五个核心产品运营中心。四个地区运营中心是美国、欧洲、亚太、中东及非洲，五个核心产品运营中心是跑步运动、足球、篮球、男士训练、女士健康。这是一种矩阵式的管理，其目标是把企业的资源向关键区域、核心产品集中，以抓住企业最大的市场机会。与传统的矩阵管理不同，其关键是实现跨地区、跨部门的协同。实际上，耐克公司已经拥有这方面的成功经验。正是由于采用了这种协同矩阵的管理方式，耐克公司组建了一支专门的队伍，使公司足球用品市场的营业额从1994的4 000万美元增加到15亿美元。登森说，通过这种方式，我们可以更好地为运动员服务，更好地加深与消费者的联系，更好地扩大我们的市场份额，实现有效益的增长，增强我们的全球竞争力。比如中国的篮球运动市场，就由亚太区运营中心和全球篮球运营中心协同开拓。

资料来源：倪海清：《耐克的营销组织变革》，载《苏商》，2007（9）。

【分析与思考】

1. 耐克的营销组织结构发生了什么样的变化？
2. 组织结构变化的原因主要是什么？

复习题参考答案

一、填空题

1. 财；物
2. 人事管理活动；指挥活动；报告
3. 命令链；集权与分权
4. 基础
5. 管理岗位；执行
6. 集权化；分权化
7. 部门化；正规化；命令链
8. 马克斯·韦伯
9. 职能部门化；产品部门化
10. 工作团队；决策权
11. 持续利润最大化；为人类社会作贡献
12. 人力资源；最主要；资金；重要动力
13. 程序；具体业务
14. 正式报告关系；管理幅度
15. 劳动分工；程度
16. 反比
17. 组织文化

18. 理论基础；工作

19. 提高工作效率；使责、权、利相匹配；信息反馈迅速

20. 低；扁平化；高

二、不定项选择题

1. D 2. B 3. A 4. A 5. B 6. CD 7. AB 8. ABC 9. B 10. C

三、名词解释

1. 组织结构是对工作任务进行正式分解、组合和协调的方式。管理者在设计组织结构时必须考虑影响组织结构的关键因素。组织结构的定义包括三方面的关键因素：(1) 组织结构决定了组织中的正式报告关系，包括职权层级的数目和主管人员的管理幅度；(2) 组织结构确定了将个体组合成部门、部门再结合成整个组织的方式；(3) 组织结构包含能够确保部门之间沟通、协作和力量整合的制度设计。

2. 工作专门化也称劳动分工，用来描述把组织中的工作任务进一步划分成独立工作单元的程度。工作专门化的实质是将单个人无法有效完成的整个工作分解为若干步骤或部分，每人负责完成工作活动中的一个步骤或一部分。

3. 命令链是一条从组织最高层贯穿到组织最低层的职权线路，它明确指出谁要向谁汇报工作。

4. 管理幅度是指管理者直接控制的下属的人数。管理幅度与管理层级之间成反比，管理幅度越宽，管理层级越少；反之，管理幅度越窄，管理层级越多。管理跨度窄，组织有足够的管理人员为下属提供必要的领导和支持；管理跨度宽，则可以因为管理者人数的减少而降低管理成本，提高组织效率。

5. 有机模式是一种正规化程度低、结构扁平化、各方向信息沟通通畅、分权化程度高的一种组织模式。在有机组织中，管理层级较少，组织拥有完整的信息网络，员工高度参与决策过程。这种类型的组织更多运用交叉功能团队展开工作。

6. 虚拟组织又称网络组织或模块组织。典型的虚拟组织是一种小型的核心组织，主要的企业职能通过外包来完成。从组织结构方面讲，虚拟组织是高度集权化的，部门化程度很低，甚至没有部门。

四、简答题

1. 什么是组织结构？组织结构的定义包括哪些关键要素？

组织结构是对工作任务进行正式分解、组合和协调的方式。管理者在设计组织结构时必须考虑影响组织结构的关键因素。

组织结构的定义包括三方面的关键因素：

(1) 组织结构决定了组织中的正式报告关系，包括职权层级的数目和主管人员的管理幅度；

(2) 组织结构确定了将个体组合成部门、部门再结合成整个组织的方式；

(3) 组织结构包含能够确保部门之间沟通、协作和力量整合的制度设计。

2. 影响组织设计的结构变量有哪些？请分别加以说明。

影响组织结构设计的变量很多，达夫特将这些变量划分为两大类：结构变量和情境变量。其中，结构变量是描述组织内部特征的重要标尺。管理者设计组织结构时主要考虑的六个关键因素是：

（1）工作专门化，也称劳动分工，用来描述把组织中的工作任务进一步划分成独立工作单元的程度。工作专门化可以提高员工完成任务的技能水平，减少变动工作任务所需的时间，也使得培训更加有效，高度的工作专门化还可以催生特殊的发明和设备改进，从而提高工作效果和效率。然而，过度的专门化会导致“不经济”因素的出现。

（2）部门化，是对工作单元进行合并和协调的基础。职能部门因把专业技术、研究方向接近的同类专业人员集中在一起工作而提高了工作效率，实现了规模经济。

（3）命令链，是一条从组织最高层贯穿到组织最低层的职权线路，它明确指出谁要向谁汇报工作，需要遵循统一指挥原则。

（4）管理幅度，是指管理者直接控制的下属的人数。管理幅度在很大程度上决定了一个组织要设置的层级和配备的管理者的人数。管理幅度的宽窄取决于管理者的管理能力、下属的成熟度以及组织在培训方面的支出。

（5）集权与分权。集权是指组织决策权集中于一点的程度，分权则指决策权分散在多个管理层级或主体之间的程度。集权化程度高的组织决策速度较快，但决策风险较高；分权化程度高的组织拥有更加灵活和敏捷的管理方式，虽然决策速度较慢，但决策风险较低，并且员工的满意度更高。

（6）正规化，是指在组织内部工作实现标准化的程度。

3. 影响组织设计的情境变量有哪些？请分别加以说明。

情景变量用以描述影响和决定组织结构变量的组织背景，包括以下几方面内容：

（1）组织规模，是指以组织中的员工人数来反映的组织的大小。

（2）技术，是指组织将输入转化为输出所使用的工具、设备和技术方法等。

（3）环境，包括组织边界之外的所有因素。环境因素主要包括产业、政府、顾客、供应商和金融机构等，其中组织外部的其他组织是环境中对其影响力最大的因素。

（4）目标与战略，决定了一个组织区别于其他组织的目的和竞争性技巧。它规定了组织经营的范围，预算时优先考虑的部门、计划和功能，以及与利益相关者之间的关系。

（5）组织文化，是隐藏在组织中的由员工共享的一套核心价值观、信念、认知和规范等。

4. 管理者应该如何运用行为分析的组织设计原则？

行为分析的组织设计的理论基础是现代心理学，主要强调重视人的心理活动和人际关系，以人为中心。

行为分析的组织设计的基本原则包括：（1）充分发挥人的主导作用；

(2) 量才录用、因事择人；(3) 在建立组织结构或分配工作时，尽量考虑员工的兴趣爱好；(4) 管理幅度因人而异；(5) 重视员工的心理需求等。

5. 组织设计的基本趋势是什么？

现代的组织设计趋势以权变观点为理论基础，强调根据内外环境的变化而及时地进行组织结构调整，充分吸收各种组织设计方法的长处，结合本企业的特点来进行组织设计。但总体而言，呈现出小型化、扁平化、任务型群体化的趋势。

6. 机械组织模式和有机组织模式分别是什么？两者存在哪些区别？

机械组织和有机组织是组织设计的两个极端模式。机械模式是指具有广泛的部门化、高度的正规化、统一的命令链以及高度的集权化的一种组织模式。有机模式是正规化程度低、结构扁平化、各方向信息沟通通畅、分权化程度高的一种组织模式。在有机组织中，管理层级较少，组织拥有完整的信息网络，员工高度参与决策过程。机械组织和有机组织的主要区别是：

(1) 就工作专门化而言，机械组织讲求高度专业化，分工精细；有机组织则更多运用交叉功能团队，没有清晰的专业分工。

(2) 就部门化而言，机械组织按照一定的原则进行高度的部门化；有机组织则更多运用跨层级的工作团队，以任务为中心。

(3) 就命令链而言，机械组织讲求统一指挥原则，由上而下有清晰的命令链条；有机组织则没有明确的上下级命令链，信息在组织内自由流动。

(4) 就管理幅度而言，机械组织一般管理幅度较窄，管理层级较多；有机组织则更倾向于扁平化，管理幅度较宽。

(5) 就分权程度而言，机械组织高度集权化；有机组织则分权程度较高，员工高度参与决策过程。

(6) 就正规化程度而言，机械组织有明确的岗位职责、严格的规章制度，是高度正规化的组织；有机组织则正规化程度较低。

7. 矩阵结构的设计原理是什么？它有哪些优缺点？

矩阵结构是职能部门化和产品部门化两种形式的融合。两种部门化形式在优点和缺点上可以实现很好的互补。职能部门化把同类专业人员组织在一起，从而最大限度地降低所需人员的数量，在生产不同产品时可以实现具体资源的集中和共享。产品部门化则有利于专业人员之间的协调和按预算完成任务；与产品相关的各种活动有着清晰的职责范围。因此，当组织的各种活动比较复杂又相互依存时，矩阵结构也较两种部门化方法更加有效。

矩阵结构的不足之处是：双重命令链的存在会增加组织争权夺利的倾向并给员工带来压力，从而使组织陷入混乱。

8. 什么是无边界组织？如何消除组织内外的界限？

无边界组织是指横向的、纵向的或外部的边界不受某种预先设定的组织结构或边界限制的组织。无边界组织寻求的是削减命令链，拥有无限的控制跨度，取消各种职能部门，代之以授权的工作团队。由于这种组织结构密切依赖于信息技术，因此又被称为基于技术的组织。

管理层通过削减组织的垂直界限而变得扁平化，职能部门之间的水平界限也由交叉功能团队来取代，组织根据工作流程来组织活动。组织与供应商、客户之间的界限也可以因建立的战略联盟或伙伴关系而变得模糊，使得来自不同组织的员工为共同的项目而努力工作。

第 14 章

组织文化

知识点回顾

组织文化是指组织内部成员共同认可的、可以通过符号手段来沟通的一套价值观体系。组织文化代表组织成员的一种共同认识。在一个组织中既存在主文化，也存在亚文化。

按照可观察性和可变动性两个维度，组织文化可以分为共同的假定、文化价值、共同的行为和文化象征四个层次。

威廉·大内在《Z 理论——美国企业界怎样迎接日本的挑战》一书中提出了**Z 理论**。该理论的中心议题是：怎样才能使每个人的努力彼此协调起来，产生最高的效率？它提出了信任、微妙性和亲密性对实现这一目标的重要性。Z 理论代表的企业文化价值观与典型的日本式企业价值观及美国式企业价值观在对员工承担的义务、评价、职业生涯、控制、决策、负责和关心人等维度上存在一定的差异。

彼得斯和沃特曼提出的**追求卓越的理论**认为，一家卓越企业的组织文化应该包括八个方面：注重行动、面向顾客、自治与创业、靠人提高生产率、深入基层、专心本行、精简机构和刚柔相济。

组织文化有不同的表现形式。组织文化的积极功能包括导向、约束、凝聚和造型四种；消极影响可能有阻碍变革、多样化、兼并和收购等。在研究组织文化与组织绩效的关系时，有学者提出了三种有代表性的关于组织文化的观点：强度观点、合身观点和适应观点。

适应性组织文化对于提高企业绩效有重要的作用。科特和赫斯凯特提出了一套发展和维持适应性组织文化的过程模型。格罗斯和希曼提出了一种形成组织文化的操作方法，他们认为，一种适应性的组织文化可以使企业成为一个功能健全的家庭，因此又称"回家"（HOME）途径。

组织社会化是指个体学习组织的价值观、基本准则和必要的行为，组织允许他作为组织的一名成员参与活动的过程，简称社会化。影响组织社会化的因素可以分为组织能够控制的和组织不能控制的两大类。组织社会化的成败对组织有着截然不同的影响。

从局外人成为社会化的内部人，一般要经历预期的社会化、碰撞、调整和变化三个阶段。指导可以帮助新员工迅速完成组织社会化的过程。指导一般包括启动、培养、分离和再界定四个阶段。

复习题

一、填空题

1. 组织文化是指组织内部成员共同认可的、可以通过________来沟通的一套________体系。

2. 文化的最表层是文化象征，它由________、故事、图画、________、服装等组成。

3. 1980 年，美籍日裔管理学家________出版了________一书，较全面地阐述了 Z 理论。

4. 威廉·大内从第二次世界大战后日本企业的成功中得到一个启示：________是提高生产率的关键。

5. Z 理论的基本特征包括七个基本方面：雇佣期、________、职业发展途径、________、决策过程、________、企业关系。

6. Z 理论主张确定一种________制度，目的是要培育员工的长期观点与协作态度。

7. 美国管理学家彼得斯和沃特曼于 1982 年在________一书中，较全面地阐述了追求卓越的理论。

8. 追求卓越的理论认为一家卓越企业的组织文化应该包括八个方面：注重行动、________、自治与创业、________、深入基层、________、________和刚柔相济。

9. 卓越的企业认为________是企业成功的保证。

10. 斯凯恩提出，组织文化主要通过三方面来表现：________、________和最高管理层行为。

11. 组织文化主要有________、约束、________和造型四种基本功能。

12. 在组织社会化的影响因素中，组织能控制的因素包括管理层对社会化的认识、________、正式的新员工定向培训、各种工作培训、________。

13. 在组织社会化的影响因素中，组织不能控制的因素包括________、新员工对企业的第一印象、其他员工给新员工留下的印象、________。

14. 有学者在研究组织文化与组织绩效的关系时提出了三种有代表性的观点：________、________和________。

15. 组织社会化的三阶段包括________、________、________。

16. 指导是指在指导者与被指导者之间形成和保持一种________、________的关系的过程。

17. 克拉姆在对 18 对有上下级关系的员工进行深层次的访谈后发现，指导的功能主要有两项：________和________。

18. 指导共分为四个阶段：________、培养阶段、________和再界定阶段。

二、不定项选择题

1. 按照组织文化内容的可观察性和可变动性的不同，组织文化可以划分为（　　）。

A. 共同的假定　　B. 文化价值
C. 共同的行为　　D. 文化象征

2. Z 理论的中心议题是（　　）。

A. 信任　　B. 微妙性
C. 亲密性　　D. 适应性

3. 以下属于 Z 理论的基本观点的是（　　）。

A. 终身雇佣制
B. 迅速评价和升级
C. 缓慢的评价和提升制度
D. 扩大职业发展道路，有计划地实行横向职务轮换
E. 既有明确的控制方法，也有含蓄的控制方法

4. 以下关于 Z 理论的论断正确的是（　　）。

A. Z 理论极力主张在企业内部建设高度一致的文化，用自我指挥取代等级指挥，从而实现彻底内在的控制
B. 在 Z 模式中，人们之间的关系是一种局部关系，人们之间的相互了解仅局限于工作范围之内
C. 在 Z 型公司里，决策可能是由集体做出的，但是最终要由一个人对这个决定负责
D. 在 Z 模式中，人们之间的关系是一种局部关系，人们之间的相互了解仅局限于工作范围之外

5. 强文化对组织有效性潜在的负面影响有（　　）。

A. 构成了变革的障碍
B. 削减了不同背景的人带到组织中的独特优势
C. 构成了兼并和收购的障碍
D. 对组织的每个成员具有约束和规范作用，使他们的行为趋于一致

6. 在影响新成员组织社会化的因素中，组织能够控制的因素主要有（　　）。
   A. 管理层对社会化的认识
   B. 新员工对企业的第一印象
   C. 正式的新员工定向培训
   D. 其他员工行为给新员工留下的印象

三、名词解释

1. 组织文化
2. 组织英雄
3. 组织社会化
4. 指导

四、简答题

1. 什么是组织文化？组织文化有哪些基本特点？
2. 如何划分组织文化的层次？
3. Z型、J型、A型企业价值观有何异同？
4. 试述追求卓越的理论的主要内容。
5. 组织文化的表现形式有哪些？
6. 如何理解并在管理中利用组织文化的功能？
7. 你认为哪种组织文化最有效？为什么？
8. 简述发展适应性组织文化的过程及操作方法。
9. 简述组织社会化的三阶段模型。
10. 什么是指导？如何通过指导帮助员工实现组织社会化？

案例分析

德胜洋楼成立于1997年，是美国联邦德胜公司（Federal Tecsun，INC.）在中国苏州工业园区设立的全资子公司。它年销售规模不大，只有6亿元，员工大多是农民工出身，从事的是美制木（钢）结构住宅建造，是苏州一家很普通的中小企业。但这家公司又不普通，它建造的住宅超过了欧美标准，占到行业细分市场份额的70%以上；它的员工手册广为流传，在2005年正式出版后已经重印29次，还被翻译为英文版，已然成为中国企业管理的“圣经”。

德胜洋楼践行的是极简文化，逻辑简单、直击人性、形式简约、务实高效。

简单可感知

从企业文化“知、信、行”模型看，评价企业文化的建设和管理效果，可以分三个层次：

最低层次是“知”，重点在于员工能够了解公司的文化体系是什么样子，做好公司的宣贯是关键。

中间层次是“信”，重点在于员工从态度上能认同文化的内容和相关的制度要求，制定与文化匹配的制度体系是关键。

最高层次是“行”，重点在于员工能够在言行中体现出文化要求的价值观和理念，员工的自发、自觉、自愿是关键。

从德胜洋楼的文化建设看，三个层次都做得可圈可点，而且做得并不辛苦。

德胜洋楼的价值观很简单：“诚实、勤劳、有爱心、不走捷径”。所有的管理制度，也都围绕价值观开展。

德胜洋楼要求员工做君子、远离小人，却没用过多的笔墨去渲染“君子”，而是渗透在了制度中，有两个例子很有说服力。

第一个例子是考勤。现代企业的考勤管理，从最早的签到制到后来的门禁打卡、密码签到，甚至更先进的指纹打卡，上班族也都习以为常。可德胜洋楼的员工守则中，却明确提出“公司永远不实行打卡制”。德胜洋楼认为，不诚实的人没有资格得到信任和重用，员工在公司做事是拿工资的，理应想着要为公司做事，应该自觉做到在上班时间满负荷地认真工作。如果连上下班时间都需要管起来，那是对员工的不信任，也是不尊重。

另一个例子是财务报销。任何公司都会重视财务管理，防范风险、控制成本是财务管理的重要原则，但在德胜洋楼，员工报销任何公务费用或规定可以报销的因私费用，都不需要主管领导签字，只需在报销单上写清楚费用发生的时间、地点、事由、报销人的名字，有其他人同时经手的，作为证明人在相关的票据上签字，就可以去财务部报销了。在报销时，出纳首先要宣读一份声明：“您现在所报销的凭据必须真实及符合《财务报销规则》，否则都将成为您欺诈、违规甚至违法的证据，必将受到严厉的惩罚，并付出相应的代价，这个污点将伴随您一生。如果因记忆模糊自己不能确认报销凭据的真实性，请再一次认真回忆并确认凭据无误，然后开始报销，这是极其严肃的问题。”财务人员在每一次报销时，都要不厌其烦地做此声明，既是仪式，也是教育和提醒员工务必对自己的行为负责，对自己的信用负责。

从每天上班的考勤，到最容易出问题的财务报销，不难看出德胜洋楼在制度中倡导的诚实。在制度中已经充分体现了人性化管理，可是上班不打卡，员工可以随心所欲地调休，报销不用主管领导签字，出现问题怎么办？德胜洋楼的做法是文化与制度并行来实现综合管理，一方面是营造做君子的高尚氛围，另一方面是通过奖惩制度来保障。

费用报销事关个人信用，主管领导签了字，报销的责任就从当事人转嫁到主管领导身上，员工理应诚实自律，选择做君子，而非小人。如果员工没有做到自律怎么办？在完成报销后，报销凭证就会输入公司的个人信用计算机辅助系统，该系统可以归纳分析出员工的报销习惯，并从数据分析中做出异常预警，任何腐败与欺诈行为一旦通过抽样调查和个人信用计算机辅助系统被发现，员工就会为自己的不诚实行为付出高昂的代价。

几乎所有的人性化管理，都有助长惰性的负面作用。为了抑制这种负面作用，德胜洋楼首先旗帜鲜明地提出：“公司始终不认为员工是企业的主人，公司认为企业主和员工之间永远是一种雇用和被雇用的关系，是一种健康文明的劳资关系”，这显示了公司从制度层面反对惰性的立场，大家是由于劳动关系才成为同事的，谁也没有理由躺在功劳簿上睡大觉。其次，德胜洋楼开展了“清醒工程”——对于工作了几年，出现惰性，不珍惜、不遵守规矩、不遵守规章制度的员工，公司会安排他到别的企业工作一年，有了不同公司的工作体会，才有比较，这被称为“吃一年苦工程”。这两剂解药分别从制度层面和情感层面瓦解了惰性，使员工保持勤奋的精神面貌和工作状态。

给予员工尊严感

德胜洋楼倡导员工要有爱心，公司对员工也关怀备至。最让人津津乐道的是，从 2002 年的圣诞节开始，每年德胜洋楼都会在苏州最豪华的五星级酒店喜来登举行圣诞晚会。公司全体员工，包括各个工地上的建筑工人都会参加，每个人还会收到礼物和礼金。公司要让每位员工感受高品质的生活，享受到有尊严的待遇，事实上，更让员工感受到的是自豪感和尊严感，这种精神上的满足和被尊重的愉悦，给员工带来的激励效应和感化力，会让员工更加喜爱和尊重自己的职业。

此外，德胜洋楼每年会安排工作满 5 年的员工免费出国考察，公司因此每个月都在为员工办理出国签证。德胜洋楼总监聂圣哲自己就是穷苦百姓家庭出身，推己及人，公司这样做的初衷是让农民工此生能有机会走出国门，出国不但开了眼界，还能体验国外的人文素质和服务水平，也就更能理解公司期望自己能从农民工蜕变为产业工人甚至绅士的期许，无形中也增强了自我承诺：成为君子。

在日常工作中，德胜洋楼也是不计成本地为员工提供最好的工作和生活条件，除了食宿条件好，还提出不准带病上班，发现带病坚持上班的每次罚款 50～100 元；为工作满一年的员工发放家属慰问金，包括代表公司宴请家属一次，每次不超过 10 人、每人不超过 60 元，代表公司给正在上学的子女赠送不超过 200 元的礼物一份。

规则易执行

德胜洋楼的原则是所做的计划都能实施，公司坚决杜绝做出不能实施的东西，包括规章制度。

对于受教育程度不高的员工群体，德胜洋楼在生活上提出了很多具体的要求，比如“必须讲究卫生：勤洗澡——争取每天一次，刷牙——每天至少一次，理发——每月至少一次”，“不得随地扔垃圾”……在这些听起来有些可笑的要求下，员工才逐步养成了良好的生活习惯，脱离了原来散漫的生活状态。

除了对个人卫生和工作习惯方面的规定，德胜洋楼还详细制定了财务报销规则、采购规则、质量监督人员制度、售后服务制度、仓库（厂房）管理制度、车辆使用规定等规章制度，让每条制度都与工作和生活密切相关，听得懂、做得到。为了做好制度的宣贯，公司要求所有员工每个月的 1 日和 15 日集中开展制度学习会，这种制度管理方式也会产生潜移默化的影响，最终影响员工的行为表现，从心理上也增强了约束效应。

在工作中，德胜洋楼提倡简单、纯洁的同事关系，君子之交淡如水是公司推崇的健康的同事关系法则。在同事关系法则中，要求员工的关系简单化，明确规定同事之间聚餐每月不能超过一次，并且提出禁止有血缘、地缘关系的同事形成小集体，这些都改变了建筑行业的既有风气，也减少了公司的人际关系损耗。

在考核中，公司执行国际通用的“1855 规则”，即全公司的员工中到年终时对 10%的员工重奖，对 80%的员工予以肯定，对 5%的员工进行批评，最后 5%的员工予以解聘。被解聘的是那些有意怠慢工作或者工作不努力、未能完全履行自己职责的员工。

对于高管，公司有更严格的要求。公司认为高管首先应该是出类拔萃的员工，然后才可能是合格的管理者，为了保证管理人员接地气，德胜洋楼规定，所有高管每个月必须有一天将自己的管理工作交给助理，然后到基层工作，可能是刷油漆，也可能是打扫卫生。在这一点上，聂圣哲先生以身作则，多数时间都出现在施工工地上，因为他坚信，只有身体力行地参与了实践，才能做出合理的判断和决策。

德胜洋楼的很多制度并非原创，而是借鉴了很多国外的先进经验，比如公司规定除春节放假期间，禁止员工私赌，这一规定源于美国社会认为私赌是在时间上无限制的活动，会影响员工的敬业精神。

重视程序和信仰

德胜洋楼从西方发达国家借鉴的管理经验中，有两点具有非常深远的社会意义。

一是在公司成立程序化运转中心，提出“蔑视程序的人永远是德胜洋楼的敌人!”德胜洋楼认为：认真做事就是按程序办事，一件事即使做成了，如果不按程序做，也等于没有成功。不但坚持按程序办事，德胜洋楼还不断修订和改进程序，以确保程序的可用性和合理性。这对于喜欢走捷径的国人而言，似乎有些离经叛道，但正是这种程序化管理意识和制度化管理落实，才使得德胜洋楼在业内赢得了良好的事品和人品的口碑。

二是在公司总部仿照美国波特兰小街盖了一座教堂，重视信仰对员工的影响。德胜洋楼要求员工经常在心里默念两句话：“我实在没有什么大的本事，我只有认真做事的精神”和“我怎么又要小聪明了，我真的好危险”。这很像是祷告，更是一种自我暗示，要真正做到“诚实、勤劳、有爱心、不走捷径”。在德胜洋楼，牛皮哄哄的人最不受欢迎，如果哪个员工觉得自己牛皮哄哄了，那他离解聘也就不远了。

对于多数企业来说，关于企业文化建设最头疼的两个问题：一是企业文化怎么建；二是企业文化怎么用，怎样才能让文化真正发挥凝心聚力的正能量作用。大道至简，文化管理亦然。德胜洋楼的极简文化实践证明，如果企业家和管理者都能够这样去理解、建设和管理企业文化，文化可以很直白、管理可以更实效，企业可以更有竞争力。

资料来源：http：//news. hexun. com/2014-04-08/163735763. html.

【分析与思考】

德胜洋楼的企业文化中是如何实现自律与他律的？

【分析提示】

（1）企业文化是企业在长期生产经营过程中所形成的价值观念、经营理念、团体意识和行为规范的总和。德胜洋楼除了明确的制度“他律”，更有很多诸如上班不打卡、报销不签字等员工“自律”的行为。自律和他律对员工的共同约束正是德胜洋楼特有的企业文化。

（2）以他律约束自律。在德胜洋楼，看似完全出于员工自觉自律的行为都有其制度依据。如报销不签字，但员工的报销行为会受到系统统一的分析，一旦发现异常，员工就需要对此负责。因此，看似自律的行为都是有其背后的制度约束的。

（3）人性化管理提升自律。德胜洋楼对员工关爱备至，如每年年底的盛大年会、员工免费出国考察等都会提升员工对企业的认同感，并增强员工自愿遵守公司制度的意愿。

（4）制度简单易行。德胜洋楼的制度都与工作和生活密切相关，而且让普通员工听得懂、做得到。同时定期开展的制度学习会使得员工受到潜移默化的影响。制度约束简单明了，就会便于员工遵守执行，进而形成公司良好的制度文化氛围。

（5）德胜洋楼的企业文化并非单纯的员工自律，它是建立在制度约束基础之上的。优秀企业文化的塑造需要恰当的制度设计和正确的观念引导共同作用。

其他思考从略。

扩展阅读案例

从1988年成立至今，万达集团已成为以商业地产、住宅地产、文化产业、高级酒店为支柱产业的大型集团，成为中国年开发规模最大的房地产企业。

万达集团董事长王健林认为，人生追求的最高境界是精神追求，企业经营的最高层次则是经营文化。自成立之日起，万达就注重企业文化的建设，真正做到了厚积薄发。具体来看，主要做法有以下三点。

老板重视

王健林表示，企业文化蕴涵着老板文化或领导文化。老板的思想、行为方式、认识水准，都会深刻地影响他的员工。当然，企业文化也不完全是老板文化，还要把思想体系、道德水准和其他很多东西融合在一起才能真正提升为文化。

“我本身受儒家传统思想影响较深，所以比较重视企业文化，不仅在企业内部努力推行，自己也努力践行之。”他说，“比如我会带头宣讲企业文化，在万达的总裁会上，每年都有数次专题研究企业文化的建设问题。”

制度保证

文化要想落到实处，不光要领导重视，还要有制度保障。万达的制度包括四个方面：一是成立企业文化部，专门统一管理、推行万达的企业文化工作。“这恐怕在全国的地产企业中比较少见。”王健林说。

二是自办月刊和网站。万达月刊虽然不是公开刊物，但发行量也是比较大的，已成为行业里比较有特色的月刊，而且，“我们网站每年的访问量都超过 100 万人次。”他说。

三是设立企业文化年终专项表彰。每年的万达年会都要进行专项表彰，除了表彰优秀项目、优秀公司，还表彰企业文化优秀员工。

四是党委把企业文化作为自己的中心工作。

以上方面为万达文化形得成、站得住提供了制度上的保证。

舍得投资

万达又是如何让员工真正成为万达人的呢？“我们得出结论：抓培训。”王健林说。万达每年都会投入超过 1 000 万元的培训费用。

首先，重视员工的培训与学习。多次组织员工培训，培训内容包括专业技能、文化及制度等方面。此外，万达每年都会设置一个主题，根据主题去购买相应的书籍和辅导材料，组织专家讲课。每年年初，公司会推荐一本书让员工阅读，并且要求他们写读书笔记，促使其学习，推荐过的书目有《论语》、《情商决定命运》等。每年 7—8 月，万达都会举行读书演讲比赛，旗下每个公司会组织员工演讲，并推荐一名优秀代表参加集团演讲比赛，最终将演讲稿汇集成书。

其次，建立员工文化活动中心。在 20 世纪 90 年代初期，万达就把总部大楼的 13 层作为员工的文化活动中心，配有荣誉室、阅览室、健身房等。

最后，支持企业文化的重大活动。例如，万达曾出资 300 万元独家协办了“第四届中国信誉论坛”，之后又支持了“第五届中国信誉论坛”。该论坛是由国家质检总局、中消协等几家单位发起的。

“我们通过不同方式来增强员工参与企业文化建设的积极性，并注重保持企业文化的多样性。”王健林介绍，公司每年会出一本《万达故事集》，充分展现员工的精神风貌。为了做好集团内部的沟通，增强员工的归属感，各个公司和集团每年都会举办多次集体活动，并要求所有员工参加。

基于以上做法，万达形成了坚守诚信、敢于创新、制度严格、承担责任、关爱员工、弘扬传统文化精髓的特色企业文化，并为万达成为百年优秀企业打下了坚实的基础。

资料来源：申小玉：《万达集团　以文化塑造人》，http：//www.trainingmag.com.cn/Article/Articledetail/386191429698.aspx，2011-12-12。

【分析与思考】

分析企业文化对员工行为塑造的作用。

复习题参考答案

一、填空题

1. 符号手段；价值观
2. 符号；标语
3. 威廉·大内；《Z理论——美国企业界怎样迎接日本的挑战》
4. 使工人关心企业
5. 评价与晋级；控制方式；责任制
6. 缓慢的评价和提升
7. 《追求卓越——来自美国最佳企业的报告》
8. 面向顾客；靠人提高生产率；专心本行；精简机构
9. 高素质的人才
10. 新成员的社会化；次文化的冲突
11. 导向；凝聚
12. 对新员工的招聘面试；组织的监督
13. 新员工的个性；新员工个人需要的满足
14. 强度观点；合身观点；适应观点
15. 预期的社会化；碰撞；调整和变化
16. 深入的；长期发展
17. 职业功能；心理功能
18. 启动阶段；分离阶段

二、不定项选择题

1. ABCD　2. ABC　3. CDE　4. AC　5. ABC　6. AC

三、名词解释

1. 组织文化是指组织内部成员共同认可的、可以通过符号手段来沟通的一套价值观体系。其基本特点为：(1) 组织文化是一个组织中的成员拥有的一套价值观体系。(2) 组织文化不仅仅写在纸上，或在培训课程中清楚地讲解，而且是被组织成员共同认可的。(3) 组织文化是可以通过符号手段来沟通的。

2. 组织英雄是组织文化的一种表现形式。组织英雄是指体现一个组织最高理想的个体。英雄在强化组织文化以及使组织文化长盛不衰方面都发挥着重要的作用。

3. 组织社会化是指个体学习组织的价值观、基本准则和必要的行为，组织允许他作为组织的一名成员参与活动的过程，简称社会化。组织社会化的成败可能造成截然不同的后果，成功的社会化可以使员工角色清晰，更好地理解文化进而使组织价值观内化，有较高的工作参与意识，并带来较好的表现和业绩，带来较高的工作满意度，愿意长期留在组织工作，对组织承担义务，因此，组织社会化对组织和员工具有很重要的意义。

4. 指导是指在指导者（一般是上级员工）与被指导者（一般是下级员工）之间形成和保持一种深入的、长期发展的关系的过程。

四、简答题

1. 什么是组织文化？组织文化有哪些基本特点？

组织文化是组织内部成员共同认可的、可以通过符号手段来沟通的一套价值观体系。其基本特点有：（1）组织文化是一个组织中的成员拥有的一套价值观体系；（2）组织文化是被组织成员共同认可的；（3）组织文化是可以通过符号手段来沟通的，如通过故事、神话、传说、标语、轶事和童话等符号手段来传递。

2. 如何划分组织文化的层次？

按照组织文化内容的可观察性和可变动性的不同，组织文化可以划分为多个层次：

（1）共同的假定：是组织文化中最不明显的和最难以变化的部分，是一些关于现实和人性的普遍认可的信条。

（2）文化价值：代表着集体的信仰、假定，以及关于判断事情好坏、道德与否的标准。不同的公司可能有很不相同的文化价值。

（3）共同的行为：是比较容易看见和改变的。在共同的组织环境中，员工的行为容易相互模仿和被改造。

（4）文化象征：是文化的最表层，由符号、故事、图画、标语、服装等组成。

3. Z 型、J 型、A 型企业价值观有何异同？

Z 模式被认为是能够增加信任、微妙性和亲密性的管理模式。它的基本特征与 A 模式不同，而与 J 模式相似。这可以从以下七个方面来说明。

（1）雇佣期。J 模式强调终身雇佣制，A 模式强调短期雇佣制，Z 理论提倡把美国企业的短期雇佣制转化为长期雇佣制。理由是：雇佣期长，员工就更熟悉企业的内情，他们如果有长期工作下去的可能，就乐于与同事融洽相处，发展友谊，也更愿意接受企业的宗旨、作风、传统等，这样就容易被企业同化。方法是：当员工想辞职换公司时，可向他们提供更平等、更有挑战性的工作和让他们参与决策来留住他们；当经济短期衰退时，应该让股东少分红或承担轻微损失来换取长远利益，同时也可以让员工缩短工作时间、少得工资、放弃津贴或改变工种等来共渡难关，而不要解雇员工。

（2）评价与晋级。在 J 模式中，正式的评价与晋级极其缓慢。在 A 模式中，由于员工迅速流动，不得不采取迅速评价和升级的办法。Z 理论主张确定一种缓慢的评价和提升制度，目的是培育员工的长期观点与协作态度。但为避免人才向A型公司流失，对于新进公司的年轻人，在头十年应实行无差别地整批人晋升（加薪）；同时，必须提供一种非金钱的评价制度（比如常同上级一起参与制定计划，得到上级频繁的指示和引导，参加带有挑战性的重要工作），只对其中工作成绩好且具有长期观念和协作态度者才给予单独的晋升，而且是在他们参加工作十年之后。

（3）职业发展途径。在J模式中，职业发展途径是非专业化的，是企业内部的终身工作轮换制。在A模式中，职业发展途径是高度专业化的。Z理论主张拓宽职业发展道路，有计划地实行横向职务轮换。理由是：这种轮换可增加工作的热情、效率和满意感，可以使设计、制造和销售合作得更好。这种方法有效地产生了更多的属于该公司所特有的技能，从而在设计、生产和装配过程中实现更密切的协调。

（4）控制方式。在J模式中是以微妙、含蓄和内在的方式进行控制的。在A模式中，控制方式是明确的和形式化的，上级给部下下达可以衡量的工作指标，只有完成了这些指标的部下才是称职的。在Z模式中，既有明确的控制方法，也有含蓄的控制方法，明确的方法用于对控制情况的了解和沟通，含蓄的方法则用于控制重要的决策。Z理论极力主张在企业内部建设高度一致的文化，用自我指挥取代等级指挥，从而实现彻底内在的控制。

（5）决策过程。在J模式中，强调集体作出意见一致的决策。集体决策需要很多时间，但往往能作出创造性的决定，而且员工能够较好地执行。A模式强调个人决策，个人决策速度快，但不利于贯彻执行。Z理论提倡集体决策，主张决策是一个多人参加并取得统一意见的过程。这也是在企业内部广泛传播信息及价值观的方法之一。

（6）责任制。在J模式中是集体负责，一组员工对一组任务负有共同责任。在A模式中则是个人负责。Z理论提倡强化共同目标，使每个人都能自觉地对集体作出的决定负责，从而避免紧张状态。在Z型公司里，决策可能是由集体作出的，但是最终要由一个人对这个决定负责。

（7）企业内部关系。在J模式中，企业与员工、雇主与员工、员工与员工之间是一种整体关系。企业不仅向员工提供适当的工作，而且要努力使员工得到全面的发展。只有在这种整体关系中，人们的亲密、信任和相互了解才会产生。在A模式中，人们之间的关系是一种局部关系，人们之间的相互了解仅局限于工作范围之内。Z理论主张使整体关系得到发展，避免非人性化与独裁，提倡公开的思想交流、信任及负责。

4. 试述追求卓越的理论的主要内容。

美国管理学家彼得斯和沃特曼于1982年在《追求卓越——来自美国最佳企业的报告》一书中，较全面地阐述了追求卓越的理论。追求卓越的理论认为，一家卓越企业的组织文化应该包括八个方面：

（1）注重行动。卓越企业当然注重分析与收集信息，但是更鼓励及时决策。一旦作出决策，更要注重行动。在一些卓越企业中，标准的工作程序是“动手、确定、尝试”。

(2) 面向顾客。“顾客至上”要自始至终贯穿企业的所有活动。卓越企业一定要面向顾客，尽量满足顾客的需求，鼓励员工在为顾客服务方面做得更好。

(3) 自治与创业。卓越企业往往把大公司分成若干个小公司，鼓励独立性、创造性和冒险精神，充分发挥员工的创造性，鼓励各种有益的尝试。

(4) 靠人提高生产率。高素质的人才是企业成功的保证。企业的任务就是充分激发员工的积极性，加强与员工沟通，让员工发挥潜能。

(5) 深入基层。高层管理人员要常常深入基层，掌握第一手的资料以及必要的技能，经常与基层员工在一起工作，避免制定脱离实际的计划与决策。

(6) 专心本行。抛弃多元化的观念，不在无关行业进行投资或经营，不搞大而全或小而全，基本上只从事自己熟悉的行业或相关的行业。

(7) 精简机构。在卓越企业中，管理者的地位、威望和重要性由他对企业的业绩所作的贡献来决定，而不是由他管理的人数来决定。应把卓越企业的管理层缩减到最少。

(8) 刚柔相济。在卓越企业中，组织既是严密的，又是松散的。员工都能理解、认同、信仰组织文化，有一致的价值观，同时员工无太多监督者以及清规戒律的约束，敢于创新和冒风险。企业靠自觉化运作，而不是靠规章制度运作。

5. 组织文化的表现形式有哪些?

斯凯恩提出组织文化的表现形式有新成员的社会化、次文化的冲突、最高管理层行为等。

沙塞认为，组织文化有四个一般表现形式：(对象) 分享事物、(谈话) 分享谈话、(行为) 分享做事和 (情绪) 分享感情。一个人可以在组织中通过询问、观察、阅读和感受来收集其组织文化的信息。

贝叶尔和特拉斯提出组织文化有十种特殊的表现形式，包括惯例、仪式、神话、传说、民间故事、符号、语言、姿势、生理定式和人工制品。

另外，组织英雄也被认为是组织文化的一种表现形式。组织英雄是指体现一个组织最高理想的个体，在强化组织文化以及使组织文化长盛不衰方面都发挥着重要的作用。

6. 如何理解并在管理中利用组织文化的功能?

(1) 组织文化的积极功能主要有导向、约束、凝聚和造型四种基本功能。

1) 导向功能。组织文化的导向功能是指它对组织行为的导向作用。组织的价值观引导着组织的行为，从总体上规定了组织全体员工如何去行动。2) 约束功能。组织文化通过价值观、传统等软性因素约束，比用规章制度等硬性因素约束对员工具有更强大、更持久、更深刻的影响。3) 凝聚功能。组织的价值观是在组织长期生产、经营和管理实践中生成和发育起来的，共同的价值观反映了企业内部全体员工的共同目的和共同利益，必然使员工的行为发生趋同，把组织的成员紧紧地联系在一起，同心协力，为了实现共同的目标和理想，为了共同的事业而奋勇拼搏、开拓前进。4）造型功能。作为一种意识形态和控制机制，组织文化能够引导和塑造员工的态度和行为。谁会被组织录用，谁的绩效评估成绩较高，谁会得到晋升机会，这些都受到个人—组织“适合度”（即求职者或员工的态度和行为是否与组织文化相容）的强烈影响，由此，组织文化改变和塑造着员工的态度和行为。

（2）组织文化，特别是强文化对组织有效性有着潜在的负面影响。

1）变革的障碍。环境的变化以及企业战略的相应改变，会使强文化成为变革的障碍。2）多样化的障碍。强文化使新成员接受了组织的核心价值观，却大大削减了不同背景的人因种族、性别、道德观等方面的差异而可能带到组织中的独特优势，可能成为组织发展的束缚。3）兼并和收购的障碍。管理人员在进行兼并或收购决策时，不仅要考虑融资优势或产品协同性，而且应关注文化的相容性，无法兼容的文化往往导致兼并的失败。

因此，只有充分意识到组织文化可能带来的积极作用与负面效应，在企业经营管理过程中趋利避害，才能促进企业获得成功。

7. 你认为哪种组织文化最有效？为什么？

适应观点比较有效。适应观点认为，优秀的组织文化有助于企业预测、适应环境的变化。在经济全球化条件下，环境的变化以及竞争对手的不断升级使得企业面临极大的挑战，过去的竞争优势可能会成为企业的包袱，所以适应性组织文化不再拘泥于具体的战术目标与行为，只关注基本的原则。明确企业文化的核心（即强调为客户、股东和员工服务，强调不断改善领导），增强企业的适应性及灵活性，将为企业不断适应环境的变化、提高企业效绩奠定基础。

8. 简述发展适应性组织文化的过程及操作方法。

科特和赫斯凯特在1992年提出了一套发展和维持适应性组织文化的过程模型。首先，早期企业领导者必须创立和贯彻符合企业特点的企业憧憬和战略目标，并通过继任领导者的不断宣传，促使企业产生强大的文化内核，使员工获得一种持久的理念或一套价值观，即为客户、股东和员工服务。同时，也要强调领导的重要性，强调改善领导，然后通过强化和支持“满足客户需要”和“改善领导”的核心价值观来进行管理，而不必拘泥于企业的一般战术目标和实践活动。最高领导层为维持文化的适应性内核而工作，注重贯彻一些基本的原则，而不局限于任何具体的企业行为。

在建立适应性组织文化的具体操作方面，格罗斯和希曼在1987年提出，一种适应性的组织文化可以使企业成为一个功能健全的家庭，因此又称“回家”（HOME）途径。其中，H代表历史，通过“精心制作历史”、通过“‘英雄’与他人沟通”确立一种“历史”的感觉；O代表整体，通过“领导和角色造型”、“交流行为准则和价值观”创造一种“整体”的感觉；M代表成员资格，通过“奖励系统”、“职业管理和工作安全感”、“培训和开发”等提倡一种“成员资格”的感觉；E代表互换，通过“员工交往”、“参与决策”等增加成员间的“交换”。H，O，M，E的共同作用形成了适应性的组织文化。

9. 简述组织社会化的三阶段模型。

美国管理心理学家菲尔德曼在 1981 年提出了一个组织社会化的三阶段模型，指出从一个局外人到社会化的内部人共有三个阶段。

(1) 阶段一：预期的社会化。这个阶段始于个体真正加入组织之前。预期的社会化信息来自各个方面，例如招聘广告、个人经验等。所有正式的、非正式的，或者正确的、错误的信息都能帮助个体预期组织的实际情况。在这个阶段，新员工往往对工作条件、工资收入和晋升有很高的期待。这种不切实际的期望往往会导致员工在发现实际情况与预期不符时出现不安定心态甚至"跳槽"。因此，管理者应该给员工真实的工作预示，告诉他们企业的真实情况，包括好的地方与差的地方、积极的方面与消极的方面。可以用开展示会、发布企业信息等手段进行真实的工作预示。

(2) 阶段二：碰撞。碰撞阶段从员工签订雇佣合同开始。在这个阶段，新员工开始觉得现实与期望并不一定相吻合，为此感到吃惊和不安，有学者称之为"现实震惊"。在碰撞阶段，个体要面对一种严峻的挑战，即能否妥善解决工作和外部利益的多种冲突。如果这个阶段拖得太长，员工有可能离职去寻找新的工作。

(3) 阶段三：调整和变化。随着员工明确了目标和任务、掌握了工作技能、解决了角色冲突，就开始进入组织社会化的第三阶段——员工开始改变自己，根据工作群体的价值观和行为准则进行自我调整，接受组织文化，逐渐融入组织。当然，如果员工拒绝进入第三阶段，那么他不是离职就是会成为组织里的一名孤独者。

10. 什么是指导？如何通过指导帮助员工实现组织社会化？

指导是指在指导者（一般是上级员工）与被指导者（一般是下级员工）之间形成和保持一种深入的、长期发展的关系的过程。指导是发展一种高绩效文化的重要组成部分。一个企业要创立一种积极的、优秀的企业文化，尽快地使新员工组织社会化，就一定要重视指导的作用。

通过指导帮助员工实现组织社会化一般分为四个阶段：

(1) 启动阶段。这个阶段历时 6～12 个月。在此阶段，指导关系刚刚建立，对于指导者和被指导者双方来讲都很重要。

主要的转折点是：幻想变成具体的期望，期望开始实现；上级员工提供指导、分配挑战性的工作、增强工作的透明度；下级员工获得技术上的帮助、对指导者表示尊敬并渴望被指导；相互作用主要围绕工作任务。

(2) 培养阶段。这个阶段历时 2～5 年。在此阶段，指导的职业功能和心理功能发挥至最高限度。

主要的转折点是：指导双方在相互关系中持续获得利益；重要机会和频繁的交往不断增加；情感纽带加强；亲近感增加。

(3) 分离阶段。这个阶段发生在组织结构角色关系发生重大变化之后，或在情感关系发生重大变化以后，历时 6 个月至 2 年。

主要的转折点是：下级员工不再需要指导，并更自觉地寻找工作机会；上级员工面对中年期危机，很少有能力进行指导；工作变动或晋升限制了继续保持关系的机会；不再提供职业功能和心理功能；阻碍了创造性的发挥；敌视导致不良的关系。

（4）再界定阶段。这是在分离阶段之后的一个模糊时期。在此阶段，老的关系已经终止，新的关系有许多不同的特点，其中最主要的特点是建立更亲密的友谊关系。

主要的转折点是：分离的压力减小；新的关系已形成；以前形成的指导关系已不再需要；不满和愤怒减少，感激和欣赏增加；达到了一种伙伴关系的程度。

第 15 章

组织变革

知识点回顾

组织变革是指根据组织内外变化的要求，在组织内部强调改变人的态度、行为和人际关系，以保持和促进组织效率，更快达成组织目标的过程。组织变革的目标在于：提高工作效能、有效地激励员工、鼓励技术革新、适应环境和提高企业的竞争能力。

组织变革的类型可以根据变革产生的影响以及变革的对象两个维度来划分，其中影响主要分为大、中、小三种，对象主要分为技术、结构、人员和任务四种，因此，组织变革共可以分为 12 种类型。常用的组织变革的模型有勒温的组织变革模型、摩海德和格里芬的组织变革模型及克雷纳和金尼金的组织变革模型等。组织变革的价值观主要有三种，它与组织变革有着密切的关系。

企业内外有许多动力促使组织进行变革。组织变革的**外部动力**主要有四种：人口统计学特点、技术进步、市场变化以及社会与政治压力。**内部动力**主要可以归纳为两方面：人力资源问题以及管理行为与决策。组织变革的阻力来自组织和个体两个方面。在组织变革前，需要对阻碍变革的阻力进行调查和分析。减少组织变革的阻力可以采取多种方法：选择适当的变革者、减少强制手段、让变革以试验的面目出现、使变革在初期就显示出优点、有效地进行技术变革和利用减少变革阻力的基本策略等。

当组织出现生产效率明显降低、重大事情无法决策、人际关系恶化、非正式沟通渠道压倒正式沟通渠道和长期缺少创造性等症状时，组织就需要考虑采取一定的变革措施。

组织变革可以分为八个步骤：产生要求变革的动力、认清问题所在、分析问题、识别限制条件、了解各种方案和技术、选择方案、贯彻方案和评价等。常用的组织变革的管理方法有目标管理、工作再设计、顾问参与制和弹性工作制等。

复习题

一、填空题

1. 组织变革的重点是改变人的态度、行为和________。

2. 对象维度是指变革的主要对象是什么，主要可以分为技术、________、人员和任务四种。

3. 组织变革是一种从原有状态到新状态的转化过程。勒温于 1951 年提出一种组织变革模型，包括三个阶段：________、变化、________。

4. 1978 年，杜布林提出一个由三个阶段组成的组织变革模型，即输入阶段、________和输出阶段。

5. 摩海德和格里芬认为勒温的组织变革模型太简单，于是提出了一个新的模型，该模型分为五个步骤：第一步是变革的动力；第二步是________；第三步是________；第四步是实施变革方案；第五步是________。

6. 克雷纳和金尼金于 1995 年提出了他们的组织变革模型，这个模型主要可以分为三大部分：输入、________和输出。

7. 变革的目标因素共有五个：人员、目标、________、________和方法。这五个因素以________为核心，相互影响。

8. 组织变革的外部动力有很多，有些外部动力与许多因素有关，主要有四种：________、技术进步、________以及社会与政治压力。

9. 技术进步对企业的影响主要在于其有两大趋势：________和________。

10. 企业中重大事情无法决策有以下几种表现形式：________、________、根本不能进行决策。

11. 制约变革的因素包括四种：________、结构、________、________。

12. 变革中贯彻方案要考虑四大因素：时机、________、________、增加动力和减少阻力。

13. 目标管理的实施可以分为三个阶段：________、________、________。

二、不定项选择题

1. 组织变革的外部动力有（　　）。

A. 员工多元化　　B. 生产自动化
C. 市场变化　　D. 社会与政治压力

2. 组织变革的内部动力有（　　）。

A. 工作满意感下降
B. 缺勤率和流动率上升
C. 生产率滑坡
D. 员工不愿意参与或提建议
E. 管理者之间的冲突

3. 组织变革都不可避免要遇到阻力，其中来自组织的阻力有（　　）。

A. 企业过分干涉
B. 千方百计地强调一切以变革为重，忽视其他重要因素
C. 群体惯性
D. 权力威胁与资源分配的变化

4. 组织变革中来自个体的阻力有（　　）。

A. 对未知事物的恐惧
B. 对人际关系的威胁
C. 对失败的恐惧
D. 同伴的压力

5. 企业需要组织变革的症状主要有（　　）。

A. 生产效率明显降低
B. 重大事情无法决策
C. 人际关系恶化
D. 正式渠道压倒非正式沟通渠道
E. 长期缺少创造性

6.（　　）是指使员工从事的工作纵向发展，即让员工有自主权，可以及时获得操作的反馈，能自己评估和修正自己的工作。

A. 工作扩大化
B. 工作丰富化
C. 自治工作群体
D. 轮换工作制

三、名词解释

1. 组织变革
2. 人口统计学特点
3. 组织需要变革的症状
4. 不良小团体
5. 目标管理
6. 工作再设计
7. 顾问参与制
8. 弹性工作制

四、简答题

1. 什么是组织变革？组织变革的特点是什么？
2. 结合企业实践，谈谈组织变革的目的是什么。
3. 简要阐述勒温的组织变革模型。它与其他模型之间的区别和联系是什么？
4. 组织变革有哪些动力和阻力？
5. 如何增强组织变革的动力、减少组织变革的阻力？
6. 如何了解一个组织是否需要变革以及变革面临的阻力？
7. 组织变革的八个主要步骤是什么？每个步骤的重点是什么？
8. 常用的组织变革的管理方法有哪些？

案例分析 1

“要么创新，要么灭亡”，这是飞利浦全球总裁兼首席执行官柯慈雷访华时经常跟人说起的话。柯慈雷是一个有一半德国血统的荷兰人，表面温文尔雅，但语气坚硬，行事果断，属于“强硬派”。2006 年 11 月底，柯慈雷率 17 名飞利浦全球管理委员会成员访华，在短短 7 天的行程中，在中国展开了一系列公关、市场方面的“闪电行动”，足迹遍及 8 个主要城市，推出了 120 个项目活动。访问的最后一天，柯慈雷宣布：飞利浦公司希望 4 年内把在华营业额翻一番，达到 120 亿美元，希望中国能够超越美国，成为飞利浦最大的市场。

从政策中寻找“路标”的高手

与大多数跨国公司首席执行官一样，柯慈雷也是从政策中管窥商机的高手。柯慈雷向记者表示，到中国来，主要是为了确保飞利浦的计划与中国政府的计划相吻合。“我们所有的计划都是与中国政府的计划完全吻合的。”他说。

柯慈雷说，他与中国高层领导人的会面，启动了飞利浦对中国新一轮的学习过程，获得了指导飞利浦制定中国商业战略的一系列“路标”。这次飞利浦电子集团管理委员会全体成员通过一周的访华，使“加强对中国的承诺”成为管理层的一致共识。

柯慈雷到底从中国的政策面上获得了哪些路标？

一方面，通过兼并收购扩大市场份额。柯慈雷认为，中国政府将继续吸引外资，继续鼓励更多的兼并收购以及大的跨国公司与中国本地企业之间的兼并收购和联盟活动。

另一方面，针对中国政府开发中西部及振兴东北计划开展应对行动。飞利浦最近在北京宣布成立一家新的合资公司——吉林飞利浦半导体有限公司，致力于开发、设计和生产双极功率产品。柯慈雷一行还专门去了一趟沈阳，寻找投资机会。

此外，柯慈雷要求将飞利浦的产品线与中国政府的近期需求相结合。比如，为顺应中国政府缩小城乡差距的发展趋势，飞利浦将在远程教育、电子学习和远程医疗等方面竭尽所能；在上海采取新的战略举措，加快研发步伐，增加技术开发中心数量；将更多的业务管理职位交给中国人；进一步配合政府的工作议程，继续以并购、收购、联盟的方式对中国进行投入，尤其是在西部和东北；拓展人才基础，加强雇主品牌建设；扩大跨部门的市场活动，强化品牌印象，提高美誉度。

重振飞利浦的三大冒险决策

与不少欧洲首席执行官保守的风格不同，柯慈雷可被视为一个创新者，也可被视为一个冒险者。事实上，柯慈雷自 2001 年 5 月任飞利浦首席执行官之日起，就开始冒险了。2001 年，公司净亏损 9.76 亿美元，销售额下降几乎 20%。

他在 2002 年初断言，2002 年飞利浦公司将渡过难关。但 2002 年飞利浦公司的净亏损达到创纪录的水平，他的断言成了空话。

但柯慈雷的冒险计划在 2003 年初见成效。当年 10 月中旬，飞利浦公布了第三季度财务报告，宣布继第二季度恢复盈利后继续盈利，利润为 1.24 亿欧元。对飞利浦而言，柯慈雷至少有三大决策产生了巨大影响。

一是实施“迈向一个飞利浦”计划，这也是柯慈雷诸多振兴计划中最具震撼力的一个。据飞利浦电子中国集团总裁介绍，“迈向一个飞利浦”的主要目的在于开源节流。而柯慈雷的具体描述是“使不同业务部门之间有更紧密的合作”，以取得更大的成效比。通过这项计划，飞利浦全球的费用大概节约了 10 亿美元。

二是对飞利浦的组织结构进行大刀阔斧的改革，把以前相对复杂的多元化机构精简为五个部门，这五个部门又集中在三个领域：医疗保健、时尚生活、核心技术。

三是再造飞利浦文化，重新寻找飞利浦的兴奋点。柯慈雷认为飞利浦以往的文化过于老化、荷兰化、男性化、技术化，他试图让飞利浦更具创业精神。柯慈雷在清华大学面对 MBA 学员演讲时表示：“竞争的步伐改变了，由于‘跟风者’的跟进迅速加快，真正投入巨资进行研发的创新者可以享受劳动成果的时间越来越短。这一问题的解决方案就是：高速、持续的创新。”

冒险更需团队支持

56 岁的柯慈雷曾是一名电气工程师，兴趣广泛，从研究孔子的生平到戏剧、足球以及一级方程式赛车，无不喜欢。为了建立一个高效团队，柯慈雷为公司高层引进了国外人才。2001 年 7 月，他从 Sun 公司挖来了负责公司战略的约翰·麦克卢尔；2002 年，柯慈雷还雇用了法国电信公司阿尔卡特的高级主管戈特弗里德·杜迪内，后来又任命意大利电信公司的安德里亚·拉格内第为飞利浦第一位首席营销官。

柯慈雷会问自己：怎样才能使飞利浦更“牛”？他自己的答案是“言出必行”。

资料来源：《组织变革案例：飞利浦集团强硬派的“冒险思想”》，http：//www.china-b.com/jyzy/jyyz/20090318/1017398_1.html，2009-03-18。

【分析与思考】

1. 组织需要变革的表征有哪些？
2. 作为组织领导者，有效实施组织变革应做好哪些事情？
3. 你如何评价柯慈雷的强硬派作风？

【分析提示】

1. 了解组织是否需要变革可以从了解组织的症状入手，管理者应该及时了解下列各种症状，及时采取措施。

（1）生产效率明显降低，表现为产量和质量明显下降；

（2）重大事情无法决策，表现为决策太慢或决策连连失误，甚至根本不能进行决策；

（3）人际关系恶化，表现为不良小团体增加、人际关系紧张等；

（4）非正式沟通渠道压倒正式沟通渠道；

（5）长期缺少创造性。

如果某一企业同时出现这五种症状，该企业就到了非变革不可的地步了；如果只有一两种症状，那么管理者可以根据具体情况采取一定的变革措施。

2. 要有效实施组织变革，应注意以下问题：

（1）准确感知要求变革的动力。外部动力包括法律政策的变化、市场的变化、金融市场的变化、消费心理的变化、竞争对手的变化等。内部动力包括领导软弱无能、员工意见分歧、生产跟不上市场需要、员工和组织协作不密切等。本案例中柯慈雷对于外部环境变化的感知可以为我们提供较好的借鉴。

（2）运用组织变革的动态模型，列出支持变革的动力和反对变革的阻力，是推动组织变革、减少变革阻力的基本策略。

（3）明确组织的最佳时机、突破口，根据变革的需要确定变革的深度，明确变革涉及的组织、群体和个人以确保组织变革方案的贯彻。

3. 领导的魄力与强硬派作风在组织变革时期有时是抓住时机、确保变革有效实施的手段。

案例分析 2

AB公司创立于1994年，主打产品为整流、开关、稳压等系列二极管半导体器件，此外还涉足广告、外贸等其他相关领域。近15年来，AB公司凭借好的产品、好的领导者以及一群创业者的共同奋斗实现了高速增长。企业也由一个固定资产只有100万元、员工10多人的小厂发展成为一个拥有资产过亿元、员工近1 000人的现代化企业，建立了现代企业制度并实现了资本扩张。AB公司的成长非常迅速，但正如《从优秀到卓越》一书中谈到的那样：从优秀到卓越的蜕变过程绝对不是一蹴而就的。成功的公司不是靠一次决定性的行动、一个伟大的计划、一个杀手级创意构想、一个好运气或灵光一闪而造就的。相反，企业在发展中好像推着巨轮朝着一个方向前进，轮子不停地转动，累积的动能越来越大，终于在转折点有所突破，一跃而过。AB公司也是经历了一次次的组织创新与变革，在实践中不断与环境磨合才得以发展壮大的。

AB公司成立之初，由于产品单一，人员结构简单，因此根本没有设立正规的组织结构，公司所有的成员都是总经理的家族成员或朋友。出纳、会计由其岳母一人兼任，市场与财务职能归属一个部门，品质管理与技术职能也归属一个部门；总经理蔡总是企业所有者，负责所有部门的管理工作，一个副总经理李总是蔡总的“铁哥们”，负责销售管理，但由于销售环节是开拓市场、发展企业的重要环节，因此蔡总对销售部门的工作非常重视，常常事必躬亲，销售部门经常受到总经理的直接指挥。如果说此时的 AB 公司也算是有组织结构的话，那么这种组织结构应该是一种极为简单的直线制结构（见图 15—1）。

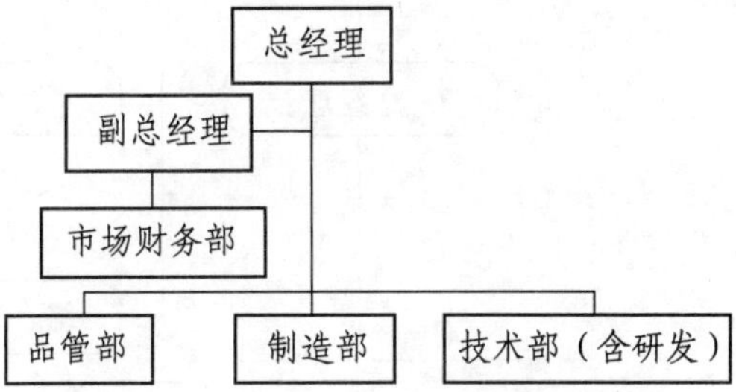

图 15—1　AB 公司的直线制结构图

公司在发展之初采用这种结构还是有一定优势的。对于总经理而言，根据资本追求利润最大化的理论，他必须不断地努力工作，对自己企业的成败负完全责任，不存在任何损害所有者利益的机会主义行为；对于员工而言，由于都是家族内部成员，大家的目标也都是利润最大化，只要能获得收益，任劳任怨、加班加点也在所不惜。此外，由于企业规模小，对市场变化的反应速度快，在激烈的市场竞争中能够凭借其高质量、高效率、有特色的“小企业服务”求得生存之地。在大家的努力下，公司发展很快，短短几年间公司的员工人数和资产就翻了几番。可随着规模的逐渐扩大，蔡总发现自己身上的任务越来越重，仿佛背着大山前行，直线制的管理体制使他忙于应付各种事情而无暇考虑公司的长期发展战略，各部门也常常因职责不清、界限不明而产生矛盾。随着产品销售区域的逐渐扩大，企业已走上国际化经营之路，合作市场要求企业有一个健全的管理机制来保障公司持续发展。蔡总意识到现有的组织结构已无法满足市场迅速变化的需求，必须进行变革。起初他也想自己动手进行变革，但初作尝试之后就发现，由于家族企业的固有特点，家族式管理的羁绊使得变革根本无法进行。在这种情况下，从外部聘请专业的管理人员可能是最好的办法。但是家族企业家往往有这样一个特点：他们喜欢将企业作为家庭财产的延伸，为了对其进行全面控制而不愿意分散所有权。蔡总面临着一个重要选择：要么将企业利益置于家族利益之后而失去发展机会，要么不怕牺牲家族的控制权，追求企业的成长，将商业目的放在首位。

经过再三权衡，蔡总选择了后者。他煞费苦心四处挑选人才，最后选中了某大型国有企业中的张某。张某是一个拥有 10 多年大型企业管理经验的优秀管理人才，尤其在组织设计和市场开拓方面有着很独特的见解。在仔细分析了 AB 公司现有的组织结构及市场状况之后，张某认为 AB 公司是一个很有发展潜力的企业，应该可以给他提供一个良好的发展空间，于是欣然应允加盟 AB 公司。他担任总经理后的第一件事就是从企业所处的危机中去寻找问题，并带着前瞻性的眼光去解决问题，大刀阔斧地进行变革，在原有组织结构的基础上设立了新的组织结构（见图 15—2）。

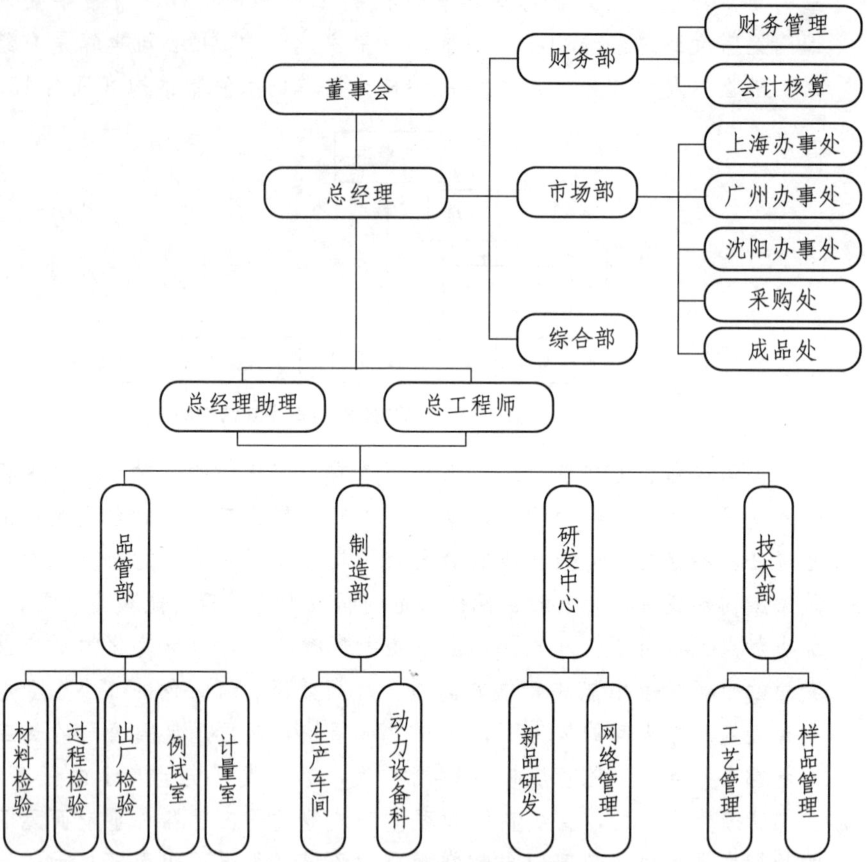

图 15—2　AB 公司新的结构图

可以看出，张总采用的是以市场营销为关键职能的组织结构，总体上仍然属于传统的组织结构模式。但对于 AB 公司这样一个中型家族企业来说，这个组织结构设计明显要优于传统的简单直线制结构。张总遵循“设定结构、目标先行；划分职能、因事定岗；分工明确、考核有据；时刻追踪、循环创新”四个原则，将各个职能部门的权利与责任清晰化、区别化，使每个部门都有了自己清晰的部门目标，很好地解决了过去的抱怨、指责、推诿现象，员工的集体荣誉感与责任感被充分调动起来，使企业进入了一个良性的改革循环状态。通过变革，企业不断强化管理，提高了决策管理者与员工的素质；经常为员工提供接受专业化培训的机会，努力把企业建设成为一个学习型组织；吸收非家族成员进入管理层，为企业增加新鲜血液，协调非家族员工尤其是高层管理者与家族成员的关系，严格按照对公司的贡献奖励和提升员工，尽量减少家族成员对企业奖惩制度的负面影响；组织有关部门狠抓质量管理，使企业通过了 ISO 9000 质量管理认证，为企业进入国际化经营阶段做好了准备；在市场营销方面加大力度，在确保老客户的同时开发新客户，加强销售回款管理，缩短回款时间，加快现金流量，仅用一年多时间就使公司的利润和产能翻了一番。AB 公司呈现一片蒸蒸日上的繁荣景象。

然而，成功的道路并不是一帆风顺的。随着企业的迅速发展，当初因组织问题而带来的困惑基本消除了，但是蔡总又有了新的困惑：当初聘任张总时规划了企业的发展远景，期望企业发展成为股份制企业，但是随着企业利润的逐渐增加，是否有必要进行股份制改造？这样做虽然有利于企业发展，但同时意味着家族企业的终结。对于公司的发展速度，蔡总与张总也有不同的看法。蔡总作为企业的所有者认为企业发展得越快越好，要求张总尽可能快地开发市场、增加销量；而张总从一个管理者的角度认为，公司现有的规模与公司的发展速度已经不相适应，如果发展过快有可能造成企业资金周转不灵，使企业陷入困境，因此应该循序渐进地发展。这些矛盾成为工作中的障碍，使蔡总与张总之间有了种种摩擦与不快，蔡总甚至考虑到底要不要将张总继续留在 AB 公司。

资料来源：李慧：《一个家族企业的组织结构嬗变》，载《企业管理》，2009（2）。

【分析与思考】

家族企业在组织结构变革中遇到的主要问题有哪些？

【分析提示】

AB 公司的案例向我们揭示了中国家族企业从兴起到繁荣的成功经验。在家族企业的发展过程中，根据企业的发展阶段和规模扩大的客观要求及时调整企业的组织设计是非常重要的，它可以从组织制度上避免和减少家族企业成长中的风险。所以家族企业在成长和发展过程中应当加强企业的组织结构调整与制度创新，并把它作为企业要解决的核心问题之一。此外，AB 公司成长中的困惑也告诉我们，中国的家族企业仍然存在家族式管理固有的羁绊，要想获得长期持续发展，还需从企业家的观念、企业的组织设计、公司的发展规划等方面进行更深入的变革，在市场竞争中寻找一套适合中国家族企业发展的管理经验。

企业的发展是一个由低级到高级、由不规范到规范的过程。家族企业也是如此。AB 公司可以说是中国家族企业的一个典型代表。在中国，成千上万个类似于 AB 公司的家族企业在市场竞争中沉沉浮浮。通过 AB 公司的案例，我们可以总结出中国家族企业的一些弱点，并针对这些弱点结合 AB 公司的实践寻求较好的解决办法。

中国的家族企业数以万计，然而能把家族企业发展壮大的实在是太少了。许多家族企业创办之初很成功，如同 AB 公司一样，虽没有严谨、科学的组织结构和管理方法，在生存的压力下，仅凭家庭利益的最大化等家族企业自身固有的特点，仍然能在市场竞争中占有一席之地。但是随着它的逐渐壮大，家族企业自身的弱点就暴露了出来，以至于企业内部出现危机，甚至发生分裂，从而使原来兴旺的事业由盛而衰。AB 公司的张总之所以能够迅速采用恰当的变革方式使AB公司重振雄风，就是因为他能够从企业所处的危机中去寻找问题，并带着前瞻性的眼光去解决问题。所以认清家族企业的弊端是非常重要的。

总体来说，家族企业的弊端可以概括为以下几个方面：

（1）规划缺乏依据。很多家族企业在制定年度经营目标时忽略了针对计划的“预测”与“分析”，只是一味地追求利润最大化。因此，缺乏计划和分析的规划在实际中的操作性很差。

（2）用人任人唯亲，激励与监督机制不健全。这是中国家族企业的通病。家族以外的管理人员很难进入决策层，所有者进行变革也会遇到重重的阻力，AB公司的蔡总就不得不依靠外来力量去变革。随着企业规模的扩大，其发展不可能只凭借企业家个人的努力，而需要管理人员、技术人员及一般员工共同努力，致使家族企业不得不聘请外援部队。但是，现在有许多家族企业虽然聘请了外部人才，但没有针对高层管理人员建立与其责任相对应的激励机制和约束监督机制，当高级管理人员认为自己的要求得不到满足时，就会以其他方式达到要求，最终对企业发展无益。

（3）沟通无章可循，经理人与企业所有人之间矛盾重重。虽然许多家族企业建立了一套沟通体系，但许多企业仍然是老板说了算，不管什么事情，老板都有可能完全抛弃沟通体系而直接发号施令，这使得主管与部属之间的沟通无章可循，管理混乱。有的企业虽然像AB公司那样聘请了经理人，但经理人的管理理念与企业所有人的意愿之间存在种种矛盾。AB公司的困惑可以说是现在大多数家族企业的困惑。

（4）运营失去控制。许多家族企业所有者只关心市场规模的扩大、销售量的增长，认为有了市场也就有了利润，往往造成过度膨胀。在AB公司中，张总的想法应该是比较合理的，公司的发展速度必须与其规模相匹配，否则就如同一匹小马拉着几十吨的货物，终究会累得精疲力竭。家族企业所有者的上述心态必须予以调整。

（5）缺乏科学的管理方法，组织建设不适应需要。近20年来，太多的中国家族企业经历了从“井喷式”到“雪崩式”的发展过程。许多知名的家族企业凭借“拥有一种在一定时期领先的技术，在极短的时间内抢占了大量的市场份额形成井喷式发展”，最终却因缺乏合理的组织设计和科学的管理方法而“各领风骚三五年”。组织设计的缺乏是家族企业无法健康成长的核心问题，因此必须加强家族企业发展的组织结构调整与制度创新。

进行组织结构调整与制度创新，必须从管理的基本原则着手，结合企业的实际情况寻找一种与中国文化相吻合的企业组织形式。企业在短期或者长期的经营管理过程中，必须随时把握这些原则，在组织设计、工作设计和绩效指标方面，随时根据企业环境的变化进行必要的创新。具体而言，中国家族企业在组织设计过程中应该考虑以下几方面的问题：

第一，家族企业产权的社会化与分散化。家族企业基于产权结构与创业者的突出贡献，在发展初期阶段能够维持个人及家庭的所有权与决策权。但是由于家族企业本身的一些封闭性的弊端与企业长期发展的目标相冲突，过分依赖家族成员而不能很好地利用外来人员的技能，导致单一的家庭所有权与企业成长（即分散所有权）的矛盾。

AB 公司在选择从外部引进人才时的顾虑几乎是所有家族企业所有者都会遇到的，而蔡总的想法也是值得肯定的，他选择了以企业的成长作为主要目标，因为大型企业的产权不可能过分集中，股份社会化与分散化是客观趋势，而且产权分散可以延长家族企业的寿命。家族企业应该随着企业的成长，逐步建立和健全各种规章制度，不断强化管理，探寻适合企业发展的道路。

第二，企业家观念的转变。AB 公司的蔡总应该说是一个思想比较开明的企业家，他能够放弃自己对企业的绝对领导权而另择人才，这一点是难能可贵的。但是家族企业的企业家在思想上总是有一个难以越过的坎：将在他们看来本属于自己的财富分割给他人。所以蔡总在面对是否要真正进行股份制改造这一问题时也犹豫不决。也许换个思维方式，这个问题就比较容易解决了。试想，如果没有外来人员的帮助与贡献，企业不会如此迅速地发展，现在即使拿出部分股份，留在手中的股份的绝对值还是要高于仅靠家族力量所获得的利润。而且如果处理恰当，企业家是不会丧失企业的所有权的。这样既增加了企业利润，扩大了企业规模，又使企业家仍是企业的所有者，何乐而不为呢?

总而言之，家族的收益是建立在整个企业发展壮大的基础上的，只有企业发展了，家族的利益才能够得到保证。所以，中国的家族企业家必须深思熟虑，转变自己的观念。

第三，通过完善公司制度和治理结构使企业由“人治”转变为“法治”。在企业成长过程中，建立完善的管理制度和适合企业发展的公司治理结构是非常重要的。企业规模越大，管理难度越大，如果没有建立严密的组织和分层负责的管理制度来规范企业的人、事、财、物的运作，就会存在非常大的风险。所以家族企业必须建立规章制度，依靠规章制度来加强管理，逐步实现管理理性化、层级化、制度化和科学化，依靠组织的力量来推动企业的发展。AB 公司张总设计的以市场营销为关键职能的组织结构，就是根据公司的实际情况制定的比较合适的组织结构，例如，考虑到企业规模并不大这一实际情况设立综合部，将几项工作职能放在一个部门，以避免人浮于事；由于产品的特殊性，供货与销售有一部分是半成品，依据这个特点将采购与销售职能放在一个部门；等等。这样，企业基本上可以做到职责分明，分工明确。

与 AB 公司一样，其他家族企业在组织模式的选择设计上也应该依据公司实际情况，制定完善的公司制度和治理结构，使企业由人治变为法治，并随着环境的变化适时调整组织结构，以适应新的形势。但是，在企业成长过程中，应本着宜简不宜繁的原则，适当保持所有人与主要决策者的领导权威，避免由原来的集权状态迅速变为过度分权的状态而导致管理失控。

第四，借鉴先进经验。家族企业的管理没有固定模式可循，只能“摸着石头过河”，所以应该积极借鉴其他企业的先进管理方法及科学的组织设计，并结合公司实际情况加以运用。AB公司张总提出的“设定结构、目标先行；划分职能、因事定岗；分工明确、考核有据；时刻追踪、循环创新”四个原则就很不错。另外，目标的制定必须有科学依据；在设计部门职能时，应充分考虑到人力资源的充分使用；在工作设计以及工作执行中，应善于沟通并注重领导艺术；对绩效的考核既要有激励机制，也要有约束机制。公司应该逐渐形成并拥有自己的运作模式，一旦市场环境发生变化，运作模式就会因受到“刺激”而自动适应变化，从而历久弥新。

复习题参考答案

一、填空题

1. 人际关系
2. 结构
3. 解冻；再成型
4. 干涉变量阶段
5. 认识和界定问题；问题求解过程；测量、评价与控制
6. 变革的目标因素
7. 组织安排；社会因素；人员
8. 人口统计学特点；市场变化
9. 生产自动化；办公室自动化
10. 决策太慢；决策连连失误
11. 资源；技术；时机
12. 地点；深度
13. 设置目标阶段；达成目标阶段；评价目标阶段

二、不定项选择题

1. ABCD　2. ABCDE　3. ABCD　4. ABCD　5. ABCE　6. B

三、名词解释

1. 组织变革是指根据组织内外变化的要求，运用组织行为学以及相关学科的原理和方法，在组织内部强调改变人的态度、行为和人际关系，以保持和促进组织效率，更快达成组织目标的过程。

2. 人口统计学特点主要指外部劳动力市场的人员年龄、性别、受教育程度、技能水平、出生地等。从发展趋势来看，人口统计学特点的趋势是多样化的，即人员的构成越来越复杂。

3. 组织需要变革的症状是指一些不通过变革而无法消除的组织内部的消极现象。当企业出现生产效率明显降低、重大事情无法决策、人际关系恶化、非正式沟通渠道压倒正式沟通渠道、长期缺少创造性等症状时，说明需要实施组织变革了。有时企业需要全面变革，有时企业需要局部变革，管理者应该及时

了解上述各种症状，及时采取措施。

4. 不良小团体是指一些起消极作用的非正式群体。这些小团体往往以个体利益为基础结合起来，无视组织目标和组织纪律，挑起个人与个人、群体与群体之间的争端与冲突，破坏正式群体的活动，拉帮结派，一切行动服从个人或小团体的利益。

5. 目标管理是美国管理学家德鲁克在 20 世纪 50 年代中期提出的一种管理方法。实现目标管理的过程是上下级一起来确定共同的目标，并规定所属成员达成目标的主要职责范围，同时以此衡量每一部门的成绩和成员的贡献。

6. 工作再设计是指让员工负责较多的工种，赋予其较大的责任，使其了解生产过程，避免单调乏味，从而提高生产积极性的一种管理方法。

7. 顾问参与制是指聘请一些专家、学者参与组织变革过程。这是管理者借助“外脑”的一种方法，又称“智囊团”制，简称顾问制。

8. 弹性工作制是指在保证规定的上班时限的条件下，员工每天除了在一定的规定时间内必须始终在工作岗位上，其余的时间可以根据自己的需要自行安排的一种管理方法。

四、简答题

1. 什么是组织变革？组织变革的特点是什么？

组织变革是指根据组织内外变化的要求，运用组织行为学以及相关学科的原理和方法，在组织内部强调改变人的态度、行为和人际关系，以保持和促进组织效率，更快达成组织目标的过程。

组织变革的特点有：

(1) 组织变革是对组织外部影响因素的回应。企业是社会大系统中的一个子系统，它经常受到其他系统的影响和干扰，组织变革正是对这些影响与干扰作出的积极主动的反应。

(2) 组织变革是对组织内部变化的应对。企业内部的变化是持续不断的，任何部门发生变化，都会在其他部门引起反应，即出现“多米诺骨牌效应”。如果忽视这些变化，不作相应的变革，企业就会走下坡路，甚至被淘汰。

(3) 组织变革的重点是改变人的态度、行为和人际关系。只有员工的态度发生积极的改变，员工的行为才会有相应的变化，进而开发企业的发展潜力，使企业适应变化多端的环境。

2. 结合企业实践，谈谈组织变革的目的是什么。

组织的生存和发展在很大程度上取决于组织根据内部条件和外部环境的变化调整自己的目标和结构的能力。因此，组织变革作为促进组织发展的动力之一，对企业的生存和发展具有重大意义，其目的在于：

(1) 提高工作效能。由于内外环境的变化，企业员工的工作效能往往会降低，组织变革有助于提升工作效能，有效参与市场竞争。

(2) 有效地激励员工。员工在变、环境在变，如果激励的理念和方法不变，则可能收不到良好的激励效果。组织应该不断进行变革，根据员工的年龄结构、文化层次，针对员工的需求、希望、动机进行相应的变革，这样才能更好地满足员工的心理需求，有效地激励员工。

(3) 鼓励技术革新。现代企业面临着空前发展的科学技术和变幻莫测的市场，而技术革新的前提是组织变革，不善于或不重视组织变革的企业是不可能进行有效的技术革新的。

(4) 适应环境。组织“以动制动”，不断地进行变革以适应变化的环境，才能在环境出现变化之前做好准备，使企业立于不败之地。

(5) 提高企业的竞争能力。主要包括：增强员工的归属感；发展、创造新的解决问题的方法；重新确立企业的憧憬目标；产生客观认识组织的机制；产生欢迎挑战与竞争的动力等。

3. 简要阐述勒温的组织变革模型。它与其他模型之间的区别和联系是什么？

勒温在 1951 年提出了一种组织变革模型，指出组织变革是一种从原有状态到新状态的转化过程，其中包括解冻、变化和再成型三个阶段。

(1) 解冻阶段。该阶段的重要任务就是使员工明白变革的重要性和迫切性，使员工对现状产生不满，自愿要求进行组织变革，并积极投身于组织变革之中。此外，应注意创造一种开放的氛围和心理上的安全感，减少变革的心理障碍，增强变革成功的信心。

(2) 变化阶段。这个阶段是一个动荡的阶段，也是最重要的阶段，重点在于改变员工的态度、行为和人际关系，是从原有状态到新状态的转折点。在此阶段应该注意为新的工作态度和行为树立榜样，可采用角色模范、导师指导、专家演讲、群体培训等多种方法。

(3) 再成型阶段。在这个阶段，要利用必要的强化手段使新的态度与行为固定下来，使组织变革处于稳定状态。同时，加强群体变革行为的稳定性，以形成稳定持久的群体行为规范。

勒温的组织变革模型可用来解释和指导如何发动、管理和稳定变革过程。后来的学者在此基础上丰富和完善了组织变革模型，如杜布林的组织变革模型在更大的范围内解释了组织变革过程中各种变量之间的相互联系和相互影响关系，模型包括输入、干涉变量和输出等三个阶段。摩海德和格里芬的组织变革模型则将组织变革分为五个步骤：第一步是变革的动力；第二步是认识和界定问题；第三步是问题求解过程；第四步是实施变革方案，其中有过渡管理在起作用；第五步是测量、评价与控制。最后再反馈到第二步，看是否解决了原来的问题。克雷纳和金尼金的组织变革模型则为三大部分：输入、变革的目标因素和输出。

4. 组织变革有哪些动力和阻力？

(1) 组织变革的动力主要来自外部和内部两个方面。

组织变革的外部动力主要有：1) 人口统计学特点趋向多样化、复杂化；2) 技术进步主要有两大趋势，即生产自动化与办公室自动化；3) 市场竞争日趋全球化、白热化，市场变化莫测；4) 社会与政治压力，如发生战争、国家领导人更换、人民价值观的转变、重大政策法规的颁布等。

组织变革的内部动力主要有：1）人力资源问题，其中主要包括员工不适当的需求增加、工作满意感下降、缺勤率和流动率上升、生产率滑坡、员工不愿意参与或提建议等；2）管理行为与决策，其中主要包括管理者之间的冲突、领导方式不适应企业的发展、奖励系统出了问题、组织结构落后于市场竞争的发展等。

（2）组织变革的阻力主要来自组织和个体两个方面。

来自组织的阻力主要有：1）过分干涉，追求稳定与一致；2）狭隘地集中于变革，忽视了其他重要因素，如任务、结构、人员、信息系统等；3）群体惯性；4）专长因组织变革受到威胁；5）权力因组织变革受到威胁；6）现行资源分配方式中的利益获得者的抵制。

来自个体的阻力主要有：1）习惯的改变；2）心理安全感的破坏；3）对收入减少的恐惧；4）对未知事物的恐惧；5）员工对变革缺乏觉悟；6）变革对人际关系的威胁；7）员工对失败的恐惧；8）组织内不信任的气氛；9）同伴的压力；10）员工个性的冲突。

5. 如何增强组织变革的动力、减少组织变革的阻力？

要增强组织变革的动力、减少组织变革的阻力，可以从以下方面来尝试：

（1）选择适当的变革者，如选择拥护变革、有灵活性、有自信心的人。

（2）减少强制手段，强制手段往往产生消极的情绪，应该少用，但也不是放弃不用。

（3）让变革以试验的面目出现，有助于改变员工消极的态度，使员工了解变革后的实际情境，一旦变革出现问题，变革者有回旋余地。

（4）使变革在初期就显示出优点，如运用物质奖励和精神鼓励方法，消除员工不必要的顾虑，增强对组织变革的信心。

（5）有效地进行技术变革，就要认识到有人反对技术变革是自然的，技术变革需要领导的强有力支持，要努力在企业内部寻找支持者。

另外，运用组织变革的动态模型，列出支持变革的动力和反对变革的阻力，是推动组织变革、减少变革阻力的基本策略。

6. 如何了解一个组织是否需要变革以及变革面临的阻力？

（1）了解组织是否需要变革可以从了解组织变革的症状入手，管理者应该及时了解下述各种症状，及时采取措施。

1）生产效率明显降低，表现为产量和质量明显下降；2）重大事情无法决策，表现为决策太慢或决策连连失误，甚至根本不能进行决策；3）人际关系恶化，表现为不良小团体增加、人际关系紧张等；4）非正式沟通渠道压倒正式沟通渠道；5）长期缺少创造性。

如果企业同时出现这五种症状，就到了非变革不可的地步；如果只有一两种症状，那么管理者可以根据具体情况采取一定的变革措施。

（2）了解组织变革面临的阻力可以通过有关组织变革阻力的调查来进行。

调查组织变革阻力的方法有许多种，例如观察法、面谈法、会议法等，最常用的是问卷法。

斯蒂沃特在1994年设计了一份组织变革阻力调查问卷，涉及是否由最高领导人发起变革、各层级的管理者是否拥护变革、组织文化是否鼓励冒风险、组织是否用具体的测量方法进行业绩评估、组织是否曾成功地实施其他变革方案等16个问题，实用性较强。总分越高，说明客观上支持变革的动力越大；反之则说明客观上反对变革的阻力越大。

组织变革阻力的大小可以根据员工的行为表现进行分析。员工对变革的态度或行为表现可以从支持到反对形成一个连续体。贾特逊在1991年提出一套变革阻力的连续体，将员工对组织变革的态度分为四种：接受、不感兴趣、消极反对和激烈反对，每一种态度又有对应的具体的行为表现，其中积极的行为是"热情支持"，最消极的行为是"蓄意破坏"。

7. 组织变革的八个主要步骤是什么？每个步骤的重点是什么？

（1）产生要求变革的动力。外部动力包括法律政策的变化、市场的变化、金融市场的变化、消费心理的变化、竞争对手的变化等。内部动力包括领导软弱无能、员工意见分歧、生产跟不上市场需要、员工和组织协作不密切等。

（2）认清问题所在。及时、准确地掌握大量的相关信息非常重要，对某些重要信息的出现要充分重视。例如，员工怠工明显增加，产品销售后频频退货，重要人员要求离职，周围人员牢骚日增等。

（3）分析问题。要认真分析：表现出来的问题是现象还是实质？如果是实质问题，哪些是迫在眉睫、最需要解决的问题？要进行哪些变革？变革中可能有哪些优势和劣势？变革的最佳时间和目标分别是什么？

（4）识别变革的限制条件。如变革所需的资源、结构、技术、时机等。

（5）了解各种方案和技术。在这个阶段，管理者应该做两方面的工作：1）把企业存在的问题、变革的目标以及制约变革的因素全部告诉有关人员，鼓励他们提出各种变革方案。2）了解各种方案及其技术，并进行分析比较。

（6）选择方案。美国利特尔咨询公司的研究人员提出的用来选择方案的公式是：$C=(abd)>X$，式中，C代表组织变革；a代表对现实不满的程度；b代表变革后可能达到目的的把握；d既代表实现的起步措施，又代表变革所需的代价。当a，b，d三种因素的乘积大于变革所需的代价时，变革是有价值的；abd的乘积与X的差越大，方案的可行性就越高。

（7）贯彻方案。在此阶段中主要考虑四大因素：1）最佳时机。一般来说，时机要选择在变革准备工作完成之时、员工强烈要求变革之时、日常工作较少之时。2）地点。一般要根据问题所在的具体情况，可以从上层开始，也可以从中层或基层开始。但是无论从哪里开始，都要得到上层管理者的许可，这样，变革才可能顺利进行。3）深度。根据变革的需要，变革可以涉及一个组织、一个群体和某些个人，也可以涉及多个部门或多个群体，还可以涉及企业中的每一个人。4）增加动力和减少阻力。

（8）评价。评价的主要内容是在贯彻方案后检查一下变革后的结果是否与以前定的目标相一。如果不一致，要反馈给前一阶段，检查贯彻方案的时机、地点、深度是否有问题，调整后继续贯彻方案。

8. 常用的组织变革的管理方法有哪些？

常用的组织变革的管理方法主要有：

（1）目标管理。目标管理是美国管理学家德鲁克在 20 世纪 50 年代中期提出的一种管理方法。实现目标管理的过程是上下级一起来确定共同的目标，并规定所属成员达成目标的主要职责范围，同时以此衡量每一部门的成绩和成员的贡献。

目标管理的实施可以分为以下三个阶段：1）设置目标阶段。最高层管理者应该充分调动全体员工的积极性，尤其是各级管理人员的积极性，拟出几个总目标，然后经过参谋人员的论证、讨论，反复调查研究，最后确定一个具体、明确的总目标。每个部门根据总目标设立自己的部门目标；个人根据部门目标设立自己的个人目标。2）达成目标阶段。在此阶段，管理者应该用一整套管理方法去激励员工达成目标，尤其要分阶段检查工作进程，根据企业的实际情况确定检查间隔。没有完成阶段目标的要督促其抓紧，超额完成阶段目标的要鼓励和表扬。千万不要一看到超额完成目标就改变目标。3）评价目标阶段。管理者应该用各种指标和方法评价目标，若未达成目标，要检查原因并追究责任，对于达成目标的优秀员工，应该大张旗鼓地进行宣传和表扬，激励员工为下一个目标继续努力。

（2）工作再设计。工作再设计是指让员工负责较多的工种，赋予其较大的责任，使其了解生产过程，避免单调乏味，从而提高生产积极性的一种管理方法。

工作再设计主要有四种类型：1）工作扩大化，是指使员工从事的工作横向发展。例如，原来一个工人只管一台机器，现在要求他管两台机器或三台机器，同时报酬也相应增加。2）工作丰富化，是指使员工从事的工作纵向发展，即让员工有自主权，可以及时获得操作的反馈，能自己评估和修正自己的工作。这样他们的责任感会增加，成就感会提高，工作态度会改善。3）自治工作群体，是企业内根据有关合约成立的一些工作群体，这些群体在保证完成每天的生产任务的同时，可以自主地决定工作的节奏和休息的时间，也可以自主地决定奖惩办法。4）轮换工作制。为了使员工了解生产的各流程，避免单调枯燥，可以让一部分员工定期从事不同的工作，这样有利于发挥员工的潜能，使合适的人担任适当的工作，但也可能使培训费用增加。

（3）顾问参与制。顾问参与制是指聘请一些专家、学者参与组织变革过程。这是管理者借助“外脑”的一种方法，又称“智囊团”制，简称顾问制。

顾问参与制主要分为两种：1）内聘顾问制，是指企业在内部聘请一些知识较丰富、创造性较强、人际关系较好、较善于学习的员工担任专职顾问。这些专职顾问的主要任务是不断地发现问题，了解问题产生的原因，提出解决问题的方案，推动组织变革的进行，收集组织变革的信息等，从而促使组织不断地发展。2）外聘顾问制，是指在社会上聘请一些学有专长的专家、学者担任兼职顾问。这些兼职顾问可以是管理学家、著名企业家、组织行为学家、心理学家、高级会计师、高级工程师、销售专家等。管理者可以定期或不定期地与外聘顾问会面，向他们咨询有关组织变革的各种问题，倾听有关先进企业的经验或动向，收集他们对本企业变革的建议。这样，可以使企业长期处于领先的水平。

（4）弹性工作制。弹性工作制是指在保证规定的上班时限的条件下，员工每天除了在一定的规定时间内必须始终在工作岗位上，其余时间可以根据自己的需要自行安排的一种管理方法。

弹性工作制的优点在于：使员工避免上下班交通拥挤之苦；可以照顾家庭；可以按自己的习惯作息；减少迟到早退和缺勤；能安排自己的社交活动。同时使企业增加营业时间；减少加班费支出；可以吸引人才；提高工作效率；满足员工的高层次需求等。

弹性工作制的缺点在于：不适用于需要集体协作的工种，如流水线上的工作；管理难度增加；有一些额外支出，如电费等；需要员工具备较高的素质等。

图书在版编目（CIP）数据

《组织行为学（第二版）》习题与案例/胡君辰主编．—北京：中国人民大学出版社，2014.10
教育部经济管理类核心课程教材
ISBN 978-7-300-20099-6

Ⅰ.①组… Ⅱ.①胡… Ⅲ.①组织行为学-高等学校-教学参考资料 Ⅳ.①C936

中国版本图书馆CIP数据核字（2014）第231913号

教育部经济管理类核心课程教材
《组织行为学（第二版）》习题与案例
主　编　胡君辰
副主编　胡晓娣　李　涛
Zuzhi Xingweixue Xiti yu Anli

出版发行	中国人民大学出版社		
社　　址	北京中关村大街31号	**邮政编码**	100080
电　　话	010－62511242（总编室）		010－62511770（质管部）
	010－82501766（邮购部）		010－62514148（门市部）
	010－62515195（发行公司）		010－62515275（盗版举报）
网　　址	http://www.crup.com.cn		
	http://www.ttrnet.com(人大教研网)		
经　　销	新华书店		
印　　刷	三河市汇鑫印务有限公司		
规　　格	185 mm×260 mm　16开本	**版　　次**	2014年11月第1版
印　　张	15.5 插页1	**印　　次**	2014年11月第1次印刷
字　　数	314 000	**定　　价**	28.00元

教师教学服务说明

中国人民大学出版社工商管理分社以出版经典、高品质的工商管理、财务会计、统计、市场营销、人力资源管理、运营管理、物流管理、旅游管理等领域的各层次教材为宗旨。

为了更好地为一线教师服务，近年来工商管理分社着力建设了一批数字化、立体化的网络教学资源。教师可以通过以下方式获得免费下载教学资源的权限：

在“人大经管图书在线”（www.rdjg.com.cn）注册，下载“教师服务登记表”，或直接填写下面的“教师服务登记表”，加盖院系公章，然后邮寄或传真给我们。我们收到表格后将在一个工作日内为您开通相关资源的下载权限。

如您需要帮助，请随时与我们联络：

中国人民大学出版社工商管理分社

联系电话：010-62515735，62515749，82501704

传　　真：010-62515732，62514775　　　电子邮箱：rdcbsjg@crup.com.cn

通讯地址：北京市海淀区中关村大街甲59号文化大厦1501室（100872）

教师服务登记表

姓 名		□先生　□女士	职　　称		
座机/手机			电子邮箱		
通讯地址			邮　　编		
任教学校			所在院系		
所授课程	课程名称	现用教材名称	出版社	对象（本科生/研究生/MBA/其他）	学生人数
需要哪本教材的配套资源					
人大经管图书在线用户名					

院/系领导（签字）：

院/系办公室盖章